youshan jiazhiguan
yanjiu

友善价值观研究

朱书刚　著

本书获教育部人文社会科学研究一般项目
"友善价值观探究"（15YJA710043）资助

九 州 出 版 社　全国百佳图书出版单位
JIUZHOUPRESS

图书在版编目（CIP）数据

友善价值观研究 / 朱书刚著. -- 北京 : 九州出版
社，2019.8
ISBN 978-7-5108-8286-9

Ⅰ．①友… Ⅱ．①朱… Ⅲ．①大学生－思想政治教育
－研究－中国 Ⅳ．①G641

中国版本图书馆CIP数据核字(2019)第199887号

友善价值观研究

作　　者	朱书刚　著
出版发行	九州出版社
地　　址	北京市西城区阜外大街甲 35 号 (100037)
发行电话	(010)68992190/3/5/6
网　　址	www.jiuzhoupress.com
电子信箱	jiuzhou@jiuzhoupress.com
印　　刷	北京九州迅驰传媒文化有限公司
开　　本	720 毫米 ×1020 毫米　16 开
印　　张	15.25
字　　数	326 千字
版　　次	2019 年 11 月第 1 版
印　　次	2019 年 11 月第 1 次印刷
书　　号	ISBN 978-7-5108-8286-9
定　　价	58.00 元

目　录

导　言

　　文化是一国家、一个民族的灵魂和血脉，是人民的精神家园。文化自信是一个国家、一个民族发展中更基本、更深沉、更持久的力量。坚定文化自信，是事关国运兴衰、事关民族精神的独立性和民族文化的生命力的重大问题。"没有高度的文化自信，没有文化的繁荣兴盛，就没有中华民族伟大复兴。"[①] 价值观是文化最深层的内核，价值观自信是文化自信最本质的体现。而核心价值观是一个国家凝聚力量的思想道德基础，是个民族赖以维系的精神纽带，承载着一个国家、一个民族的精神追求，体现着一个社会评判是非曲直的价值标准。人类社会发展的历史表明，对一个国家、一个民族来说，最持久、最深层的力量是全社会共同认可的核心价值观。如果没有共同的核心价值观，一个国家、一个民族就会魂无定所、行无依归。我国是一个有着 14 亿人口、56 个民族的发展中大国，构建具有强大感召力的核心价值观是凝魂聚气、强基固本的基础工程。

　　每一个历史发展阶段的社会形态都有自己特定的核心价值体系，并随着社会生产方式的变迁和社会形态的演进而演变。改革开放之前，"与中国社会生产方式发展变化的阶段性特征和进程相适应，自殷周以来，中国社会核心价值体系的发展演变大致经历了四个阶段、六次转折。四大阶段是：以天命宗法礼制为主要内容的上古社会核心价值体系（夏商周春秋战国）；以儒家学说为主要内容的中古社会核心价值体系（秦汉至明清）；中西交汇、新旧更替、众说纷纭的近代社会价值体系（1840—1949 年）和以中国化马克思主义（毛泽东思想）为内容的现代社会核心价值体系（1949—1978 年）。在上述发展过程中，中国社会核心价值体系经历了天命礼制—百家争鸣—独尊儒术—儒道释'三教并存'—理

学独尊—中西、古今交汇、诸说杂陈—毛泽东思想的六次转折"①。

毛泽东是中国社会主义事业的开创者，他提出的一些有奠基意义的价值理念和基本原则，给后人留下了宝贵的财富。其正确的理念和原则及实践经验总结作为毛泽东思想的组成部分，构成社会主义核心价值体系与核心价值观的重要思想理论之源。

毛泽东思想是在近代中国多元价值体系间交流碰撞的基础上形成的，它是中西、古今价值体系之间碰撞、交汇和创新的结果，是马克思列宁主义与包括中华传统文化在内的中国实际相结合的产物。辛亥革命失败后，陈独秀创办《新青年》，发起新文化运动，引进民主和科学等西方价值观念，进行文化心理变革（新文化运动团队中有人喊出"打倒孔家店"的口号）。新文化运动初期宣扬的主要是西方资产阶级民主主义文化价值观。"十月革命一声炮响，给我们送来了马克思列宁主义。"②受俄国十月革命的影响，李大钊等先进知识分子迅速把视线转向俄国，讴歌十月革命，传播马克思列宁主义，并以此推动反帝反封建的革命实践。1919年的五四运动促进了马克思列宁主义在中国的广泛传播，并与中国工人运动相结合。在马克思列宁主义同中国工人运动相结合的进程中，中国共产党应运而生。在中国共产党推动下，彻底的不妥协的反帝反封建的文化——新民主主义文化蓬勃兴起，逐步形成了中国化马克思主义的开篇——毛泽东思想。在毛泽东思想指引下，中国共产党领导中国人民取得了新民主主义革命的伟大胜利，建立了人民当家做主的新中国，创造性地完成了由新民主主义革命向社会主义革命的转变，确立社会主义基本制度，为当代中国一切发展进步奠定了根本政治前提和制度基础，并对适合中国国情的社会主义建设道路进行了初步探索，实现了中华民族由近代不断衰落到根本扭转命运、开始走向繁荣富强的历史性飞跃。

毛泽东思想已经包含着中国特色社会主义的价值基点，毛泽东思想的伟大旗帜我们要永远高举。而随着中国进入改革开放和社会主义现代化建设的历史新时期，伴随经济体制转轨和社会形态转型，信仰缺失、价值观分化、道德失范等问题凸显出来，"精神困惑""价值失落""腐败蔓延"等社会乱象纷至沓来，引发了关于"加强精神文明建设""提升文化软实力""价值重建"等强烈

---

① 王立胜、聂家华：《论中国社会核心价值体系的演进逻辑与经验启示》，《当代世界与社会主义》2009年第1期。

② 《毛泽东选集》第四卷，人民出版社1991年版，第1471页。

的呼唤和呐喊。中共十一届三中全会以来，以邓小平、江泽民、胡锦涛、习近平为代表的中国共产党人，不忘初心，牢记使命，在开创、坚持和发展中国特色社会主义的进程中，相继创立邓小平理论、"三个代表"重要思想、科学发展观和习近平新时代中国特色社会主义思想等马克思主义中国化的理论成果，并相继提出建设社会主义精神文明，发展社会主义先进文化，推进社会主义文化大发展大繁荣，坚定文化自信、建设社会主义文化强国等文化发展方略，建设社会主义核心价值体系、培育和践行社会主义核心价值观的战略任务，伴随着文化创新与价值整合的步伐闪亮登场。

中共十六届六中全会第一次明确提出"建设社会主义核心价值体系"的战略任务，指明"马克思主义指导思想，中国特色社会主义共同理想，以爱国主义为核心的民族精神和以改革创新为核心的时代精神，社会主义荣辱观，构成社会主义核心价值体系的基本内容"①。中共十七大强调"社会主义核心价值体系是社会主义意识形态的本质体现"②。中共十七届六中全会进一步提出"社会主义核心价值体系是兴国之魂，是社会主义先进文化的精髓，决定着中国特色社会主义发展方向"③。

中共十八大在把握社会主义核心价值体系的基础上以"三个倡导"、12个关键词、24个字概括了社会主义核心价值观的基本内容，明确提出："倡导富强、民主、文明、和谐，倡导自由、平等、公正、法治，倡导爱国、敬业、诚信、友善，积极培育和践行社会主义核心价值观。"④这"三个倡导"把涉及国家、社会、公民三个层面的价值要求融为一体，体现了社会主义的本质要求，继承了中华优秀传统文化，吸收了世界文明有益成果，深入回答了我们要建设什么样的国家、建设什么样的社会、培育什么样的公民等重大问题，是当代中国精神的集中体现。社会主义核心价值观的鲜明提出和广泛实践，使我们对中国特色社会主义的认识，从思想理论、实践运动、社会制度层面进一步提升到价值理念层面，是对社会主义建设规律认识的深化。

中共十八大以来，以习近平同志为核心的党中央高瞻远瞩、深谋远虑，从坚持和发展中国特色社会主义、实现中华民族伟大复兴中国梦的战略高度，大

① 《中共中央关于构建社会主义和谐社会若干重大问题的决定》，人民出版社2006年版，第22页。
② 《中国共产党第十七次全国代表大会文件汇编》，人民出版社2007年版，第33页。
③ 《中国共产党第十七届中央委员会第六次全体会议文件汇编》，人民出版社2011年版，第20页。
④ 《中国共产党第十八次全国代表大会文件汇编》，人民出版社2012年版，第29页。

力推进、持续深化社会主义核心价值观的培育、传播和弘扬。2013 年 12 月，中共中央办公厅印发了《关于培育和践行社会主义核心价值观的意见》（以下简称《意见》）。《意见》概括了社会主义核心价值观与核心价值体系的辩证关系，指明"社会主义核心价值观是社会主义核心价值体系的内核，体现社会主义核心价值体系的根本性质和基本特征，反映社会主义核心价值体系的丰富内涵和实践要求，是社会主义核心价值体系的高度凝练和集中表达"①。《意见》把社会主义核心价值观 12 个关键词归列为三个层面，指明"富强、民主、文明、和谐，是国家层面的价值目标，自由、平等、公正、法治，是社会层面的价值取向，爱国、敬业、诚信、友善是公民个人层面的价值准则"②。《意见》系统阐述了培育和践行社会主义核心价值观的意义、原则、途径和方法，对培育和践行社会主义核心价值观做出了全面部署。2015 年 4 月，中共中央宣传部、中央文明办印发《培育和践行社会主义核心价值观行动方案》，分解出 30 多项重点任务，强调要广泛深入开展培育和践行社会主义核心价值观主题实践活动，努力在全社会形成共同的价值追求。2016 年 12 月，中共中央办公厅、国务院办公厅印发《关于进一步把社会主义核心价值观融入法治建设的指导意见》，以促进核心价值观由"软性要求"向"硬性规范"转变。2017 年 4 月，中央文明委印发《关于深化群众性精神文明创建活动的指导意见》，对今后一个时期的群众性精神文明创建活动做出了宏观规划和战略部署，为全面提高国民素质和社会文明程度提出新举措、增添新动力、注入新活力。

2017 年 10 月，中共十九大提出"中国特色社会主义进入了新时代""我国社会主要矛盾已经转化为人民日益增长的美好生活需要和不平衡不充分的发展之间的矛盾"③等科学论断，将习近平新时代中国特色社会主义思想确立为党的指导思想，将"坚定道路自信、理论自信、制度自信、文化自信"纳入习近平新时代中国特色社会主义思想体系，将坚持社会主义核心价值体系纳入新时代坚持和发展中国特色社会主义的基本方略，强调"社会主义核心价值观是当代中国精神的集中体现，凝结着全体人民共同的价值追求"④，为新时代培育和践行社会主义核心价值观确立了基本依据。2018 年 3 月，十三届全国人大一次会

---

① 《关于培育和践行社会主义核心价值观的意见》，人民出版社 2013 年版，第 3 页。
② 《关于培育和践行社会主义核心价值观的意见》，人民出版社 2013 年版，第 4 页。
③ 《中国共产党第十九次全国代表大会文件汇编》，人民出版社 2017 年版，第 8、9 页。
④ 《中国共产党第十九次全国代表大会文件汇编》，人民出版社 2017 年版，第 34 页。

议通过宪法修正案将"国家倡导社会主义核心价值观"载入国家根本大法，体现了依法治国和以德治国的有机结合，为新时代弘扬社会主义核心价值观提供了根本遵循。

中共十八大以来，中共中央总书记习近平就培育和践行社会主义核心价值观做出一系列重要论述。2014年2月24日，十八届中共中央政治局就培育和弘扬社会主义核心价值观、弘扬中华传统美德举行第十三次集体学习。习近平在主持学习时发表的重要讲话中指出："核心价值观是文化软实力的灵魂、文化软实力建设的重点。这是决定文化性质和方向的最深层次要素。一个国家的文化软实力，从根本上说，取决于其核心价值观的生命力、凝聚力、感召力。培育和弘扬核心价值观，有效整合社会意识，是社会系统得以正常运转、社会秩序得以有效维护的重要途径，也是国家治理体系和治理能力的重要方面。历史和现实都表明，构建具有强大感召力的核心价值观，关系社会和谐稳定，关系国家长治久安。""要利用各种时机和场合，形成有利于培育和弘扬社会主义核心价值观的生活情景和社会氛围，使核心价值观的影响像空气一样无所不在、无时不有。"①2014年5月4日，习近平在北京大学师生座谈会上发表了《青年要自觉践行社会主义核心价值观》的重要讲话，他说："富强、民主、文明、和谐，自由、平等、公正、法治，爱国、敬业、诚信、友善，传承着中国优秀传统文化的基因，寄托着近代以来中国人民上下求索、历经千辛万苦确立的理想和信念，也承载着我们每个人的美好愿景。我们要在全社会牢固树立社会主义核心价值观，全体人民一起努力，通过持之以恒的奋斗，把我们的国家建设得更加富强、更加民主、更加文明、更加和谐、更加美丽，让中华民族以更加自信、更加自强的姿态屹立于世界民族之林。"②

2015年2月28日，习近平在会见第四届全国文明城市、文明村镇、文明单位和未成年人思想道德建设工作先进代表时强调，要"紧密结合培育和践行社会主义核心价值观，大力倡导共产党人的世界观、人生观、价值观，坚守共产党人的精神家园；大力加强社会公德、职业道德、家庭美德、个人品德建设，营造全社会崇德向善的浓厚氛围；大力弘扬中华民族优秀传统文化，大力加强党风政风、社风家风建设，特别是要让中华民族文化基因在广大青少年心中生

① 《习近平谈治国理政》第一卷，外文出版社2018年版，第165页。
② 《习近平谈治国理政》第一卷，外文出版社2018年版，第169页。

根发芽"①。2015 年 6 月 1 日，习近平在会见中国少年先锋队第七次全国代表大会代表时寄语全国各族少年儿童，强调要从小学习做人。他说："世界上最难的事情，就是怎样做人、怎样做一个好人。要做一个好人，就要有品德、有知识、有责任，要坚持品德为先。你们现在都是小树苗，品德的养成需要丰富的营养、肥沃的土壤，这样才能茁壮成长。现在把自己的品德培育得越好，将来人就能做得越好。要学会做人的准则，就要学习和传承中华民族传统美德，学习和弘扬社会主义新风尚，热爱生活，懂得感恩，与人为善，明礼诚信，争当学习和实践社会主义核心价值观的小模范。"②

2016 年 12 月 7 日，习近平在全国高校思想政治工作会议上的讲话中指出，社会主义核心价值观有深厚的历史底蕴和坚实的现实基础，它所倡导的价值理念具有强大的道义力量，它所昭示的前进方向契合中国人民的美好愿景。培育和弘扬社会主义核心价值观，增强中国特色社会主义道路自信、理论自信、制度自信、文化自信，这是保持民族精神独立性的重要支撑。"要把社会主义核心价值观贯穿于高校办学育人全过程，弘扬以爱国主义为核心的民族精神和以改革创新为核心的时代精神，坚持用社会主义核心价值观引领知识教育、引领师德建设，加强中华优秀传统文化和革命文化、社会主义先进文化教育，加强党史、国史、改革开放史、社会主义发展史教育，加强国家意识、法治意识、社会责任意识教育和民族团结进步教育、国家安全教育、科学精神教育。要坚持贯穿结合融入，把社会主义核心价值观同师生教学和学习紧密联系起来，体现在学校规章制度和师生行为规范中，引导广大师生做社会主义核心价值观的坚定信仰者、积极传播者、模范践行者。"③

2017 年 5 月 3 日，习近平在中国政法大学考察时强调，要坚持立德树人，德法兼修，培养大批高素质法治人才，而"法学专业教师要坚定理想信念，带头践行社会主义核心价值观"④。2017 年 10 月 18 日，习近平在中共十九大报告中指出："要以培养担当民族复兴大任的时代新人为着眼点，强化教育引导、实践养成、制度保障，发挥社会主义核心价值观对国民教育、精神文明创建、精神文化产品创作生产传播的引领作用，把社会主义核心价值观融入社会发展各

①《习近平谈治国理政》第二卷，外文出版社 2017 年版，第 324 页。
②《习近平寄语全国各族少年儿童》，《人民日报》2015 年 6 月 2 日。
③《习近平关于社会主义文化建设论述摘编》，中央文献出版社 2017 年版，第 132—133 页。
④《习近平在中国政法大学考察》，《人民日报》2017 年 5 月 4 日。

方面，转化为人们的情感认同和行为习惯。"①这一重要论述为新时代培育和践行社会主义核心价值观指明了方向。2018年5月4日，习近平《在纪念马克思诞辰200周年大会上的讲话》中强调，要"巩固马克思主义在意识形态领域的指导地位，发展社会主义先进文化，加强社会主义精神文明建设，把社会主义核心价值观融入社会发展各方面，推动中华优秀传统文化创造性转化、创新性发展，不断提高人民思想觉悟、道德水平、文明素养，不断铸就中华文化新辉煌"②。

2019年4月30日，习近平《在纪念五四运动100周年大会上的讲话》中指出："新时代中国青年要自觉树立和践行社会主义核心价值观，善于从中华民族传统美德中汲取道德滋养，从英雄人物和时代楷模的身上感受道德风范，从自身内省中提升道德修为，明大德、守公德、严私德，自觉抵制拜金主义、享乐主义、极端个人主义、历史虚无主义等错误思想，追求更有高度、更有境界、更有品位的人生，让清风正气、蓬勃朝气遍布全社会！"③

社会主义核心价值观是凝聚社会共识的最大公约数，培育和践行社会主义核心价值观是进行伟大斗争、建设伟大工程、推进伟大事业、实现伟大梦想的铸魂工程。一个国家、一个民族的核心价值观必须同自身的历史文化相契合，同自身正在为之奋斗的伟大事业相结合，同自身需要解决的时代问题相适应。2012年11月29日，习近平率十八届中共中央领导集体在国家博物馆参观《复兴之路》展览时深情地阐释了中国梦。他说："每个人都有理想和追求，都有自己的梦想。现在，大家都在讨论中国梦，我以为，实现中华民族伟大复兴，就是中华民族近代以来最伟大的梦想。"④2013年3月17日，习近平当选中华人民共和国主席伊始，在十二届全国人大一次会议闭幕会上的讲话中对中国梦做了进一步的阐述。他指出，实现中华民族伟大复兴的中国梦，就是要实现国家富强、民族振兴、人民幸福；实现中国梦必须走中国道路，必须弘扬中国精神，必须凝聚中国力量；"中国梦归根到底是人民的梦，必须紧紧依靠人民来实现，必须不断为人民造福"⑤。此后，他又在国内国际诸多场合就中国梦做了系列论述。2017年10月18日，习近平在中共十九大报告中鲜明地指出："中国共产党

① 《中国共产党第十九次全国代表大会文件汇编》，人民出版社2017年版，第34页。
② 习近平：《在纪念马克思诞辰200周年大会上的讲话》，《人民日报》2018年5月5日。
③ 习近平：《在纪念五四运动100周年大会上的讲话》，《人民日报》2019年5月1日。
④ 《习近平谈治国理政》第一卷，外文出版社2018年版，第36页。
⑤ 《习近平谈治国理政》第一卷，外文出版社2018年版，第39—40页。

人的初心和使命，就是为中国人民谋幸福，为中华民族谋复兴。"[1] "实现中华民族伟大复兴是近代以来中华民族最伟大的梦想。中国共产党一经成立，就把实现共产主义作为党的最高理想和最终目标，义无反顾肩负起实现中华民族伟大复兴的历史使命，团结带领人民进行了艰苦卓绝的斗争，谱写了气吞山河的壮丽史诗。"[2]

习近平指出："改革开放之后，我们党对我国社会主义现代化建设作出战略安排，提出'三步走'战略目标。解决人民温饱问题、人民生活总体上达到小康水平这两个目标已提前实现。在这个基础上，我们党提出，到建党一百年时建成经济更加发展、民主更加健全、科教更加进步、文化更加繁荣、社会更加和谐、人民生活更加殷实的小康社会，然后再奋斗三十年，到新中国成立一百年时，基本实现现代化，把我国建成社会主义现代化国家。从现在到二〇二〇年，是全面建成小康社会决胜期。要按照十六大、十七大、十八大提出的全面建成小康社会各项要求，紧扣我国社会主要矛盾变化，统筹推进经济建设、政治建设、文化建设、社会建设、生态文明建设，坚定实施科教兴国战略、人才强国战略、创新驱动发展战略、乡村振兴战略、区域协调发展战略、可持续发展战略、军民融合发展战略，突出抓重点、补短板、强弱项，特别是要坚决打好防范化解重大风险、精准脱贫、污染防治的攻坚战，使全面建成小康社会得到人民认可、经得起历史检验。从十九大到二十大，是'两个一百年'奋斗目标的历史交汇期。我们既要全面建成小康社会、实现第一个百年奋斗目标，又要乘势而上开启全面建设社会主义现代化国家新征程，向第二个百年奋斗目标进军。"[3]

中共十九大把第二个百年目标拓展为"建成富强民主文明和谐美丽的社会主义现代化强国"，并提出分"两步走"全面建设社会主义现代化强国的战略部署，即从 2020 年到 2035 年，在全面建成小康社会的基础上，再奋斗十五年，基本实现社会主义现代化；从 2035 年到本世纪中叶，在基本实现现代化的基础上，再奋斗十五年，把我国建成富强民主文明和谐美丽的社会主义现代化强国。中共十九大开启了新时代全面建成社会主义现代化强国、奋力实现中华民族伟大复兴中国梦的新征程，意味着近代以来久经磨难的中华民族迎来了从站起来、

① 《中国共产党第十九次全国代表大会文件汇编》，人民出版社 2017 年版，第 1 页。
② 《中国共产党第十九次全国代表大会文件汇编》，人民出版社 2017 年版，第 11 页。
③ 《中国共产党第十九次全国代表大会文件汇编》，人民出版社 2017 年版，第 22 页。

富起来到强起来的伟大飞跃。

实现中华民族伟大复兴的中国梦蕴含着中国人民和中华民族的价值体认和价值追求，意味着全面建成小康社会、实现中华民族伟大复兴，意味着每一个人都能在为中国梦的奋斗中实现自己的梦想，意味着中华民族团结奋斗的最大公约数，意味着中华民族为人类和平与发展做出更大贡献的真诚意愿。所以，习近平强调："中国梦的宣传和阐释，要与当代中国价值观念紧密结合起来。"①

当代中国正处于多重意义交错的社会转型期，社会结构的变迁推动着人们价值取向的多元化和价值观念的分化，而建设社会主义核心价值体系、培育和践行社会主义核心价值观是实现中国梦的内在要求。社会主义核心价值体系与核心价值观是兴国之魂，为中国梦梦想成真提供强大的价值引导力、文化凝聚力和精神推动力。

"人民有信仰，民族有希望，国家有力量。"②只有持续培育和广泛践行社会主义核心价值观，更好构筑中国精神、中国价值、中国力量，才能使中华民族以更加昂扬的姿态屹立于世界民族之林。

中华文明源远流长，在5000多年文明发展中孕育的中华优秀传统文化是中华民族生生不息、发展壮大的丰厚滋养，是我们坚定文化自信的深厚基础。中华优秀传统文化蕴含着宝贵的友善精神基因。"亲仁善邻，国之宝也"（《春秋左传·隐公六年》），"楚国无以为宝，惟善以为宝"（《礼记·大学》），"有朋自远方来，不亦乐乎"（《论语·学而》），"四海之内，皆兄弟也"（《论语·颜渊》），"仁者爱人"（《孟子·离娄下》），"穷则独善其身，达则兼善天下"（《孟子·尽心上》）等名句流传千古，表明友善是中华民族的传统美德。

习近平在2015减贫与发展高层论坛的主旨演讲中指出："'仁义忠信，乐善不倦'。中国人民历来重友谊、负责任、讲信义，中华文化历来具有扶贫济困、乐善好施、助人为乐的优良传统。"③而今，把友善纳入社会主义核心价值观既继承中华民族优良传统，体现了民族精神，又适应坚持和发展中国特色社会主义、实现中国梦的现实要求，反映了时代精神，是民族精神和时代精神的交相辉映。

国无德不兴，人无德不立。在当代中国，公民是国家和社会的主人，公民

---

① 《习近平谈治国理政》第一卷，外文出版社2018年版，第161页。
② 《习近平谈治国理政》第二卷，外文出版社2018年版，第323页。
③ 习近平：《携手消除贫困，促进共同发展——在2015减贫与发展高层论坛的主旨演讲》，人民出版社2015年版，第9页。

的文明素质直接影响到社会文明程度。因此，只有努力提高每个公民的道德素质，才能提升整个社会的道德水准。爱国、敬业、诚信、友善从公民个人的政治道德、职业道德以及个人品德诸方面，给公民个人提出了基本道德规范和价值追求。其中，友善是最具普适性和最基础的道德准则和价值理念。假如没有"善心"，就难言"爱心""敬心"和"诚心"，也就谈不上"爱国""敬业"和"诚信"了。

当前中国正处在改革的攻坚期和社会转型的加速期，面临的矛盾和问题异常复杂，统筹兼顾各方面利益和整合推广社会主流价值的难度加大。友善价值观是汇聚与传播社会正能量的黏合剂，是调解社会心态、化解社会矛盾、促进社会和谐的润滑剂。不论是在私人生活领域还是在公共生活领域，如果人与人之间能够友善互信、友善互助、友善互爱，便有助于建设一个美好的和谐社会。

"子规夜半犹啼血，不信东风唤不回。"（北宋·王令《送春》）实现中华民族伟大复兴的中国梦需要塑造友善的文明公民。中共十八大以来，一项项治理举措扎实有力，一个个道德痼疾得以疗治，特别是全面从严治党成效卓著。党风、政风、社会风气持续好转，反腐败斗争压倒性态势已经形成并巩固发展，社会精神风貌逐步重塑，社会的文明程度和公民的道德素养有所提升。毋庸讳言，在社会现实生活中还存在诸多不文明、不友善的现象。例如近年发生的"复旦研究生投毒案"、"北大学子弑母案"、"蓝色钱江保姆纵火案"、"红黄蓝"幼儿园虐童事件、重庆公交车坠江悲剧等发人深省。此外，校园欺凌和暴力事件、医闹和暴力伤医袭医事件、老人摔倒没人扶或扶老人反被讹诈等时有发生；坑蒙拐骗、高铁霸座、伪慈善等屡见不鲜；在家庭或公共场所动辄恶语相向、拳脚相加或在景区乱丢垃圾、随意刻画等不文明行为层出不穷；在网上发表具有伤害性、侮辱性和煽动性的言论、图片、视频等"网络暴力"频频出现。凡此种种，不一而足。这些现象背后隐含着道德情感的麻木和社会文明的缺失。有的学者曾将此类现象归类为"友善情感上的冷漠症、友善行为上的推卸症、友善结果上的恐惧症"[1]。所以，习近平在中共十九大报告中在肯定思想文化建设取得重大进展、群众性精神文明创建活动扎实开展的同时，又将"社会文明水平尚需提高；社会矛盾和问题交织叠加"[2]等列入所面临的困难和挑战。这就迫切需要通过强化教育引导、实践养成、制度保障来推进友善价值观的培

---

① 黄显中：《论友善》，《伦理学研究》2004年第4期。

② 《中国共产党第十九次全国代表大会文件汇编》，人民出版社2017年版，第8页。

育和践行，促进公民文明素质和社会文明水平的提升。

潮起宜踏浪，风正好扬帆。中国特色社会主义进入新时代，发展前景光明。中共十九大通过的党章修正案将习近平新时代中国特色社会主义思想确立为中国共产党的指导思想，实现了党的指导思想的与时俱进。十三届全国人大一次会议将习近平新时代中国特色社会主义思想载入宪法，以国家根本大法的形式确立习近平新时代中国特色社会主义思想在国家政治生活和社会生活中的指导地位，实现了国家指导思想的与时俱进。习近平新时代中国特色社会主义思想是引领中国特色社会主义新时代的旗帜和灵魂，培育和践行社会主义核心价值观是新时代坚持和发展中国特色社会主义的重大任务，必须坚持以习近平新时代中国特色社会主义思想为指导。

笔者结合学习领会习近平新时代中国特色社会主义思想，聚焦实现中华民族伟大复兴中国梦的时代主题，以友善价值观探究为论题，尝试追溯友善之源、回望友善之旅、发掘友善之蕴、探测友善之功、考察友善之境，以期点亮友善明灯、积聚和传递向上向善的正能量，助力建设新时代美好的精神家园。

第一章　历史天空友善之光

历史长河总有源头，文明之花皆有根脉。马克思指出："人们自己创造自己的历史，但是他们并不是随心所欲地创造，并不是在他们自己选定的条件下创造，而是在直接碰到的、既定的、从过去承继下来的条件下创造。"① 社会主义核心价值观植根于中国特色社会主义伟大实践，是中国特色社会主义的价值表达，既是马克思主义中国化的重要成果，又是与中华优秀传统文化和人类文明优秀成果相承接的。作为社会主义核心价值观重要组成部分的友善价值观是在综合人类思想积极成果基础上形成和提炼的。无论是在中华本土文化还是在他乡异域文化中，友善自古以来就得到人们的推崇，成为被珍视、传承和弘扬的美德。散见于不同文明与文化中的友善之光犹如一道道闪电划破历史长空，而马克思主义友善情怀及其蕴含的友善价值理念乃是社会主义友善价值观的直接思想理论来源和理论基础。培育和弘扬友善价值观当守正开新，努力从人类创造的一切文明成果中汲取养料，坚持不忘本来、吸收外来、面向未来。

一、中华文化友善基因

中华文化博大精深，灿烂辉煌，积淀着中华民族最深层的精神追求。中华优秀传统文化是中华民族的精神命脉，是中国特色社会主义植根的文化沃土，是涵养社会主义核心价值观的重要源泉。培育和践行友善价值观，必须继承和弘扬中华优秀传统文化中的相关价值要素，从中汲取丰富营养。

"天行健，君子以自强不息；地势坤，君子以厚德载物。"（《周易·乾·象

---

① 《马克思恩格斯选集》第一卷，人民出版社 2012 年版，第 669 页。

传》①）友善作为在中华民族血脉中传承的道德基因,是中华民族的传统美德。而要了解这一美德的源起,就要从汉语"友善"概念的词源说起。

1. 友善的价值内涵和特征

汉语中的"友"之本义为朋友。友为会意字,"友"的甲骨文字形是𠂇,像顺着一个方向的两只手握在一起,象征朋友结交互助。东汉时期的文字学家、经学家许慎在《说文解字》中写道:"同志为友。从二又。相交友也。"《周易·兑卦》有"君子以朋友讲习"之论。《论语·学而》有"有朋自远方来,不亦乐乎"之说。《礼记》曰:"同门曰朋,同志曰友。"②南北朝时期经学的集大成者孔颖达疏:"同门曰朋,同志曰友,朋友聚居,讲习道义。"故《辞源》释"友"为:"古称同志为友。"《辞海》称"友"包括朋友、交好、帮助等含义。

成书于春秋时期的《诗经·小雅·伐木》中有"嘤其鸣矣,求其友声",其意:从深谷中出来的鸟,飞到高树上,那嘤嘤的叫声,是想寻求伙伴的啊!后人用这两句诗来比喻寻求志同道合的朋友。青年毛泽东在湖南省立第一师范学校学习期间(1915年9月),以"二十八画生"③署名向长沙城区各校发出《征友启事》④,邀约愿为救国救民而献身的有志青年交朋友。原文如下:

二十八画生者,长沙布衣学子也。但有能耐艰苦劳顿,不惜己身而为国家者,修远求索,上下而欲觅同道者,皆吾之所求也。故曰:愿嘤鸣以求友,敢

---

① 《周易》是我国古代一部影响深远的重要著作。然而,《周易》作者是谁及周文王、周公、孔子及其弟子与《周易》的关系是数千年来人们争论不休的谜题。根据《周礼》记载,周初,易经有三本（合称"三易"）:《连山易》《归藏易》《周易》。《连山易》《归藏易》到汉代已经失传,只有《周易》在民间流传。流传下来的《周易》分为经部和传部:经部称《易经》,由六十四卦组成;传部称《易传》,含《文言》、《象传》上下、《象传》上下、《系辞传》上下、《说卦传》、《序卦传》、《杂卦传》,共七种十篇,称之为"十翼"（"翼"即副翼经文之意）,传说是孔子及其弟子所作,但尚存质疑。本书引语只标注《周易》书名及篇名。

② 汉代经学大师郑玄的注解"同门"即为"同师"。2017年11月13日,习近平在署名文章《携手打造中老具有战略意义的命运共同体》中引用"同门曰朋,同志曰友"来表达中老的友好关系,也表达了中国希望与世界各国人民同呼吸、共命运、心连心,一起求和平、谋发展、促合作、图共赢的美好心愿。

③ 毛泽东这三个字繁体（毛澤東）笔画一共28画。

④ 启事注明:来信由第一师范附小陈章甫转交。在邮寄启事的信封上注明:"请张贴在大家看得见的地方。"通过张贴的《征友启事》,毛泽东果然"收获"到了志同道合的朋友。1915年11月9日,毛泽东在给黎锦熙的信中,就提到了征友的情形:"两年以后,求友之心甚炽,夏假后,乃作一启事,张之各校,应者亦五六人。"此后由开始的几个人到后来的几十个人响应,在毛泽东的周围逐渐云集了一大批志同道合的青年,这些青年成为后来新民学会中的骨干力量。

步将伯之呼。

这则征友广告立意高远，结尾还化用诗经中的名句"嘤其鸣矣，求其友声"，表达交友的强烈愿望。

1939 年 12 月 20 日，毛泽东在延安各界庆祝斯大林六十寿辰大会上发表的《斯大林是中国人民的朋友》的讲话中指出："我们中国人民，是处在历史上灾难最深重的时候，最需要人们援助最迫切的时候。《诗经》上说的：'嘤其鸣矣，求其友声。'我们正是处在这种时候。"[①]

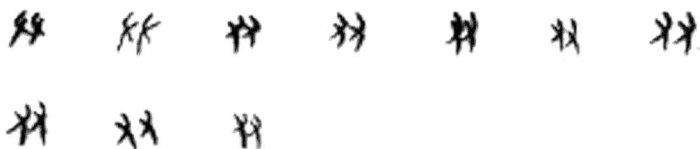

"善"也是会意字。根据金文的字形，"善"字是由"羊"字和两个"言"字组成的。羊是吉祥的象征，两个人齐声说"羊"，表示"善"字是"吉祥"之意。因为羊的性情温和驯顺，古人以羊为膳食的美味，金文的"善"字从羊从二言，隐含众口夸赞的意蕴。许慎在《说文解字》中写道："善，吉也。从言，从羊，此与义、美同意。"

[①] 《毛泽东选集》第二卷，人民出版社 1991 年版，第 657 页。

　　"友"与"善"组合为"友善"。从考据资料看，"友善"一词最早出自《汉书·息夫躬传》："孔乡侯傅晏与躬同郡，相友善。"西晋著名史学家陈寿所著《三国志·蜀书·诸葛亮传》中有这样的描述："惟博陵崔州平、颍川徐庶元直与亮友善，谓为信然"；唐朝著名诗人元稹《上令狐相公诗启》自称"稹与同门生白居易友善"；《辞源》把"友善"释义为"交好"；《辞海》对"友善"的解释是"亲密友好"；《现代汉语词典》把"友善"解释为"朋友之间亲近和睦"。

　　"友善"作为道德规范和核心价值观是"友好和善良"的合成词或简称，内涵丰富，意蕴深厚。其基本含义是朋友之间的友好和善、真诚相待，其引申含义是友好待人、与人为善，现进一步引申为友好地对待自然环境即善待自然。

　　作为社会主义核心价值观的公民个人层面的最基础的价值准则和价值理念的友善具有真诚性、关爱性、互助性、包容性、原则性、普适性等鲜明特征。

　　友善具有真诚性。"友善"的要义是心怀善意、发自内心的真诚友好。友好的言行是表象，善良的真情实意是本质。所以"内化于心"是"外显于言""外践于行"的基础，假如只强调表层的友好，只看言行而忽视内心的真情实感，就容易沦为伪善。诚然，本质隐藏于内，本质要直接或间接地（甚至以假象虚情假意地）表现出来。言为心声，行为心使，人们需要通过"听其言而观其行"（《论语·公冶长》①）来透过现象看本质。一时的言行或许难辨真伪，可"路遥知马力，日久见人心"，从一个较长的时间来全面考察可识"庐山真面目"。

　　友善具有关爱性。中国古代的儒圣倡"仁爱"，墨家言"兼爱"，道家道"慈爱"，佛家说"慈悲"。在西方，古希腊哲学家亚里士多德论"友爱"，基督教和近代启蒙思想家宣扬"博爱"，意大利文艺复兴时期伟大诗人但丁说"爱是美德的种子"，18世纪法国哲学家、教育家卢梭说"爱是人类最基本、最自然的感情，也是进行教育的基础"，19世纪德国人本学唯物主义哲学家费尔巴哈主张建立"爱的宗教"（即以人对人的爱代替人对神的爱），美国人本主义心理学家马斯洛关注人"爱与归属的情感需要"，德裔美籍人本主义哲学家和精神分析心理学家弗洛姆在其名著《爱的艺术》中把"爱的艺术"作为济世的良方。《中国少年先锋队队歌》歌词里有"爱祖国、爱人民"。保加利亚作家瓦西列夫的名作《情爱论》动人心扉，中国著名女歌手韦唯深情演唱的一曲《爱的奉献》

---

① 《论语》是儒家典籍之一，由孔子弟子及再传弟子编写而成。主要记录孔子及其弟子的言行，较为集中地反映了孔子的思想，是儒家学派的经典著作之一。以语录体为主，叙事体为辅，集中体现了孔子的政治主张、伦理思想、教育思想和价值观念等。本书引语只标注《论语》书名及篇名。

洋溢着人间温情。可见，虽然在爱的具体内涵和形式上不同民族、不同学派、不同信仰的人的理解和表达有差异，但毕竟异中有同——这就是"爱"，都蕴含着友爱之心、关爱之情。

友善具有互助性。友善蕴含着双向的现实关怀。亚里士多德指出："原本的即善的友爱，是双方的互爱，并以对方为选择的目的。因为被爱者就是施爱者，而施爱者自身也就是被爱者。"[①] 马克思说，"只能用爱来交换爱，只能用信任来交换信任"。[②] 中国传统的价值观里有"投桃报李""滴水之恩当涌泉相报""来而不往，非礼也"等古语和古训，倡导"有福同享，有难同当"的共享友情。印度谚语的"赠人玫瑰手有余香"，表明助人为乐既"乐人"也"乐己"，"助人"亦是"自助"。现代公民之间的互助是以互相尊重为基础的平等互助，应在帮助对方的同时不让对方丧失尊严。公民间互帮互助可以让社会形成良性循环，形成善有善报、好人好报、恩将德报的正向效应和健全的道德回报机制，助推社会道德风尚的提升。

友善具有包容性。子曰"宽则得众"（《论语·阳货》），修养友善的品性，需要有宽广的胸怀。清末政治家林则徐的自勉楹联"海纳百川，有容乃大；壁立千仞，无欲则刚"便体现了"君子坦荡荡"的宽广胸怀。19世纪法国文学大师维克多·雨果曾浪漫地说道："世界上最宽阔的是海洋，比海洋宽阔的是天空，比天空更宽阔的是人的胸怀。"友善宽容是一种度量（心量），北京潭柘寺弥勒殿的一副楹联"大肚能容，容天下难容之事；开口便笑，笑世间可笑之人"就是讲人的度量（心量）的，一个人如果能够有包容天下万物的度量（心量），便意味着进入佛的境界了。现代社会更需要弘扬理性宽容、与人为善的友爱精神，在利益多元化的今天，正确处理利益矛盾，以宽容的态度对待他人，彼此尊重、相互包容，是构建和谐社会的必要条件。

友善具有原则性。友善既具有包容性也具有原则性，友善的原则性亦即友善的前提性，意味着友善包容是有底线的，不是无原则地搞一团和气。践行友善价值观与坚持真理、坚持原则是统一的。孔子就主张"君子和而不同"（《论语·子路》），反对不讲原则、不分是非善恶，只讲一团和气的"乡愿"。子曰："乡愿，德之贼也。"（《论语·阳货》）社会是在矛盾运动中前进的，有矛盾就会

---

① 苗力田编：《亚里士多德选集》（伦理学卷），中国人民大学出版社1999年版，第432页。
② 《马克思恩格斯文集》第一卷，人民出版社2009年版，第247页。

有斗争。"实现伟大梦想，必须进行伟大斗争。"① 当然，要区分两类不同性质的矛盾的斗争策略。就处理人民内部矛盾的问题而言，要坚持"团结—批评—团结"的方针，以友善的态度开展真诚的批评和自我批评，分清是非、辨别真假，达到提高认识、团结同志、共同进步之目的。习近平指出："无论批评还是自我批评，都要实事求是，出于公心、与人为善，不搞'鸵鸟政策'，不马虎敷衍，不文过饰非，不发泄私愤。忠言逆耳，良药苦口，对批评意见，要本着有则改之、无则加勉的态度，决不能用'批评'抵制批评，搞无原则的纷争。"②

友善具有普适性。友善作为公民个人层面的价值要求与价值追求，既是美好的个人美好品德和优秀品质，又寓于家庭美德、职业道德、社会公德之中，表现在为人处事的时时刻刻、涉及社会生活方方面面，体现着社会文明程度与公民精神风貌，是具有普适性的基础价值观。与爱国、敬业、诚信相比较，友善处于更为基础的地位。谈到友善，自然会联想到慈善。友善与慈善既有密切的联系，又有一定的区别。友善是慈善的基础，慈善是友善的一种践行方式，友善适用范围比慈善更为宽泛。友善可以是强者对弱者的关爱与施助，也可以是弱者对强者的关爱的接纳与答谢，还可能是强者之间的互相关心或弱者之间的互相帮助。而慈善则更多指向对弱者的扶助与关怀。

2. 儒墨的仁爱与兼爱之辩

中华民族③有五千多年的文明历史，创造了灿烂的中华文明和璀璨的中华文化，为人类做出了卓越贡献，成为世界上伟大的民族。美国前国务卿，当代世界著名的外交家、国际问题专家亨利·基辛格指出："中国是独一无二的，没有哪个国家享有如此悠久的连绵不断文明，抑或与其古老的战略和政治韬略的历史及传统如此一脉相承。"④

中华文明与中华文化发端和孕育于"人猿揖别"的远古洪荒时代（"三皇五

---

① 《中国共产党第十九次全国代表大会文件汇编》，人民出版社 2017 年版，第 47 页。

② 《习近平谈治国理政》第一卷，外文出版社 2018 年版，第 377 页。

③ "中华民族"一词是近代由历史悠久的"中华"一词和由西方传入的"民族"（nation）一词相互结合而成的合成词。据考证，梁启超最早提出"中华民族"概念。1901 年，梁启超发表《中国史叙论》一文，首次提出了"中国民族"的概念。1902 年梁启超又正式提出了"中华民族"的概念，他在《论中国学术思想变迁之大势》一文中，先对"中华"一词的内涵做了说明，接着他在论述战国时期齐国的学术思想地位时，正式使用了"中华民族"一词。

④ ［美］亨利·基辛格著，胡利平等译：《论中国·前言》，中信出版社 2012 版，第 XII 页。

帝"时代)，起源和初步形成于夏商周^①三代先民的劳作、吟唱、征战和融合，奠基于春秋战国的血火涤荡、刀光剑影和百家争鸣。先秦的春秋战国时期(前770—前221年)，是中国历史上社会结构和社会关系急剧变动的时代。在这社会风云激荡、争霸称雄的五百多年间，出现"百家争鸣"的学术繁荣局面。

【延伸阅读】百家争鸣

春秋战国时期，随着生产力的发展，井田制瓦解，新兴地主阶级登上历史舞台，周王室走向衰落，私学逐步兴起("学在官府"逐渐转向"学在民间")，"士"阶层涌现并活跃于政治舞台，各诸侯国为争霸称雄争相延揽人才、提供宽松的学术讨论环境，形成了"百家争鸣"的局面。

所谓"百家"是泛指，意为数量多，有"九流十家"之称，其中有儒家、墨家、道家、法家、杂家、阴阳家、纵横家、名家、兵家、农家等。所谓"争鸣"是指当时各派思想家或学者基于自身的利益和认知著书立说、聚徒讲学，对宇宙、社会和人生各抒己见，提出匡时救世的主张，他们相互诘难、争芳斗艳——或忧国忧民、周游列国，或辞官归隐、西出函谷，或合纵连横、献计献策，或独善其身、逍遥论世，呈现盛况空前的学术文化繁荣景象。

"百家争鸣"是中国历史上第一次影响深远的思想解放运动，奠定了中华民族思想文化发展的基础，此后2000多年中国古代学术与文化发展的道路、特点及各种议题(除了佛学的传入之外)都可以从百家争鸣中追溯源头，它不仅对中华民族传统文化发展有深刻影响，而且对当时和后来的社会发展进程也有重要影响。

"百家争鸣"中各家各派围绕社会变革各种问题提出自己的见解，开出治疗

---

① 相比于年代久远的夏和野蛮迷信的商，制礼仪、重人文的周得到后世更多的称道。周实行分封制，周天子分封同姓的亲戚和异姓的功臣到各地做诸侯，形成以周天子为中心的统治秩序(后来的春秋五霸和战国七雄也是诸侯国演变而来)。为了规范各自的名分和行为，实现长治久安，周公制定并推行一套礼仪和道德规范，这便是西周的"制礼作乐"。西周周公制礼作乐，按王国维的说法，是为中华民族擘画了"万世治安"。中华传统文化的核心经典，如《尚书》《周易》《诗经》《周礼》等文献，还有地下出土的周代文物，共同承载了礼乐记忆。公元前771年犬戎攻破了镐京，烽火戏诸侯的周幽王被杀。公元前770年，周平王将京都东迁至洛邑（洛阳），历史上称东迁以后的周朝为东周，历史进入"礼崩乐坏"的春秋战国时期。原来的礼仪、原来用来衡量价值的规范虽然失效了，但周礼造就的礼乐文明已然渗透于民族文化的血液之中，经儒家的拯救得以发扬光大，成为影响中华文明与中华文化乃至人类文明与世界文化的重要基因或元素。

社会病痛的药方。"百家争鸣"之第一幕是儒墨之辩。而"仁爱"与"兼爱"是儒墨之辩的核心问题。儒家[①]和墨家[②]都认为天下之乱源于缺少爱，都发出爱的呼唤。但儒墨所开出的医治"社会病"的"爱"的药方有所不同。儒家宣扬的是"仁爱"，墨家主张的是"兼爱"。

讲"仁爱"是儒家的核心思想理念。"仁"从二从人，指人与人的关系。孔子鲜明地以"爱人"释"仁"，提出了"推己及人"的"忠恕之道"。"樊迟问仁。子曰：'爱人。'"（《论语·颜渊》）"弟子入则孝，出则悌，谨而信，泛爱众而亲仁。"（《论语·学而》）"夫仁者，己欲立而立人，己欲达而达人。"（《论语·雍也》）"己所不欲，勿施于人。"（《论语·颜渊》）孔子思想的继承者孟子明确提出"仁者爱人"（《孟子·离娄下》[③]）的主张。孟子曰："仁者爱人，有礼者敬人。爱人者，人恒爱之；敬人者，人恒敬之。"（《孟子·离娄章句下》）"亲亲而仁民、仁民而爱物。"（《孟子·尽心章句上》）曾子曰："一家仁，一国兴仁。"（《大学》）儒家"仁爱"的一个重要内容是将个体人格的自我修养作为"仁爱"的先决条件，这就是"克己复礼"。"克己复礼为仁。一日克己复礼，天下归仁焉。"（《论语·颜渊》）在此基础上，儒家修筑了一条以血缘关系为纽带，克己修心，推己及人、"与人为善"（《孟子·公孙丑上》），"穷则独善其身，达则兼

---

① 儒，最初是指专门从事教育和执掌礼仪的人，亦称"相礼之儒"。孔子起初就是主持丧葬礼仪的术士，有感于"礼崩乐坏"的形势，他创立儒家学派，倡"仁爱"精神，道"克己复礼"，赋予儒学维护社会公正良治和弘扬礼乐文明的道义使命，成为"百家争鸣"的"显学"之一。秦始皇"焚书坑儒"曾使儒家遭受重创，汉武帝采纳董仲舒"罢黜百家，独尊儒术"的建议，使儒家思想复兴，此后儒学延绵不断并成为汉代以降中国封建社会中居于主导地位的思想文化。习近平在纪念孔子诞辰 2565 周年国际学术研讨会暨国际儒学联合会第五届会员大会开幕会上的讲话中指出，中国传统文化，尤其是作为其核心的思想文化的形成和发展，大体经历了中国先秦诸子百家争鸣、两汉经学兴盛、魏晋南北朝玄学流行、隋唐儒释道并立、宋明理学发展等几个历史时期。从这绵延2000 多年之久的历史进程中，我们可以看出这样几个特点。一是儒家思想和中国历史上存在的其他学说既对立又统一，既相互竞争又相互借鉴，虽然儒家思想长期居于主导地位，但始终和其他学说处于和而不同的局面之中。二是儒家思想和中国历史上存在的其他学说都是与时迁移、应物变化的，都是顺应中国社会发展和时代前进的要求而不断发展更新的，因而具有长久的生命力。三是儒家思想和中国历史上存在的其他学说都坚持经世致用原则，注重发挥文以化人的教化功能，把对个人、社会的教化同对国家的治理结合起来，达到相辅相成、相互促进的目的。
② 墨家学派为春秋战国时代的"显学"之一，其"兼爱"精神、"非攻"思想和"尚贤"主张显赫一时。墨家学派的传承虽然后来中断了，但墨家热心救世，促进了侠士风气的形成，对中国社会生活特别是"江湖文化"有较大影响。墨子既是中国古代哲学家又是古代科学家，他最早提出光线沿直线传播的观点，并做过小孔成像实验。2016 年 8 月 16 日发射的中国首颗量子通信卫星就是以墨子的名字命名的。
③ 《孟子》是儒家典籍之一，是记录战国时期思想家孟子的言论的著作，是由孟子和他的弟子记录并整理而成的。本书引语只标注《孟子》书名及篇名。

善天下"(《孟子·尽心上》)的"修身、齐家、治国、平天下"(《礼记·大学》)的理想大道。

与儒家"爱有差等"的"仁爱"思想不同，墨家提出"爱无差等"的"兼爱"主张。"兼爱"是墨家思想的基本观点。墨家的非攻、节用、节葬、非乐、尚贤、尚同等主张都是由此而派生出来的。

什么是"兼爱"？就是不分亲疏、贵贱、等级之差别，一视同仁地爱。无论父母子女、国君国人、贵族平民、华夏夷狄，都一样地爱。这是一种无差别的普遍的爱。故到底是倡"仁爱"还是倡"兼爱"乃是儒墨两家救世之道的根本分歧。

《墨子·兼爱》①上中下三篇阐述墨家倡导的"兼相爱，交相利"。墨子认为"天下兼相爱则治，交相恶则乱"(《墨子·兼爱上》)，"凡天下祸篡怨恨，其所以起者，以不相爱生也"(《墨子·兼爱中》)。墨家反对儒家"爱有差等"的"仁爱"观点。虽然儒家也宣称"四海之内皆兄弟"(《论语·颜渊》)，但"仁爱"的基础毕竟是血缘关系，随着血缘的疏远，爱的程度必然递减。墨子主张爱应该是无私的，不"兼"，就没有平等的"爱"。如果"爱有差等"，越亲近的，爱得越深、越多；越是疏远，则爱得越浅、越少。这样就会产生"强劫弱，众暴寡，诈谋愚，贵傲贱"等种种恶果。只有"兼爱"，方能"兴天下之利，除天下之害"(《墨子·兼爱下》)。

我们可从孟子和墨子的两段意义相近的话语来看儒家"仁爱"与墨家"兼爱"的区别。实际上墨子和孟子都重义爱民（墨子重侠义、倡行侠仗义，孟子重仁义、愿舍生取义），但二者的爱却有"仁爱"与"兼爱"之别。孟子的"老吾老以及人之老，幼吾幼以及人之幼"(《孟子·梁惠王上》)与墨子的"视人之国若视其国，视人之家若视其家，视人之身若视其身"(《墨子·兼爱中》)初看起来似乎意义相同，但细读就能发现两者的区别。墨子是"若视"，孟子是"以及"。墨子的"若视"，就是把别人看成自己，把别人的亲人看成自己的亲人。爱自己几分，爱别人也几分；爱自己的父母、兄弟、子女几分，爱别人的父母、兄弟、子女也几分。一视同仁，人人均等，这是"兼爱"。孟子的"以及"就是首先爱自己的亲人，然后再推己及人、由此及彼，想到别人和自己一样，也有父母、兄弟、子女，也应该被爱。但是，爱自己的亲人与爱别人的亲人，是不

---

① 《墨子》是阐述墨家思想的著作，原有 71 篇，现存 53 篇，一般认为是由墨子的弟子及后学记录、整理、编纂而成的。本书引语只标注《墨子》书名及篇名。

一样的。爱人与爱物，也不一样。孟子说，君子爱万物，但因为物不是人，只需要爱惜，不需要仁德。对于一般民众，只需要仁德，不需要亲爱。亲爱对象是亲人，首先是父母双亲。这就叫"亲亲而仁民，仁民而爱物"（《孟子·尽心上》）。

3. 道家与道教的慈爱思想

道家与道教文化是中华传统文化的重要一脉。《老子》[①]（《道德经》）、《庄子》[②]（《南华经》）及其他道家（教）的文化典籍中，蕴涵着丰富的友善理念。道家在儒墨的"仁爱"与"兼爱"之外，提出了以"无为"或者说"不争"[③]为处世之方的"慈爱"。道家讲"三宝"，第一宝是"慈"。老子曰："我有三宝，持而保之：一曰慈，二曰俭，三曰不敢为天下先。"（《道德经》第六十七章）"慈"就是指慈爱，慈爱为最朴素自然的爱，道家主张以赤子之心对待所有的人和物。从表层来看道家清心寡欲，无情、无为、无爱；从深层来领悟道家见素抱朴，有情、有为、有爱。此谓"天地不仁，以万物为刍狗"（《道德经》第五章），"道常无为而无不为"（《道德经》第三十七章）。

道家主张的"无为"之"慈爱"饱含着对平民百姓的关爱。老子云："我无为，而民自化；我好静，而民自正；我无事，而民自富；我无欲，而民自朴。"（《道德经》第五十七章）"圣人无常心，以百姓心为心。"（《道德经》第四十九章）庄子说："古之畜天下者，无欲而天下足，无为而万物化，渊静而百姓定。"（《庄子·天地》）道家还把对平民百姓的慈爱情怀升华到尊重自然、顺应自然，揭示了以道为基础的人与自然和谐共存的关系："道生一，一生二，二生三，三生万物。"（《道德经》第四十二章）"人法地，地法天，天法道，道法自然。"（《道德经》第二十五章）庄子认为，包括人在内的世界万物虽然形态各异，从"道"的角度看本源上是相同的、齐一的，"天地与我并生，而万物与我为一"（《庄子·齐物论》）。所以，道家与道教主张不论贫富贵贱、亲疏远近、花木鸟兽，皆持相同的关爱。"天道无为，任物自然，无亲无疏，无彼无此也。"

---

① 《老子》又称《道德经》，道家与道教的经典之一，共分 81 章（前 37 章为《道经》，后 44 章之后为《德经》）。传说是春秋时期的老子所撰（但学界对老子其人其作皆有争议）。本书引语只标注《道德经》书名及章名。

② 《庄子》又名《南华经》，现存《庄子》共 33 篇，分内篇、外篇、杂篇。一般认为内篇是庄子所作，外篇、杂篇是庄周弟子及后学所作。本书引语只标注《庄子》及篇名。

③ "上善若水。水善利万物而不争，处众人之所恶，故几于道。"（《道德经》第八章）

（《抱朴子·塞难》）而倡导"仙道贵生，无量度人"的大乘道教，在《太上洞玄灵宝元始无量度人上品妙经》中提出"不杀不害，不嫉不妒，不淫不盗，不贪不欲，不憎不嫉，言无华绮，口无恶声"，以达到"齐同慈爱，异骨成亲，国安民丰，欣乐太平"的理想世界。这样，道家与道教的"慈爱"以其超脱性在一定的意义上超越了儒家的"仁爱"与墨家的"兼爱"。儒家讲"仁爱"是有等级差序的，以"亲亲"为前提，即凡是有亲缘关系的，要爱得深一点，亲缘越近的爱得越深，尤其是生身父母与同胞兄弟爱得最深。道家与道教的"慈爱"则打破了这一前提，"天道无亲，常与善人"（《道德经》第七十九章）；"善者吾善之，不善者吾亦善之，德善"（《道德经》第四十九章）；"圣人不积：既以为人己愈有；既以与人己愈多。天之道，利而不害。圣人之道，为而不争"（《道德经》第八十一章）。墨家主张"兼爱"，即无差别的广泛的爱一切人似乎与道家接近，但"兼相爱"是同"交相利"联系在一起，而"慈爱"是超越一切利害关系之上的"大爱"，以达到"居善地，心善渊，与善仁，言善信，正善治，事善能，动善时"（《道德经》第八章》）的清境。

【延伸阅读】道家与道教

道家是中国春秋战国时期"百家争鸣"中的重要学派之一。狭义的道家指的就是春秋战国时期以老子、庄子为主要代表人物的哲学学派，到西汉时期，尊黄帝和老子为道家奠基人，史称"黄老学派"。汉文帝、汉景帝以道家思想治国，使百姓得以休养生息，史称"文景之治"。其后，儒家大学者董仲舒向汉武帝提倡"罢黜百家，独尊儒术"的对策，被汉武帝采纳，道家从此成为非主流思想。

广义的道家包括道教。道教之源出于道家，道教以先秦道家的老庄等人的著述为经典。道教作为一种宗教，有其神仙崇拜与信仰，有教徒与组织，有一系列的宗教仪式与活动，它追求长生不老、得道成仙。东汉末年，张道陵创立五斗米道、张角创立太平道，标志着道教的产生。他们以道家继承者自居，对《道德经》《庄子》等道家经典做了富有宗教意味的阐释，实际上是在道家思想的基础上吸收神仙方术、加入杂家学说与民间传说而形成的。道教虽不是世界性的宗教，但其影响也很深远和广泛，不仅盛行于唐、宋、元、明时期，而且受中华文化重要影响的日本、朝鲜、越南等历史上都受到道教的较大影响。至今，张天师、王重阳、张三丰等开宗立派的道教大师、"八仙过海"的道教典故和道教四大名山可谓家喻户晓、妇孺皆知。道教基本教义的主旨是自然无为的人生态度、修己度人的价值取向、劝善成仙的生命追求。魏晋南北朝以后道家思想的传承流变与道教相连、泾渭难明。虽然道家与道教的"慈爱"思想有其局限性，但关于天人同源、道法自然的"慈爱"观，可以为我们建设生态文明、建设美丽中国提供智慧启迪。

4. 儒家仁爱思想比较优势

公元前 221 年，秦始皇统一中国，建立起统一的封建集权专制政权。秦始皇崇尚法家思想，废儒黜道，焚书坑儒。然而，秦王朝仅仅存在了短短的 15 年就被农民起义所推翻。公元前 202 年刘邦称帝，建立汉朝，史称西汉。汉初统治者鉴于秦征服六国后迅速灭亡的深刻教训，采用"无为而治"的黄老之学，实行休养生息政策。经过"文景之治"的休整和积累，到汉武帝时期国家经济和军事实力达到强盛。为巩固中央集权的国家政权，汉武帝采纳经学大师董仲舒"罢黜百家，独尊儒术"的建议，儒家思想从此成为中国封建社会的正统思想和中华传统文化的主流[①]，儒家"仁爱"思想被封建统治者所利用，同时也被民众所接受。

为什么儒家能够在"百家争鸣"中胜出，并能经受住佛教传入后的冲击与挑战而稳居主流意识形态的地位呢？

从价值理想的高度来看，墨家倡导的"兼爱"似乎最好。"兼爱"欲使"天下之人皆相爱，强不执弱，众不劫寡，富不侮贫，贵不敖贱，诈不欺愚"（《墨子·兼爱中》），没有怨恨，没有战争，人人平等，四海一家。不过，事物都有两面性，墨家的理想太高容易陷入空想。

儒家虽然也有"天下为公"的大同理想，但还是正视"天下为家"的社会现实，提出了"礼义以为纪，以正君臣，以笃父子，以睦兄弟，以和夫妇"（《礼记·礼运》）的小康社会规范。中国传统社会实质上是以血缘关系为基础的亲情社会，基于亲情的"差等之爱"乃是普通的心理事实，是很自然的情感，就绝大多数人而言，爱自己的父母、子女、兄弟姐妹，比爱别人多一些，这是人之常情（如"孔融让梨"的"仁爱"之举就是发乎亲情），儒家通过"推己及人"从自然的"差等之爱"延伸至超越"差等之爱"的"一体之仁"，通过

[①] 有的学者认为从汉武帝开始中国封建社会的统治者施行的是"儒表法里"或"外儒内法"治国策略，实际上儒法并用是中国封建社会历史上常用的社会治理方式。

"差等之爱"的路径，实现"一体之仁"的目的，达到"兼而爱之"（《荀子·富国》[1]），从而与兼爱或博爱相通。故儒家倡导的"仁爱"与墨家倡导的"兼爱"相比，既具有现实关怀的比较优势，又兼顾了终极关怀的社会理想。就道德教化功能而言，儒家更胜于只讲计算利害，不信情爱的法家和宣称"绝仁弃义"的道家。儒家的"仁爱"思想以家族血缘伦理关系为核心建构"三纲五常"（即以"君为臣纲，父为子纲，夫为妻纲"为"三纲"，"仁、义、礼、智、信"为"五常"）的社会规范，辅之以"中庸"之道，同以小农经济为基础的农业社会相适应，与"家国同构"的宗法社会管理需要相契合，成为调节中国传统社会关系和维护社会生活秩序的核心价值观和基本道德规范。

汉代以后，儒家后继者对"仁爱"思想做了新的补充和修正。如首创儒家道统说的唐代思想家韩愈提出"博爱之谓仁"（韩愈《原道》）；北宋著名理学家张载宣称"民，吾同胞；物，吾与也"（张载《西铭》）；南宋理学大师朱熹释"仁"曰："仁者，爱之理，心之德也"（朱熹《论语集注·学而》）；明代心学大师王阳明领悟到"仁"是"以天地万物为一体"的"一体之仁"，"其视天下犹一家，中国犹一人焉"（王阳明《传习录》上）。

儒家"仁爱"思想对以爱国主义为核心的民族精神的培育、对构建和谐社会有重要的滋养作用。同时它又包含着维护尊卑贵贱的等级差别和专制文化以及强化宗法观念等历史局限性。到了近现代，随着它赖以存在的经济和社会条件发生了重大变化，其价值功能有所消减。但它所倡导的孝老爱亲、相亲相爱、有情有义、互帮互助等传统美德在现实生活中依然具有重要意义。

2014年9月24日，习近平在纪念孔子诞辰2565周年国际学术研讨会暨国际儒学联合会第五届会员大会开幕式上的讲话中指出，研究孔子、研究儒学，是认识中国人的民族特性、认识当今中国人精神世界历史来由的一个重要途径。春秋战国时期，儒家和法家、道家、墨家、农家、兵家等各个思想流派相互切磋、相互激荡，形成了百家争鸣的文化大观，丰富了当时中国人的精神世界。虽然后来儒家思想在中国思想文化领域取得了长期主导地位，但中国思想文化依然是多向多元发展的。这些思想文化体现着中华民族世世代代在生产生活中

---

① 《荀子》是战国时期思想家荀况的著作集，一般认为是荀况为总结当时学术界的百家争鸣和自己的学术思想而作。荀子本是继孟子之后战国后期最重要的儒学大师（司马迁作《史记·孟子荀卿列传》将荀子与孟子并列），他在吸收法家学说的同时发展了儒家思想。战国晚期法家的两位代表人物韩非和李斯是他的学生，所以他并未被普遍认同为先秦儒学主要代表人物。本书引语只标注《荀子》书名及篇名。

形成和传承的世界观、人生观、价值观、审美观等，其中最核心的内容已经成为中华民族最基本的文化基因。这些最基本的文化基因，是中华民族和中国人民在修齐治平、尊时守位、知常达变、开物成务、建功立业过程中逐渐形成的有别于其他民族的独特标识。"传统文化在其形成和发展过程中，不可避免会受到当时人们的认识水平、时代条件、社会制度的局限性的制约和影响，因而也不可避免会存在陈旧过时或已成为糟粕性的东西。这就要求人们在学习、研究、应用传统文化时坚持古为今用、推陈出新，结合新的实践和时代要求进行正确取舍，而不能一股脑儿都拿到今天来照套照用。要坚持古为今用、以古鉴今，坚持有鉴别的对待、有扬弃的继承，而不能搞厚古薄今、以古非今，努力实现传统文化的创造性转化、创新性发展，使之与现实文化相融相通，共同服务以文化人的时代任务。"[①]

2018年6月9日晚，国家主席习近平出席上海合作组织青岛峰会欢迎宴会并致祝酒词。习近平表示，山东是孔子的故乡和儒家文化发祥地。儒家思想是中华文明的重要组成部分。儒家倡导"大道之行，天下为公"，主张"协和万邦，和衷共济，四海一家"。这种"和合"理念同"上海精神"有很多相通之处。"上海精神"坚持互信、互利、平等、协商、尊重多样文明、谋求共同发展，强调求同存异、合作共赢，在国际上获得广泛认同和支持。

5. 佛教的慈悲与普度情怀

佛教是世界三大宗教中最古老的宗教。相传约公元前6世纪至前5世纪由古印度的迦毗罗卫国王子乔达摩·悉达多（佛号释迦牟尼）所创（乔达摩·悉达多舍弃王子地位，出家修道成佛）。从公元3世纪开始，佛教向古印度境外传播，逐渐发展成为世界性宗教，而在印度本土则由于公元9世纪后，随着派系纷争和外族入侵，不少僧侣被杀，很多寺庙和文物遭毁，导致佛教在印度本土走向衰微，在13世纪初趋于消亡，直到19世纪后才稍有复兴。

释迦牟尼创立的佛教在经历了小乘佛教、大乘佛教和密教等发展阶段，所以佛教有小乘佛教、大乘佛教等教派的区分。所谓"乘"，是梵文的意译，有"乘载"或"道路"之意。大乘佛教和小乘佛教的区别，表现在许多方面。在人我关系上，小乘只注重自我解脱，大乘则以"普度众生"为己任。以地缘划分

---

① 《习近平谈治国理政》第二卷，外文出版社2017年版，第313页。

佛教又有南传佛教与北传佛教之分。流传于东南亚的南传佛教以小乘为主；经古"丝绸之路"向中国、朝鲜半岛以及日本等地传播的北传佛教分为汉传佛教和藏传佛教，汉传佛教以大乘为主。在漫长的流传过程中，佛教创造了光辉灿烂的文化，影响了东方世界的面貌。

"慈悲为怀"是佛教劝诫人以恻隐怜悯之心对待芸芸众生的标识性佛语，是佛教的核心价值理念之一。《慈悲道场忏法》曰："此慈悲诸善中王，一切众生所归依处。"《观无量寿经》云："佛心者，大慈悲是也。"

"慈悲"是梵语的意译。"慈"是慈爱众生，给予快乐，"悲"是悲悯众生，拔除痛苦，二者合称意为"与乐拔苦"。《大智度论》曰："大慈与一切众生乐，大悲拔一切众生苦；大慈以喜乐因缘与众生，大悲以离苦因缘与众生。""慈悲"情怀的佛道要旨是"大悲"。"悲"原意为痛苦，由痛苦而生悲情。一个人深刻感受到自身的痛苦，也就能对他人的痛苦感同身受，自然而然地衍生出对他人的同情和友情，并扩展为对众生普遍的平等的慈爱。"不杀生"是佛教"十善"[①]之首善和"八戒"之首戒[②]，深信"救人一命，胜造七级浮屠"。汉传佛教特别反对涂炭生灵的战争和刑杀，主张素食和放生。自南朝梁武帝提倡"断酒肉"以后，素食成为汉地僧人普遍的饮食生活习惯。

"普度众生"是反映佛教与佛学精神的标识性用语。这里的"众生"指一切有情生命体（包括人和动物），这类众生称为生灵。佛教的普度众生，是普遍地引渡一切生灵，使其脱离苦海，登上彼岸。佛教认为芸芸众生皆有佛性，只有普度众生才能使自己成佛。

要"普度众生"，就要有度量。无论天南海北，在香火旺盛的寺院中，总能看到一尊袒胸露腹、喜笑颜开、手携布袋席地而坐的胖菩萨，他就是弥勒佛。弥勒佛，也称弥勒尊佛，即未来佛，人称笑佛。弥勒来自梵文的音译，意为"慈氏"，深受中国佛教大师道安和玄奘的推崇。弥勒菩萨降世的预言，在佛教各派别的经典中均有描述，故弥勒菩萨成为佛教徒被救度的寄托。从北魏开始，中国逐渐流行对弥勒佛的信仰。隋唐之际，弥陀信仰愈盛（武则天曾自称弥勒转世）。"大肚能容，容天下难容之事；开口便笑，笑世间可笑之人"便是北京

---

① "十善"又称"十善业道"，包括：一、不杀生，二、不偷盗，三、不邪淫，四、不妄语，五、不两舌，六、不恶口，七、不绮语，八、不贪欲，九、不嗔恚，十、不邪见。

② "八戒"全称为"八关斋戒"：一戒杀生、二戒偷盗、三戒淫、四戒妄语、五戒饮酒、六戒着香华、七戒坐卧高广大床、八戒非时食。吴承恩所作《西游记》中的角色猪八戒与此相关联。

潭柘寺弥勒殿的一副楹联。武汉归元寺弥勒佛堂也有相似的对联："大肚能容，容天下难容之事；慈颜常笑，笑世上可笑之人"这副联是讲度量（心量）的，一个人如果能够达到包容天下万事万物的度量（心量），便能度自己、度人、度化众生而进入佛的境界。

在汉传佛教的诸多佛菩萨中，集中体现慈悲理念的神格形象是阿弥陀佛、地藏菩萨和观音菩萨。阿弥陀佛是西方极乐世界的教主，因接引众生往西方极乐净土被称为"接引佛"。据《无量寿经》载，阿弥陀佛发"四十八愿"，其中第十九愿是，凡诚心发愿往生极乐世界者，在临终时口诵"南无阿弥陀佛"，阿弥陀佛必亲来接引。这种以信佛因缘心愿生净土，凭借阿弥陀佛的愿力便得往生，是为修持成佛的"易行道"。

地藏菩萨与观音、文殊、普贤菩萨一起为中国佛教四大名山供奉的四大菩萨，深受世人敬仰。据《地藏菩萨本愿经》记载，地藏菩萨受释迦牟尼的嘱托，承诺在释迦牟尼身后和弥勒菩萨成佛之前的过渡时期现身世间，救度众生。他立下"地狱未空，誓不成佛，众生度尽，方证菩提"的宏愿。

观世音菩萨是大乘佛教慈悲救世精神的最深刻诠释。当人们遇到灾难时，只要念其名号，便前往救度。故称观世音，也称观音。观音菩萨大慈大悲理念的典型神格化身，为了拯救众生的苦难，观世音菩萨的无极之体应化形相千姿百态，现身说法，劝导世人"诸恶莫作，众善奉行"，且随缘救度，有求必应。在古印度佛教中，观音菩萨像有现男相也有现女相的，到中国南宋以后，女性的观音菩萨相已深植百姓心中，在人们的心目中她是美丽、善良、慈悲的女神。

【延伸阅读】千手观音

相传，观音菩萨曾发誓要普度众生，然而众生芸芸，观音颇有力不胜任之感。于是观音分身成四十二个大慈大悲菩萨。观音的师傅无量佛见状，劝其不要急躁，否则欲速则不达。无量佛将四十二个个体撮合在一起，只留下四十二只手臂，又让每只手掌上长出一只眼睛，代表一个化身。这样除去主体的两只手臂，还有四十只手臂，每只手臂各配上佛门三界中的"二十五有"，两数相乘为一千。这就是"千手观音"，全称"千手千眼观世音菩萨"或"千眼千臂观世音菩萨"。"千手观音"的造型形成了一种独特的文化形象，以佛教为载体，凝聚了中华民族的传统美德，表现出"鼎力相助"的慈善之心。以"慈悲为怀，普度众生"为主题的观音文化的形成，为中国佛教史的发展增添了新的一页。

清代以来，更有作为送子观音的"观音娘娘"之称。观音信仰在广度和深度上都超越了对诸佛与其他菩萨的信仰。

"千手观音"已经成为中国国宝级人类文化遗产。2005 年央视春节联欢晚会上中国残疾人艺术团的舞蹈节目《千手观音》感动了全中国。此前在雅典残奥会闭幕式的表演、此后在北京残奥会开场的表演和近几年在数十个国家或地区的演出均引起轰动。21 个平均年龄 21 岁的聋哑演员将舞蹈《千手观音》演绎得天衣无缝、美轮美奂。舞动时，犹如千手观音降临人世。《千手观音》通过肢体语言把爱带给全中国、全世界。经过多年的锤炼，这个舞蹈已成为中国残疾人艺术团"我的梦"专场演出的保留节目。

【延伸阅读】佛教的"中土化"

国家主席习近平 2014 年 3 月 27 日访问位于法国巴黎的联合国教科文组织总部，并发表有关人类文明交流互鉴的演讲。在演讲中，他就佛教的"中土化"做了精辟论述。

"佛教产生于古代印度，但传入中国后，经过长期演化，佛教同中国儒家文化和道家文化融合发展，最终形成了具有中国特色的佛教文化，给中国人的宗教信仰、哲学观念、文学艺术、礼仪习俗等留下了深刻影响。中国唐代玄奘西行取经，历尽磨难，体现的是中国人学习域外文化的坚韧精神。根据他的故事演绎的神话小说《西游记》，我想大家都知道。中国人根据中华文化发展了佛教思想，形成了独特的佛教理论，而且使佛教从中国传播到了日本、韩国、东南亚等地。"[1]

据《后汉书》记载，公元 64 年，东汉明帝刘庄某天晚上梦见在西方有一个金色的人。第二天，明帝召见大臣询问梦中所见之凶吉。一位大臣告诉他说："听说西方有佛，您一定是梦见佛了。"于是明帝派使臣到西方出使拜求佛法。三年之后，汉使及印度高僧迦叶摩腾、竺法兰以白马驮载佛经佛像抵达洛阳，明帝躬亲迎奉。公元 68 年，明帝敕令在洛阳雍门外建僧院，为铭记白马驮经之功，命名该院为白马寺。这便是白马驮经故事之来历。

佛教自东汉年间传入中国后，便在全国各地迅速传播开来。南朝梁武帝时就有寺院 2846 座，僧尼 82700 人。唐代诗人杜牧"南朝四百八十寺，多少楼台

---

[1] 《习近平谈治国理政》第一卷，外文出版社 2018 年版，第 260—261 页。

烟雨中"的诗句就是描写那时江南佛教的繁盛景象。隋唐时期，由于结束了社会长期混乱的局面，国家得到空前统一，大量的佛经被译成汉文，佛教与佛学得到巨大的发展（唐朝贞观年间，玄奘法师为了深入研究佛学，冒着生命危险，历经千辛万苦，西行取经，在中印文化交流史上有着卓越的贡献。玄奘在古印度取得佛经六百多部，回到祖国后在长安进行大规模的翻译工作。而以此为题材，由明代小说家吴承恩创作的位列中国四大古典名著之一的《西游记》的问世，则使得唐僧取经的故事更引人注目）。佛教的传播及其对意识形态的影响一度使儒学的正统地位受到挑战。儒学非常重视孝道，宣扬"不孝有三，无后为大"。佛教诱导人出家离俗冲击着封建的人伦道德。加之，寺院经济过度膨胀占据了国家大量的土地，大量劳动力进入寺院成为不事生产的僧人造成农村劳动力短缺。在矛盾的不断激化过程中，发生了北朝魏武帝、周武帝以及唐朝武宗虐杀僧尼、焚毁寺院的事件，史称"三武之灾"。为此，佛教学说不得不做一些相应的修正，一方面从其教义中挖掘与中国传统习俗相近的部分，另一方面发挥其"佐教化"的长处。汉传佛教经过数百年的传承逐步与本土的儒家文化和道家文化相融合，形成了具有中国特色的佛教文化，成为中华文化的重要组成部分，给中国人的宗教信仰与精神生活带来深刻影响，至隋唐时期涌现出中国本土化的佛教宗派，如天台宗、华严宗和禅宗。其中，最突出的是禅宗。

"明心见性"的禅宗相传由释迦牟尼大弟子摩诃迦叶所开创。南北朝时期，自称禅宗第二十八代传人的菩提达摩自印度渡海东来，北上嵩山少林寺，面壁九年，将禅宗发扬光大。少林寺也因此成为汉传佛教的"禅宗祖廷"。随后经慧可、僧璨、道信，至五祖弘忍后，分化为南宗慧能，北宗神秀。禅宗主张"行、住、坐、卧皆有禅"。何谓"禅"？慧能那流传千古的偈语做了应答："菩提本无树，明镜亦非台，本来无一物，何处惹尘埃？"

经历数百年与中国传统文化的磨合后所形成的禅宗佛学，将深奥的佛教理论与中国社会的距离拉近了，也逐步消弭了与儒家的冲突及与道家的对立，走向了与中华传统文化的融合，实现了佛教与佛学在中国的本土化，即"中土化"，从而使佛教这一古老的世界性宗教在中华大地开枝散叶，开花结果。而在佛教"中土化"过程中形成的中国佛教四大名山不仅是蜚声中外的佛教圣地，而且是引人入胜的文化与生态旅游胜地。

二、异域文化友善因子

世界上不同的国家和民族有其不同的发展史，形成自身各具特色的地域文化，我们站在本土文化的立场上将其称为异域文化。异域文化是人类共同的精神财富。习近平指出："文明因交流而多彩，文明因互鉴而丰富。文明交流互鉴，是推动人类文明进步和世界和平发展的重要动力。"① "本国本民族要珍惜和维护自己的思想文化，也要承认和尊重别国别民族的思想文化"，对人类社会创造的各种文明，都应该采取学习借鉴的态度，都应该积极吸纳其中的有益成分，"使人类创造的一切文明中的优秀文化基因与当代文化相适应、与现代社会相协调，把跨越时空、超越国度、富有永恒魅力、具有当代价值的优秀文化精神弘扬起来。"② "中华文化既坚守本根又不断与时俱进"，中华传统文化也是在融合本域多民族文化以及吸收包括佛教文化在内的异域文化因素的过程中形成和发展的。"我们提出的社会主义核心价值观把涉及国家、社会、公民的价值要求融为一体，既体现了社会主义本质要求，继承了中华优秀传统文化，也吸收了世界文明有益成果，体现了时代精神。"③

"他山之石，可以攻玉。"（《诗经·小雅·鹤鸣》）相对于社会主义核心价值观的其他元素，友善更具有普适性，是包括古希腊罗马文化、基督教文化、西方近现代文化等多元异域文化的价值诉求，在上述异域文化中包含着可借鉴的友善文化因子，宜去芜存菁地发掘其合理因素与进步意义，以达洋为中用。

1. 亚里士多德的善的友爱

友善价值观在西方文化中的源流可以追溯到古希腊时期。古希腊哲学是西方文化的源头。恩格斯指出："在希腊哲学多种多样的形式中，几乎可以发现以后的所有观点的胚胎、萌芽。"④ 在古希腊哲学同样包含着丰富的友善观，如古希腊自然哲学家恩培多克勒认为世界万物是由水、火、气、土四种元素（"四根"）在"爱"和"恨"两种力的作用下生成和分化的。"爱"使之聚合，"恨"使之分离，整个宇宙就是"爱"与"恨"两种力量交互发生作用，使各元素处在不

---

① 《习近平谈治国理政》第一卷，外文出版社 2018 年版，第 258 页。
② 习近平：《在纪念孔子诞辰 2565 周年国际学术研讨会暨国际儒学联合会第五届会员大会开幕会上的讲话》，《人民日报》2014 年 9 月 25 日。
③ 《习近平谈治国理政》第一卷，外文出版社 2018 年版，第 169 页。
④ 《马克思恩格斯选集》第三卷，人民出版社 2012 年版，第 877 页。

断结合和不断分解的循环往复的过程之中。古希腊著名哲学家苏格拉底说，"德性指过好生活或做善事的艺术，是一切技艺中最高尚的技艺"，"美德就是知识"。师承苏格拉底的柏拉图在《理想国》等著作中探讨了善的理念与个别善的关系以及善与正义的关系问题。而师承柏拉图的亚里士多德则在他的伦理学著作中提出了较为系统的友爱观。

亚里士多德是世界历史上伟大的哲学家、科学家和教育家之一，被马克思称为"古希腊哲学家中最博学的人物"。他专题探讨了与友善相近的友爱问题，提出了"德性友爱论"。

亚里士多德是西方第一个系统阐述伦理学理论的思想家，友爱论是亚里士多德的伦理学的重要组成部分。亚里士多德的《尼各马可伦理学》是西方第一部伦理学著作，该著共有 10 卷，其中第 8 和 9 卷是专论友爱的。亚里士多德对友爱的问题论述达到相当精细的程度。一个特别值得注意之处是，亚里士多德把对友爱的讨论安排在对其他德性的讨论之后和对幸福的讨论之前，这显然是一种特意的安排。在亚里士多德看来，友爱是一种德性品质，它是幸福之基础。友爱可以使得人的幸福更加完满，缺少友爱就不会有真正的幸福生活。这就是要把友爱作为德性与幸福之间的联系环节，指明了以德性为构件的友爱品质是通往幸福之路。他说："人是政治动物，天生要过共同的生活"[1]，"一个幸福的人，当然要有真诚的朋友"。[2] 他认为友爱"对生活是最必需的东西。因为没有人想过没有朋友的生活，即便他有所有的善缘。"富人需要有朋友去成就其善事，保全其财产；人在穷困和遭受灾难时特别希望得到朋友的帮助；青年需要有朋友帮助他少犯错误；壮年人则需要朋友指点使自己行为高尚，老人需要朋友帮助他做力所不及的事，"遭受不幸的人期求援助，在幸运中的人需要陪伴"[3]，"无友爱和孤独是很可怕的"。[4] 亚里士多德指出，人生的目标是幸福，幸福就是最高的善，但仍需要外在的善的补充。幸福必须具备三个条件：健康的身体、财富和德性，而德性最为根本。他认为，从广义上说，公正是德性的总体，但友爱在一定条件下比公正更为重要。友善作为个人的德性是个人取得幸福的重要因素之一，而且友爱把城邦联系起来。与作为德性和幸福相联系的其

① 苗力田编：《亚里士多德选集》（伦理学卷），中国人民大学出版社 1999 年版，第 218 页。
② 苗力田编：《亚里士多德选集》（伦理学卷），中国人民大学出版社 1999 年版，第 221 页。
③ 苗力田编：《亚里士多德选集》（伦理学卷），中国人民大学出版社 1999 年版，第 222—223 页。
④ 苗力田编：《亚里士多德选集》（伦理学卷），中国人民大学出版社 1999 年版，第 426 页。

他外在善不同，友爱不仅是感情，而是一种去做所应做的德性或者包含着这样一种德性。这使友爱成为德性与幸福的更本性的联系环节。如果我们以幸福的高尚的生活判断各种友爱的价值的高低，那么结论就应当是，在德性上相近的好人之间的友爱最能帮助我们实现这种生活。友爱作为这种联系环节，不仅在于它对幸福是必要的，而且在于其自身是高贵的德性。爱朋友的人受到赞扬，广交朋友被看作高尚的事。所以友爱在亚里士多德伦理学中成为德性与幸福之间的重要联系环节。

亚里士多德把友爱分为三种："一类友爱是由于德性，另一类由于有用，再一类由于快乐。"[①] 基于德性的友爱是"善的友爱"，而善的友爱乃是稳定、持久和最值得人们追求的，真正的善的友爱是发生在好人，即有相似德性的人之间的。善的友爱应该是相互的，只有相互有善意才是指向幸福的友爱，其他种类的友爱则只是偶性意义上的友爱。善的友爱作为目的的善不仅指目标的实现，也包括实现善的活动本身。友善作为高贵的品质既是一种德性，也是一种德行。我们通过做朋友而成为一个朋友，正如我们通过做勇敢的事成为勇敢的人。到亚里士多德生活的时代，经过伯罗奔尼撒战争雅典已丧失盟主的地位，雅典民主制开始衰落，城邦内部开始显露各种危机。为了挽救雅典的式微趋势，亚里士多德提出了"好城邦"的概念，为民主制辩护。亚里士多德指出被称为"好城邦"的条件之一是公民的善德，这就需要友爱作为保证，因为友爱会激发人的好品德，最终促进人们在社会生活中达到完善的道德关系从而实现美好生活。在不同政体中的友爱的意义不同。在民主制下，友爱与公正最多，这是因为在平等的公民中有很多共同的东西，而友爱本身就是共同生活的价值所在。对于城邦来说，友爱是把城邦联系起来的纽带。倘若人人都相互友爱，那么城邦的纷争自然就会减少，凝聚力就会增强。

2. 基督教文化的博爱期许

基督教是以信仰耶稣基督为救主的宗教（信奉基督教的人被称作基督徒），也是当今世界上传播最广、信徒人数最多的宗教。"基督"的原意是"受膏者"，希伯来语称为"弥赛亚"，古代犹太人把期盼中的救世主称为"弥赛亚"，而基督教则把耶稣看作有原罪的人类的救赎者。基督教教义的基础是《圣经》，即

---

① 苗力田编：《亚里士多德选集》（伦理学卷），中国人民大学出版社 1999 年版，第 432 页。

《旧约》和《新约》全书。《旧约》记载的是上帝（耶和华）同以色列人立的约。《新约》记载的"耶稣基督"降生后上帝与信仰他的选民立的约。基督教分天主教、东正教和新教三大教派，有圣诞节和复活节等重要节日。圣诞节是纪念耶稣诞生的日子，复活节是纪念耶稣被钉死在十字架后死而复生的日子。天主教和新教认定 12 月 25 日（东正教认定 1 月 7 日）为纪念耶稣基督诞生的日子，复活节则是每年春分月圆后的第一个星期日。

基督教宣称"爱"是最高的德性，是一切美德的源泉。《旧约》和《新约》中皆有"爱人如自己"（Love your neighbor as yourself，爱你的邻人如同爱自己）的训教（《圣经·旧约·利未记》提出"爱人如己"的主张;《圣经·新约·罗马书》告诫基督徒，爱"不求自己的益处"），其内容涉及对上帝的"敬爱"，对人的"自爱"、人与人之间的"互爱"和对所有人的"博爱"或者说"普爱"。

第一，对上帝的"敬爱"。人之所以要敬畏和热爱上帝首先是因为上帝是万能的造物主，上帝的爱是世界存在的根据和生命的源泉，有了上帝的恩赐每个人才成为真正的生命个体。而根据《圣经》的描述，人类的始祖亚当和夏娃在伊甸园中，因受蛇的诱惑，违背上帝的意志偷吃"禁果"，犯下了"原罪"。"原罪"是人类一切罪恶、灾难、痛苦和死亡的根源。人类因犯"原罪"而堕落所带来的死乃是上帝对人的惩罚。但上帝又是仁慈的，上帝作为圣父化身为圣子耶稣传道，被罗马总督下令钉死在十字架上而成为代罪羔羊，三天后在圣灵的作用下死而复活升天。信基督的人作为上帝的选民因耶稣的救赎罪得赦免，这是上帝对人的大爱的见证。《圣经·新约》约翰福音第三章第十六（和合本约 3:16）写道："神爱世人，甚至将他的独生子赐给他们，叫一切信他的，不至灭亡，反得永生。"所以，人既要敬畏上帝，更要以感恩之心来回应上帝的爱，虔诚地信仰上帝，通过祈祷和忏悔感谢神救赎的恩典。

第二，对人的生命的"自爱"。基督教教义强调，人在爱别人之前，先需要学会爱自己，只有爱自己，才知道如何去爱人。人是上帝造的，人的生命属于上帝，谁都没有无权以自杀的方式终止自己的生命。"十诫"中的"不可杀人"就包含不可自杀。基督教神学家奥古斯丁甚至认为："杀父母比杀人要邪恶，但是自杀是最邪恶的。"故此，基督教历来反对自杀，早期基督教甚至拒绝为自杀的人举行丧葬礼拜，企图自杀者或自杀未遂者会被逐出教会。不过，随着基督教走向相对宽容，在坚持反对自杀的同时不再歧视有自杀倾向之人，而是设法帮助其走出精神困境。

第三，人与人之间的"互爱"。"爱人如己"在人与人之间的要求是将自己与别人互换角色，设身处地地为别人着想，像对待自己一样地去对待别人，像爱自己一样地去爱别人。《圣经·新约》马太福音中有句话后被西方人视作为人处事的"黄金法则"——"你希望别人怎样对待你，你就应该怎样对待别人"，这与我们常言人的将心比心、推己及人是相通的。角色互换需要爱，人与人之间的"互爱"需要超脱利益纷争。《圣经·新约》罗马书告诫基督徒，爱"不求自己的益处"。

第四，对所有人的"博爱"。《圣经·旧约·利未记》提出"爱人如己"的主张，但还是放在"不可埋怨你本国的子民"并未凸显其跨民族性意蕴。相比之下，在《圣经·新约》中，耶稣以及保罗却多次强调："爱邻人"应扩展到所有外邦人那里。后来奥古斯丁更是明确指出："爱邻人"就是指爱信上帝的每个人或一切人，尤其是要关心帮助弱者，为他们带来福音。此外，"爱人如己"的"普爱"还包含爱自己的仇敌。《圣经·新约·马太福音》有这样的训教："你要爱自己的敌人，祝福诅咒你的人"，试图用"以德报怨"来化敌为友。

尽管基督教具有博爱的视野，主张在上帝面前人人平等，但在中世纪实行的却是唯我独尊的排他主义，这一时期在欧洲历史上由于信仰原因被烧死、绞死的人不计其数。进入近现代，由于资本的扩张需要开辟世界市场，基督教也随之走向全世界，逐步走向相对的宽容。从 16 世纪到 21 世纪，基督教的宽容主要经历了两个阶段。第一阶段是基督教各大教派间达成谅解，第二阶段是基督教文化与其他文化之间尝试达成一定程度的谅解。16 世纪是基督教走向宽容的开端，其标志性的事件是：1555 年神圣罗马帝国皇帝查理五世与德国的新教诸侯签订《奥格斯堡和约》，确定"教随国定"的原则；1598 年法国国王亨利四世颁布"南特敕令"，容许胡格诺派合法存在。1688 年"光荣革命"后英国议会通过《容忍法》，使英国宗教宽容开始有法可依。由基督教界倡议发起，1893 年在美国芝加哥举行了第一次世界宗教大会，其主旨是开展信仰领域不同宗教之间的对话。一百年后，世界宗教人士于 1993 年再次在芝加哥召开了第二次世界宗教大会。这次大会发表了体现"宽容"精神的《全球伦理宣言》，宣称人类应"献身于一种共同的全球伦理，更好地相互理解以及有益于社会的、有助于和平的、对地球友好的生活方式"，要"坚持一种宽容的文化和一种诚信的生活。"该《宣言》还提出了提出了四项"不可取消的规则"：珍重生命——致力于非暴力与敬重生命的文化；正直公平——致力于团结与公平的经济秩序；

言行诚实——致力于宽容的文化与诚实的生活；相敬互爱——致力于男女平等与伙伴关系的文化。

【延伸阅读】基督教的演变及在中国的传播

基督教发源于公元 1 世纪，脱胎于犹太教一个小宗派，逐步传到世界各地，不仅是世界三大宗教之一，而且是信徒最多、分布范围最广的宗教。早期基督教的信徒主要成分是劳苦大众，曾受到罗马帝国迫害。公元 2 世纪后，许多富人加入基督教使基督教发生了性质和地位的改变。公元 313 年，君士坦丁一世颁布"米兰敕令"，承认基督教的合法地位。公元 392 年，狄奥多西大帝奉基督教为罗马帝国国教。

公元 332 年，罗马皇帝君士坦丁一世迁都拜占庭（改名君士坦丁堡），使得东西教会逐渐疏远，进而产生隔阂。在公元 4 世纪末罗马帝国分裂和公元 476 年西罗马帝国灭亡后，说拉丁语的西部派别和说希腊语的东部派别发生分化。西部罗马教会自认为是耶稣门徒彼得的继承者，坚持其在各宗主教区拥有首席地位；东部君士坦丁堡教会则在东罗马皇帝支持下与罗马教廷争夺势力范围，加上教义方面的分歧，两派终于在公元 1054 年正式分裂为天主教（罗马公教）和东正教。到中世纪，罗马教皇的权势凌驾于王权之上，教皇英诺森三世甚至宣称"教皇是世界之父"。从 1096 年到 1291 年间在罗马教皇鼓动下，由西欧封建领主和骑士组成的"十字军"对地中海东岸的国家发动持续近 200 年的宗教战争，史称"十字军东征"。此外，罗马教廷对他们认定的违反教义的所谓"异端邪说"进行迫害。为此，哥白尼的日心说不得不到临终前才发表，布鲁诺由于宣传日心说而被烧死在鲜花广场上，伽利略因揭示了科学真理而被宗教裁判所判了终身监禁。这些暴行与基督教宣扬的"博爱"精神格格不入。所以，天主教后来承认"十字军东征"是使教会声誉蒙污的行为，罗马教宗也宣布为布鲁诺、伽利略"平反"。

中世纪后期，罗马教廷和一些教士的腐化极其严重，不仅占有大量土地，还出售"赎罪券"谋利，引起包括部分世俗势力在内的各阶层民众的强烈不满。同时，由于"十字军东征"客观上使西欧接触到相对先进的东方文明，打开了新的贸易大门，催生了资本主义萌芽的产生，孕生要求推动社会变革的新生力量。在这一背景下，1517 年 10 月 31 日德国的马丁·路德因质疑教皇兜售"赎罪券"公开张贴辩论提纲——《九十五条论纲》，拉开了宗教改革运动的序幕。

随后在马丁·路德以及法国的加尔文和英王亨利八世等推动下兴起的宗教改革运动，创立了摆脱罗马教廷控制的基督新教。宗教改革是新兴资产阶级的一次反封建运动，宗教改革家强调因信称义的职业神圣观，主张信徒用敬虔的心去从业或创业而获得上帝的救赎和恩典。德国社会学家马克斯·韦伯在《新教伦理与资本主义精神》等著作中对此做了具体分析。他认为基督新教的入世禁欲主义伦理为企业家和职工创业或从业提供了心理驱动力和道德解释力，从而成为推动西方资本主义勃兴和"祛魅"走向现代化的精神动力。

基督教的传播在很长历史时期主要局限于欧洲范围。进入近代，随着欧洲资本主义工业化国家的殖民扩张，基督教向东方世界及全世界迅速传播。1620年，一批英国清教徒乘"五月花号"船横穿大西洋来到北美寻找生活的"净土"，1776年这批移民的后代签署《独立宣言》，宣告美利坚合众国的诞生，做起了"美国梦"。

早在唐太宗贞观九年，基督教就以"景教"之名传到中国。元代天主教东传，被称为"也里可温"教。明朝万历年间意大利耶稣会传教士利玛窦来华传教，病逝后安葬于北京。正是他主张以"天主"称呼基督教的"神"，他认为中国传统的"天"本质上与罗马教会所说的"上帝"并无分别，便把罗马公教称为"天主教"。利玛窦容许中国皈依天主教的信徒祭天、祭祖、祭孔，认为这些只属追思先人与缅怀哲人的仪式，对宗教信仰并无干涉。利玛窦的传教策略和方式，被称为"利玛窦规矩"。尽管这一创意引起争议并在随后引起罗马教廷与中国朝庭的冲突，但最终还是得到罗马教宗的认可。从19世纪初叶，伴随着西方列强的海外扩张，基督教再次大规模地传入中国，这次传播的最大不同点是："耶稣基督是骑在炮弹上飞过来的"。鸦片战争后，天主教、基督新教以沿海通商口岸为基地在中国迅速传播并产生广泛影响。19世纪中期洪秀全利用基督教创办"拜上帝会"，发动建立"太平天国"的农民起义因种种原因终告失败。此后，外国教会势力与中国人民的矛盾日趋尖锐，导致"教案"频发。19世纪末中国曾爆发"反洋教"的义和团运动。中华人民共和国成立后废除了基督教在中国大陆的特权，同时，尊重和保护其正常宗教活动，引导其与社会主义社会相适应。在这个基础上，天主教和基督（新）教成立了全国性的爱国组织，走上了独立自主、自办教会的道路。自此基督教在中国的传播和影响进入新的历史时期。

3. 启蒙运动中的博爱之音

"博爱"之说，中国古已有之。《孝经·三才章》曰："先王见教之可以化民也，是故先之以博爱，而民莫遗其亲。"曹植《当欲游南山行》则谓："长者能博爱，天下寄其身。"韩愈在《原道》中写道："博爱之谓仁。"欧阳修在《乞出表》之二中则云："大仁博爱而无私。"在中国近代孙中山先生推崇"博爱"为"人类宝筏，政治极则"。青年毛泽东在1919年10月8日撰写的《祭母文》中写道："吾母高风，首推博爱。"在西方，"博爱"乃是基督教重要的宣教口号。虽然"博爱"不是西方近代文化的专利，不过当我们说"博爱"时往往自觉或不自觉地想起近代西方启蒙运动"自由、平等、博爱"的口号。

启蒙运动是指发生在近代欧洲的反对封建专制和天主教会黑暗统治的思想解放运动，而法国是启蒙运动的中心。法国启蒙运动实质上是法国大革命前的舆论准备。在法语中，"启蒙"的本意是"光明"。当时先进的思想家认为，迄今为止人类处于黑暗之中，应以理性之光驱散黑暗，把人类引向光明的享有天赋人权的"理性王国"。

作为资本主义核心价值观的"自由、平等、博爱"，发端于以"人的发现"为特征的文艺复兴运动，在18世纪欧洲启蒙运动中成为响亮的口号，它不但是法国大革命的旗帜，而且成为西方文化的表征。而其中的"博爱"进而成为人道主义精神与慈善事业的标识，如国际公认的红十字精神是"人道、博爱、奉献"。

"自由、平等、博爱"作为一个完整的口号，经历了一个逐渐形成和发展的过程。在文艺复兴时期人文主义者就宣扬人的"个性解放""个性自由"。到17世纪，新兴资产阶级从谋求"个性解放""个性自由"上升到争取政治权利的平等，斗争矛头指向封建贵族和天主教士等特权阶层。格劳秀斯、霍布斯、洛克等鼓吹自然权利学说与社会契约论，强调追求自由、平等是人生而有之的不可被剥夺的自然权利，即天赋人权，国家和法是人民缔结契约的产物，而不是来源于上帝的授权。在启蒙学者那里，自由不仅指人身自由，而且被理解为公民的政治权利，平等也不再是"福音书"上所说的"上帝面前人人平等"，而是"法律面前人人平等"。17世纪的英国资产阶级革命和18世纪的美国独立战争，就是在这样的"自由、平等"的旗帜下进行的。而18世纪法国启蒙运动和法国大革命中则又增添"博爱"。这在相当程度上是因为法国封建势力强大，需要革命阵营加强团结以凝聚强大的战斗力。随着法国大革命的进展，革命阵营内部的矛盾日益显露出来，也需要"博爱"整合力量。所以 18 世纪法国启蒙思想家特别强调"博爱"。伏尔泰、卢梭、孟德斯鸠和以狄德罗为首的百科全书派等为代表的法国启蒙思想家以"理性"为武器，以恢复天赋人权为目标，猛烈的批判天主教会和封建等级制度及宗教神学，发展了先贤的天赋人权理论，并用"博爱"来丰富"自由""平等"的内容。

尽管在启蒙思想家的著作里包含了"自由""平等""博爱"的思想，但还没有构成一个完整的口号。法国大革命期间颁布的《人权宣言》，提到"自由"和"平等"而未明言"博爱"。首次将"自由、平等、博爱"连用的是法国大革命领袖和殉道者以及作为雅各宾派政府首脑之一的罗伯斯庇尔。1790 年 10 月 5 日，他在立宪议会里发表关于国民自卫军组织的演说时，建议国民自卫军胸前要佩戴"自由、平等、博爱"印记的字样，但这一建议当时没有实施。1792 年 9 月 21 日，法兰西宣布为共和国之后，国民议会才把博爱与自由、平等连用起来。波旁王朝复辟时期该这一口号被弃用，直到 1848 年"自由、平等、博爱"才正式写入法兰西共和国宪法条文。二战之后，"自由、平等、博爱"被写入法国宪法，并成为法国的国家格言。

资本主义"自由、平等、博爱"价值观具有两面性，既具有进步性、合理性，又具有虚伪性、欺骗性。毋庸置疑，"自由、平等、博爱"口号"在历史上起过非常革命的作用"。但是，当整个资产阶级统治秩序确立下以后，其虚伪性的一面便暴露出来。以美国为例，1776 年由杰斐逊起草、华盛顿等签署的《独立宣言》，把英法启蒙思想家提出的天赋人权定为立国之本。马克思曾把《独立宣言》称为人类"第一个人权宣言"。《独立宣言》庄严地宣告："我们认为下述真理是不言而喻的：所有人在被创造出来时就是平等的。造物主赋予他们若干不可剥夺的权利，其中包括生命、自由和对幸福的追求。"随后制定的美国宪法进一步确认了《独立宣言》提出的相关基本原则，这也是"美国梦"的基础。然而在"美国梦"的背后却充满了对"自由、平等、博爱"的讽刺。美国黑人曾积极参加独立战争和反法西斯战争，并对美国社会的繁荣做出了重大贡献，但长期深受白人种族主义者的剥削和虐待。虽然在 1861—1865 年南北战争期间，林肯总统宣布从法律上废除奴隶制度，但是美国黑人未完全摆脱种族歧视和压迫（美国黑人处在社会底层，时刻受到失业、贫病和死亡的威胁）。为此，他们进行了长期的反抗斗争。1963 年，美国黑人民权运动领袖马丁·路德·金晋见肯尼迪总统，要求通过新的民权法，给黑人以平等的权利。1963 年 8 月 28

日，他在林肯纪念堂前发表了《我有一个梦想》（*I Have a Dream*）的著名演说。1968 年 4 月，他在前往孟菲斯市领导工人罢工时被人刺杀。马丁·路德·金被害引发的黑人抗暴斗争席卷包括华盛顿在内的 168 个城市。[①] 随后，美国黑人受种族歧视和压迫的状况有所改善。2008 年作为非洲裔从政明星的奥巴马成为美国历史上第一位黑人总统并在 2012 年成功连任，打破了白人一统美国的历史。然而，种族歧视在美国根深蒂固，渗透到社会生活的各个方面，种族冲突事件频发，并没有因为一位非洲裔黑人登上总统宝座而彻底改变。

19 世纪中叶数以万计的中国劳工同美国人民一起流血流汗，修建美国横贯东西、在美国历史上具有划时代意义的太平洋铁路，有的劳工甚至献出了自己的生命。1850 年以前，进入美国的华人寥寥无几。19 世纪 50 年代美国西部掀起"淘金热"之后进入美国的华人迅速增加。据美国移民局统计，1853 年，通过海关进入美国的华人还只有 42 人，1854 年猛增至 1.3 万人。此后，由于美国修建太平洋铁路的需求，入美的华工人数每年都在万人以上。

1873 年，美国爆发经济危机导致失业率上升，此时华人移民也达到了 19 世纪以来的高潮，一些白人将失业归咎于任劳任怨的华工，有人公开喊出"不给华人一个工作机会"的口号，恶性排华事件频发，促成了美国国会排华法案的出台。美国国会于 1882 年通过《关于执行有关华人条约诸规定的法律》，禁止中国人移民美国，禁止中国人拥有投票权。这几项歧视性法律 60 年后才废除。排华法案所带来的精神创伤给数代美籍华人留下了伤疤，直到 2012 年 6 月 18 日美国国会才对 1882 年通过的排华法案正式致歉。美国众议院通过第 683 号决议案表达对"排华法案等联邦法律给在美华人带来负面影响"的歉意，不过这已是"迟来的正义"。

多年来，西方推行所谓"价值观外交"，借助强势话语霸权，把"自由、平等、博爱"说成是"普世价值"，以承载这些价值观的制度模式为参照对包括中国在内的发展中国家进行评判和指责。

马克思在《资本论》，恩格斯在《反杜林论》等著作中深刻揭示了资本主义"自由、平等、博爱"口号的实质。列宁指出："卡尔·马克思在《资本论》中讥笑了资产阶级民主的自由人权大宪章的浮华辞藻，讥笑了所有关于一般自由、平等、博爱的美丽词句，这些词句迷惑了一切国家的市侩和庸人，也迷惑了今

---

①　1986 年，美国总统罗纳德·威尔逊·里根宣布确定每年 1 月的第三个星期一为联邦法定假日——马丁·路德·金日，以纪念马丁·路德·金的生日和他为民权运动所做的贡献。

日的卑鄙的伯尔尼国际的卑鄙英雄们。"① 不过，马克思主义经典作家并没有否定"自由、平等、博爱"口号的价值意蕴。马克思在《1844年经济学哲学手稿》中指出，近代资产阶级思想家和空想社会主义者所说的"博爱还只是哲学的、抽象的博爱，而共产主义的博爱则径直是现实的和直接追求实效的"②。恩格斯在《家庭、国家和私有制的起源》的文末引用摩尔根《古代社会》中一段"对文明时代的评断"作为结语，指出"管理上的民主，社会中的博爱，权利的平等，普及的教育，将揭开社会的下一个更高的阶段，经验、理智和科学正在不断向这个阶段努力。这将是古代氏族的自由、平等和博爱的复活，但却是在更高级形式上的复活"③。

4. 弗洛姆的"爱的艺术"

当人类历史进入20世纪之后，西方社会物质财富总量更加丰富，但贫富两极分化等不公正现象并没有得到根本改变，由于工具理性的张扬、消费主义文化的兴起以及异化劳动和异化消费、经济危机和生态危机的交互影响，导致人的尊严和价值的失落以及人的真实需求的扭曲和生存意义的迷失，特别是两次世界大战给各国人民造成巨大的生命财产损失和难以估量的精神创伤，使人们在急剧振荡的社会面前感到越来越焦躁、空虚和孤单、成了受压抑的"单面人"，自杀率和性犯罪率大幅上升，吸毒、贩毒和暴力犯罪大量出现。西方现代思潮中新托马斯主义者、法国哲学家雅克·马利坦主张的"完整人道主义"，法国当代著名犹太哲学家伊曼努尔·列维纳斯奠立的"他者伦理哲学"，法兰克福学派重要成员、德裔美籍人本主义哲学家埃里希·弗洛姆的"爱的艺术"，法兰克福学派代表人物、德国当代哲学家尤尔根·哈贝马斯基于主体际性和交往理性的"商谈伦理学"，美国著名社会心理学家、人本主义心理学的开创者亚伯拉罕·马斯洛关注"爱的情感和归属的需要"的需求层次理论，后结构主义代表人物、法国哲学家米歇尔·福柯诠释的"作为生活方式的友爱"等都不同程度地涉及友善价值观，其中一些积极因素值得我们吸取和借鉴，而弗洛姆的"爱的艺术"最具代表性。

埃里希·弗洛姆（1900—1980年）是著名的现代德裔美籍哲学家、心理学

---

① 《列宁选集》第四卷，人民出版社2012年版，第17页。
② 《马克思恩格斯文集》第一卷，人民出版社2009年版，第187页。
③ 《马克思恩格斯选集》第四卷，人民出版社2012年版，第195页。

家，他出生于德国法兰克福一个犹太商人家庭，是法兰克福学派重要成员，移居美国后仍然保持和该学派的联系；继弗洛伊德发现"无意识"，荣格发现"集体无意识"之后，弗洛姆发现了"社会无意识"。他发展了弗洛伊德创立的精神分析学说，创立了人本主义精神分析理论，并力图将弗洛伊德精神分析学和马克思主义结合起来，是精神分析文化学派奠基人和"弗洛伊德主义的马克思主义"的重要代表人物。弗洛姆著述颇丰，《爱的艺术》最受青睐。

弗洛姆对爱的本质与意义、爱的要素与形式、爱与健全人格的培育等做了深入系统的探讨，形成了独具特色的关于爱的思想理论。

第一，关于爱的本质与意义。弗洛姆主张爱在本质上是"给予"，心甘情愿的"给予"是爱的真谛。他说："'给'比'得'带来更多的愉快，这不是因为'给'是一种牺牲，而是因为通过'给'表现了我的生命力。"[1]在《爱的艺术》中，弗洛姆开门见山地提出了"爱是一门艺术吗？"的问题。"如果爱是一门艺术，那就要求想掌握这门艺术的人有这方面的知识并付出努力。"[2]在弗洛姆看来，爱是一门需要学习的艺术、实践的艺术，是一项"积极的活动"。

弗洛姆对爱的理解比弗洛伊德更显优势。他关注的重心不是少数心理疾病患者或自我实现者，而是大多数人的生存境遇问题。弗洛姆"爱的艺术"比存在主义更显乐观。存在主义同样看到了现代社会人类生存困境和精神困惑问题、异化问题，把人的存在问题归结为孤独、苦闷、焦虑、畏惧、厌烦、忧郁、绝望等非理性的情绪体验，主张以个人的绝对自由选择和绝对责任担当来面对，得出了"他人是我的地狱"等消极结论。弗洛姆洞察到了现代社会人与自身、他人、自然相异化的生存状态。他感叹，19世纪的问题是上帝死了，20世纪的问题是人死了。他认为社会问题的病因在于人们缺乏爱或不懂得爱。所以，他把"爱的艺术"作为济世良方，发出了"有爱才有幸福""只有爱才能拯救人类"的呼唤。

第二，关于爱的要素与形式。弗洛姆认为爱包含一系列要素，除了"给予"这一本质规定外，还有关心、责任心、尊重和了解等基本要素。"关心"是爱的表现。如果是我所爱，就应该有长期对所爱对象的积极关心。"责任心"是爱心的具体承担。人们通常将责任看作一种必须承担的义务，具有某种意义的强制性，而弗洛姆则把履行责任看作我对他人的需要所做出的发自内心的自愿行动。

---

① ［美］艾·弗洛姆著：《爱的艺术》，李健鸣译，上海译文出版社2008年版，第21页。
② ［美］艾·弗洛姆著：《爱的艺术》，李健鸣译，上海译文出版社2008年版，第1页。

尊重是爱的前提。弗洛姆认为，尊重并不是一种惧怕或敬畏之感。尊重意味着能够按照对方本来的面目去看待他，并能够意识到他的独特个性。"我希望一个被我所爱的人应该以他自己的方式和为了自己去成长和发展，而不是服务于我。"① 了解或者认识是爱的基础。人只有了解对方才能尊重对方,因为"我只有客观地认识一个人，我才能在爱中了解他的真正本质"②。如果不以了解为基础，关心和责任心都是盲目的，而如果不是从爱的角度出发去了解对方，这种了解也不是友善的。

弗洛姆考察了爱的表现形式，他把爱的对象划分为博爱、母爱、性爱、自爱、神爱。在弗洛姆看来，博爱是爱的最基本的类型，一切爱的形式都是以博爱为基础的。"博爱是对所有人爱，其特点是没有独占性"③，在博爱中凝聚着同所有人的休戚与共和互相报答的体验，"而对需要帮助的人、对穷人和陌生人的爱是博爱的基础"④。

弗洛姆称母爱是最高尚最圣洁的感情，这正是母爱的伟大所在。他还论述了与母爱相关联的父爱。他认为父爱与母爱有着不同的特征和功能。母爱作为一种积极的情感，"是对儿童的生活和需要作出的毫无保留的肯定"。⑤ 这种肯定包括两个方面："一方面是必须关心幼儿并对其成长负有责任，以维护和发展弱小生命。另一方面则超出了维护生命的范围，那就是要使孩子热爱生活，要使他感到：活着是多么好！当一个小男孩或小女孩有多么好！"⑥ 正是母爱，给稚嫩无助的孩子带来身心的满足和安全，为孩子的成长提供了坚强的后盾。随着孩子年龄的增长，需要独立时，父爱的重要作用就显示出来，它给需要交往、渴望融入群体的孩子赋予责任、纪律和理性。成长中的孩子既需要无私的母爱，也需要理性的父爱。

弗洛姆认为，性爱是一种排他性的意愿与承诺行为，"这种类型的爱是专一的"⑦。他认为在大多数人的头脑中,性欲与性爱几乎是相等的，因此很容易得出这样的结论：肉体的本能互相需要时便是性爱。实际上，真正的性爱很少有贪

① ［美］艾·弗洛姆著：《爱的艺术》，李健鸣译，上海译文出版社 2008 年版，第 26 页。
② ［美］艾·弗洛姆著：《爱的艺术》，李健鸣译，上海译文出版社 2008 年版，第 29 页。
③ ［美］艾·弗洛姆著：《爱的艺术》，李健鸣译，上海译文出版社 2008 年版，第 43 页。
④ ［美］艾·弗洛姆著：《爱的艺术》，李健鸣译，上海译文出版社 2008 年版，第 44 页。
⑤ ［美］艾·弗洛姆著：《爱的艺术》，李健鸣译，上海译文出版社 2008 年版，第 45 页。
⑥ ［美］艾·弗洛姆著：《爱的艺术》，李健鸣译，上海译文出版社 2008 年版，第 45—46 页。
⑦ ［美］艾·弗洛姆著：《爱的艺术》，李健鸣译，上海译文出版社 2008 年版，第 49 页。

欲和征服或被征服的愿望，而是与温情脉脉相伴。这种性爱是真诚的，自然的。性爱既存在于性的结合之中，更主要地存在于感情的和谐之中。"如果生理上的结合要求不是以爱情为基础，如果性爱不具有博爱的成分，那么只会造成纯生理的暂时的结合"①。同时，意志是性爱的一个重要因素。"从根本上来看，爱情是意志的行为，是人作的一项把全部生命交付对方的决定。"②男女双方的婚姻关系一旦确立，能否遵守婚礼上的宣誓与承诺，意志起着调控作用。

弗洛姆对自爱的分析更有独到之处。弗洛姆认为，自爱不同于自私，也不等于自恋，而是作为道德主体的个人对自身存在意义的自我肯定，一切有能力爱别人的人也必定是爱自己的。"《圣经》中'爱他人如同爱己'的说法说明了对自己的完整性和独特性的尊重，爱自己，理解自己同尊重、爱和原谅别人是不可分割的。"③弗洛姆引用《圣经》里上帝答应给亚伯拉罕及其后裔的土地"到处都流动着奶和蜜"的描述来比喻自爱的母亲对孩子的爱的意义。"奶"象征着母亲对孩子无微不至的哺育、关爱、呵护；而"蜜"则象征着母亲能够让孩子体验到生命的甜蜜。大多数母亲都能给予孩子"奶"，而只有自爱的母亲才能够给予孩子"蜜"。一个自爱的母亲比一个"忘我"的母亲更能对孩子的成长产生积极的影响。

在西方话语中，神爱也就是宗教信仰之爱。弗洛姆说："无论是在一神教还是在多神教中，神体现最高价值，体现至善至美。"④爱的宗教形式就是神爱，即对神灵的崇拜和信奉。人的成熟程度决定了人信奉的神的本质以及对神的爱的形式。在西方宗教中对神的爱就是相信神的存在，相信神的正义和大爱，对神的爱基本上是一种思想上的体验。在东方宗教中，无论是婆罗门教、佛教还是道教，宗教的终极目的不是信仰，而是功德。犹太教亦如此。可见，弗洛姆的神爱并不纠结如何定义信仰的对象，而是试图通过人的内心对神的信仰的差异来体会真正的信仰之爱，他主张建立"人本主义宗教"，以帮助现代人摆脱生存困境。

第三，关于爱与健全人格的培育。弗洛姆认为，爱作为一种艺术需要学习和培养。爱的能力取决于人格成熟的程度。他把人格看作先天与后天的全部心

① ［美］艾·弗洛姆著：《爱的艺术》，李健鸣译，上海译文出版社 2008 年版，第 51 页。
② ［美］艾·弗洛姆著：《爱的艺术》，李健鸣译，上海译文出版社 2008 年版，第 52 页。
③ ［美］艾·弗洛姆著：《爱的艺术》，李健鸣译，上海译文出版社 2008 年版，第 54 页。
④ ［美］艾·弗洛姆著：《爱的艺术》，李健鸣译，上海译文出版社 2008 年版，第 59 页。

理特征的总和，并特别强调后天成分，倾向于把人格看成社会和文化的产物。他主张自爱是衡量一个人是否具有创造性的健全人格的重要标准。要使孩子建立健全的人格，获得爱的能力，成人首先要学会自爱，健全自身的人格，养成积极的生活态度，通过言传身教引导未成年人建立健全的人格。

在弗洛姆看来，是社会的不健全导致人格的不健全。现代社会存在着道德缺失等现象，形成了各种病态人格。现代社会成了消费社会，连爱也成了市场的消费品，人与人之间的关系成了消费与交换的关系。每个人都是一包东西，是由外貌、学历、收入、地位、社会关系等构成的具有交换价值的包裹。大家都希望自己的包裹能够卖上一个好价钱，同时又希望与那些包装好的包裹打交道，从中获利。

弗洛姆认为工业革命之后，"物"在人类生活中受到了从未有过的崇拜，放纵人性的贪婪和无止境的索取，这种病态的社会造成扭曲的人格，人格的扭曲又加剧社会疾病。必须以"健全的社会"的构建来促成"健全的人格"的培养，使人的创造性潜能得以充分发挥，实现人的全面发展。

弗洛姆对现代人心理状况的诊断，对现代资本主义社会的批判，给我们审视自身和当今社会提供一个新的视角。弗洛姆关于爱的思考对培育和践行友善价值观具有借鉴意义。但弗洛姆的爱的思想理论具有泛爱论的倾向。在对健全社会建立的实施方案上，只是对西方社会制度的小修小补，没有从根源上触动资本主义的经济政治基础，他的理想的健全的社会即"人道主义的民主的社会主义"，也具有乌托邦性质。

三、马克思主义友善情怀

马克思主义友善情怀的解读主要涉及两个维度：一是尝试穿越历史的时空回访马克思主义创始人生活的亲友团和交往的朋友圈，了解马克思主义创始人的友善情谊与价值理性；二是尝试聆听思想的声音，洞悉马克思主义创始人及后继者的相关论述的历史语境和思想内涵，把握马克思主义理论的友善情理与实践理性。作为这两个维度的集合，可归纳为下列几个方面：超越最动人的传说的伟大友谊，解答"斯芬克斯之谜"的人本情怀，辨析真假友善的道义情怀，"全世界无产者联合起来"的阶级情怀，全心全意为人民服务的宗旨情怀，"我为人人、人人为我"的现实关怀，为人类幸福而工作的济世情怀。

1. 超越最动人的传说的伟大友谊

中共中央总书记习近平《在纪念马克思诞辰 200 周年大会上的讲话》中指出：“马克思是顶天立地的伟人，也是有血有肉的常人。他热爱生活，真诚朴实，重情重义。”[①]

马克思与燕妮刻骨铭心的爱情，马克思与父亲和子女的亲情，马克思与他生命旅程中的战友（恩格斯以及埃德加[②]、沃尔夫[③]等）的友情都感人至深（马克思还和朋友圈中其他志同道合的朋友卢格、魏德迈等保持着常年的书信往来），马克思无私资助革命事业，即使在自己生活极度困难的情况下仍然尽最大努力帮助革命战友。当然，在马克思的朋友圈中恩格斯是“第一友人”。

马克思说：“真诚的、十分理智的友谊是人生的无价之宝。你能否对你的朋友守信不渝，永远做一个无愧于他的人，这就是你的灵魂、性格、心理以至于道德的最好的考验。”[④] 在创立和发展马克思主义的过程中，恩格斯是马克思的合作伙伴和最亲密的战友。共同的信仰和追求，使他们成了亲密无间的挚友。马克思、恩格斯的革命友谊长达 40 年。正如列宁所说：“古老传说中有各种非常动人的友谊故事”，但马克思、恩格斯的友谊“超过了古人关于人类友谊的一切最动人的传说”。[⑤]

---

① 习近平：《在纪念马克思诞辰 200 周年大会上的讲话》，《人民日报》2018 年 5 月 5 日。

② 埃德加是马克思在特里尔时的中学同学和一起朗读诗歌的好友，他的姐姐燕妮后来成为马克思的妻子。马克思在柏林上大学临近毕业时父亲去世了，丧父的伤痛和经济困难给他很大的打击。这时，同在柏林读书的好友埃德加及时伸出援手，租下了位于柏林路易森街的一处住所，让马克思搬到这里和自己住在一起，从而解决了马克思的燃眉之急，同时也给马克思以精神安慰。埃德加一生都保持着和马克思的书信联系。马克思为他的第一个儿子（八岁时因病夭折）取名埃德加 (Edgar)。

③ 在《资本论》第一卷的扉页上马克思写道：献给我的不能忘记的朋友，勇敢的、忠实的、高尚的无产阶级先锋战士威廉·沃尔夫。威廉·沃尔夫是马克思在布鲁塞尔时期遇到的报纸编辑，出身于德国西里西亚的一个贫苦的农民家庭，在大学读书时，沃尔夫作为一个自由主义鼓动者，积极参加了当时的学生运动，竭力反对普鲁士政府的暴政，因而在 1834 年到 1839 年间，曾经数度被关进监牢。1846 年春，沃尔夫来到布鲁塞尔，加入马克思领导的共产主义者通讯委员会，投入火热的无产阶级革命斗争。沃尔夫很快成为马克思、恩格斯最可靠的朋友和助手，随后同马克思一道流亡英国。沃尔夫积极投身工人运动，长年忘我工作，55 岁那年因病去世。他把自己所有的积蓄（大约 700 英镑）和全部的书籍都转送给马克思。沃尔夫的资助，为马克思出版《资本论》提供了经济资本。沃尔夫去世 3 年后（1867 年）《资本论》第一卷问世，在一定意义上也是马克思对他的朋友和无产阶级先锋战士威廉·沃尔夫的告慰。

④ 转引自李荣、冯芸编著《社会主义核心价值观关键词·友善》，中国人民大学出版社 2015 年版，第 22 页。

⑤ 《列宁选集》第一卷，人民出版社 2012 年版，第 95 页。

【延伸阅读】"马克思和恩格斯的伟大友谊"

马克思和恩格斯都是德国人，都于19世纪初期出生在当时普鲁士王国的莱茵省。1818年5月5日，马克思诞生在莱茵省特里尔城的一个律师家庭。早在中学时代，他就树立了为人类幸福而工作的志向。马克思在17岁写的中学考试德语作文《青年在选择职业时的考虑》中这样写道："在选择职业时，我们应该遵循的主要指针是人类的幸福和我们自身的完美"，"如果我们选择了最能为人类而工作的职业，那么，重担就不能把我们压倒，因为这是为大家作出的牺牲；那时我们所享受的就不是可怜的、有限的、自私的乐趣，我们的幸福将属于千百万人，我们的事业将悄然无声存在下去、但是它会永远发挥作用，而面对我们的骨灰，高尚的人们将洒下热泪"①。中学毕业后，马克思先到波恩大学，后到柏林大学读书。大学时代，马克思博览群书，广泛钻研哲学、历史学、法学等知识，探寻人类社会发展的奥秘，并取得博士学位。大学毕业后为《莱茵报》投稿并成为该报编辑，在《莱茵报》工作期间，马克思犀利抨击普鲁士政府的专制统治，在报纸上为穷苦农民的利益辩护。《莱茵报》被查封后，马克思移居巴黎，积极参与工人运动。

恩格斯于1820年11月28日出生在巴门市的一个工厂主家庭。中学没有毕业就不得不遵从父命去英国实习经商。但他酷爱学习，通过自学掌握了渊博的知识。在英国经商期间，恩格斯深入考察了英国工人阶级的状况，并积极参加工人运动。

从优越的家庭条件和卓越的个人才华来说，马克思、恩格斯完全有可能跻身所谓的"上流社会"。但是，他们放弃了舒适安逸的生活，毅然选择了充满荆棘和坎坷的革命之路。

马克思、恩格斯并不是先知先觉的圣人，在家庭、学校和社会的影响下，也曾接受过唯心主义和资产阶级民主主义思想。但他们在革命实践和理论探索的结合中完成了从唯心主义到唯物主义、从革命民主主义到共产主义的转变。

1844年初，《德法年鉴》上同时刊载了马克思、恩格斯的文章，恩格斯的观点与马克思不谋而合，马克思感到自己终于找到了一位志同道合的战友。1844年8月28日，26岁的马克思和比他小两岁的恩格斯在巴黎的一家咖啡馆见面，这是一次能够改变历史的会面（此前他们曾在科隆有过一面之缘，而这

---

① 《马克思恩格斯全集》第一卷，人民出版社1995年版，第459—460页。

次会面时他们发现彼此志同道合，"在所有理论领域完全一致"，从此开始了毕生的合作）。在接下来的10天里，他们朝夕相处、倾心交谈，拟定了共同创作的第一本著作《神圣家族》的基本框架。1845春，马克思草拟了《关于费尔巴哈的提纲》，批判了费尔巴哈和一切旧唯物主义的局限性，提出了马克思主义实践观和唯物主义历史观的一些重要思想，恩格斯称它是"包含新世界观萌芽的第一个文件"。当年，马克思在恩格斯陪同下去英国做了为期6周的考察。他们一起研究理论、考察工厂、走访工人，不仅加深了友谊，更加深了思想上的共识。英国之行使马克思对工人阶级的状况有了进一步的了解，他认为欧洲无产阶级迫切需要建立一套科学的理论和一个在科学理论指导下的无产阶级政党。1845年底到1846年初，马克思、恩格斯又合作撰写了《德意志意识形态》，第一次比较系统地阐述了新唯物主义特别是唯物史观的基本原理。随后，马克思、恩格斯接受了共产主义者同盟的委托，共同起草了《共产党宣言》。1848年2月，号召"全世界无产者联合起来"的《共产党宣言》在伦敦出版，一经问世就震动了世界。《共产党宣言》的问世是人类思想史上的一个伟大事件，标志着马克思主义的诞生。恩格斯说，《共产党宣言》是"全部社会主义文献中传播最广和最具有国际性的著作，是从西伯利亚到加利福尼亚的千百万工人公认的共同纲领"。

马克思、恩格斯从1844年巴黎会晤开始成为革命挚友，亲密合作40年，在领导国际共产主义运动的伟大斗争中患难与共，共同创立和发展马克思主义，建立和保持了真挚的友情。由于生活和革命实践需要，他们曾身处两地近20年，相互之间的关系不仅没有因此而疏远，反而越来越密切。他们几乎隔天就通信，在保存下来的1300多封书信里，可以看到他们谈论哲学、政治经济学和科学社会主义等各种理论问题，交流对科学发现、重大事件和社会问题的看法以及诉说日常生活情况和心情，共同指导各国无产阶级革命运动。

马克思不仅钦佩恩格斯的渊博学识和高尚人格，而且对恩格斯的身体健康也很关心。而为了"保存最优秀的思想家"，恩格斯做出了巨大的牺牲，他不仅在理论研究上而且在经济上给予了马克思无私的帮助。为了使马克思能专心致力于理论研究，恩格斯不得不违背自己本来的意愿，长期从事他厌恶的"鬼商业"的工作。在那个艰难的年代，恩格斯把经商挣来为数不多的钱，连续不断地给马克思汇去（从1851年至1869年，马克思总共收到了恩格斯的汇款3121英镑）。对马克思及其家人生活的关心和照顾，恩格斯更是无微不至。恩格斯是马克思家中的一名"编外"成员，他每次去马克思家里，马克思全家就像过节一般高兴，马克思的女儿们把恩格斯看成"第二个父亲"。

1855 年 4 月，马克思最喜爱的儿子埃德加病逝，这给马克思夫妇以沉重的打击。在致恩格斯的信中，马克思倾诉了无限悲痛的心情："在这些日子里，我之所以能忍受这一切可怕的痛苦，是因为时刻想念着你，想念着你的友谊，时刻希望我们两人还要在世间共同做一些有意义的事情。"恩格斯把马克思夫妇接到了曼彻斯特，在他的精心安排和照料下，马克思和燕妮度过了人生中最难熬的时刻。

对世界产生深远影响的《资本论》是马克思、恩格斯伟大友谊的重要结晶和见证。《资本论》是马克思主义最厚重、最丰富的著作，被誉为"工人阶级的圣经"。1867 年，当《资本论》第一卷付印的时候，马克思给恩格斯写信说："这本书的最后一个印张刚刚校完……这样，这一卷就完成了……其所以能够如此，我只有感谢你！没有你为我的牺牲，我是决不可能完成三卷书的巨大工作的。我满怀感激的心情拥抱你。"又说："坦白地向你说，我的良心经常像被梦魇压着一样感到沉重，因为你的卓越才能主要是为了我才浪费在经商上面，才让它们荒废。"为了迅速传播《资本论》，打破官方对《资本论》的"沉默抵制"，恩格斯不时在报刊上发表系列匿名评论文章，把《资本论》的科学内容和社会主义倾向扼要而又巧妙地介绍给读者，引起了社会各界对《资本论》的关注和讨论。

《资本论》第一卷问世以后，随着稿费收入的增加，马克思一家人的生活条件有所好转。在征求马克思的意见后，恩格斯决定退出商界，于 1869 年 7 月结束了 20 多年的经商生涯。随后，恩格斯搬家到伦敦与马克思为邻。在他们同住伦敦期间，每天下午恩格斯总要到马克思家里去讨论各种问题，交谈对时政的看法和研究工作的成果。恩格斯和马克思家人的关系非常友好，因为他的姓和"天使"一词近似，所以马克思的孩子们都叫他"天使叔叔"。

1883 年 3 月 14 日下午两点多，恩格斯像往常一样来看望马克思。他来到楼上的书房，看到马克思安详地坐在安乐椅上，已经永远地睡着了。一缕和煦的阳光洒在马克思高高隆起的额头上。马克思与世长辞了，19 世纪最伟大的头脑停止了思想。马克思逝世以后，恩格斯继续他未竟的事业。恩格斯为整理加工和出版《资本论》第二、三卷耗费了余生，他对一些模糊不清和残缺不全的手稿做仔细辨认、修饰和润色，并做了许多补充说明和附注插语。经过长达十几年的艰辛努力，恩格斯完成了《资本论》第二卷和第三卷的整理和出版（《资本论》第二卷和第三卷分别于 1885 年和 1894 年出版）。恩格斯还整理了马克思拟定为《资本论》第四卷的《剩余价值学说史》（剩余价值理论的历史批判部分）的手稿，为后来这一著作的正式出版奠定了基础。可见，恩格斯是《资本论》理论体系创作的实际参与者和完成者。在《资本论》第二卷出版前，恩格斯特意选择 5 月 5 日马克思生日这一天撰写了序言，作为对逝去的老战友的最好纪念。所以，列宁十分赞赏奥地利社会民主党人阿德勒对恩格斯所做的贡献的评价："恩格斯出版《资本论》第 2 卷和第 3 卷，就是替他的天才朋友建立了一座庄严宏伟的纪念碑，无意中也把自己的名字不可磨灭地铭刻在上面。"1886 年恩格斯就把他们的理论命名为马克思主义做了说明。他说："我不能否认，我和马克思共同工作 40 年，在这以前和这个期间，我在一定程度上独立地参加了这一理论的创立，特别是对这一理论的阐发。但是，绝大部分基本指导思想（特别是在经济和历史领域内），尤其是对这些指导思想的最后明确的表述，都是属于马克思的。我所提供的，马克思没有我也能够做到，至多有几个专门的领域除外。至于马克思所做到的，我却做不到。马克思比我们大家站得高些，看得远些，观察得多些和快些。马克思是天才，我们至多是能手。没有马克思，我们理论远不会是现在这个样子。所以，这个理论用他人名字命名是理所当然的。"恩格斯还称马克思是这一理论的第一提琴手，而自己是第二提琴手。恩格斯认为，能够同马克思并肩战斗 40 年是他一生中最大的幸福。所以，列宁称赞恩格斯说："他对在世时的马克思无限热爱，对死后的马克思无限敬仰。这位严峻的战士和严正的思想家，具有一颗深情挚爱的心。"

马克思、恩格斯的革命友谊长达 40 年，是人类友谊的典范，为我们树立了光辉的榜样。

2. 解答"斯芬克斯之谜"的人本情怀

友善不论是作为价值观还是作为道德规范或实践精神，其主体都是人。如何理解人，如何把握人的本质就成为培育和践行友善价值观的基础理论问题。千百年来，人的本质问题这一"斯芬克斯之谜"引起了人们持久的探索。以往的一切推崇人的理论，其根本缺陷在于脱离人的社会关系和历史发展来理解人。马克思、恩格斯创立的唯物史观的伟大贡献在于找到了揭开谜底的钥匙。

斯芬克斯之谜，出自古希腊作家索福克勒斯创作的戏剧《俄狄浦斯王》的寓言。斯芬克斯是古希腊神话中以隐谜害人的狮身人面的女妖，它（"她"）"一半是天使，一半是野兽"（传说埃及最大的胡夫金字塔前的狮身人面像的原身就是斯芬克斯）。这个女妖坐在忒拜城附近的悬崖上，向过路人出一个谜语："什么东西早晨用四条腿走路，中午用两条腿走路，晚上用三条腿走路？"如果路人猜错，即刻就被害死。路过此地的俄狄浦斯回答说："这个谜语指的是人。在生命的早晨，他是个孩子，用两条腿和两只手爬行；到了生命的中午，他变成了壮年，只用两条腿走路；到了生命的傍晚，他年老体衰，必须借助拐杖走路，所以如同用三条腿走路。"俄狄浦斯答对了，斯芬克斯羞愧坠崖而死，从而解除了忒拜城的灾难。不过，俄狄浦斯对"斯芬克斯之谜"的解答还是表层的，而马克思则更深刻地解答了"斯芬克斯之谜"。

马克思主义创始人指出，全部社会生活本质上是实践的，而物质生产实践是社会生成和发展的基础，人的本质应当从人的实践活动形成的社会关系总和中把握。为了生活，人们必须进行生产。人们"只有以一定的方式共同活动和互相交换其活动，才能进行生产"[1]。人们在物质生产过程中既同自然界发生关系，形成生产力，又形成他们之间的相互关系，生产关系是一切社会关系中最主要最基本的关系，在此基础上形成政治关系、法律关系、文化关系及其他社会关系。人类的祖先是一种群居的动物，随着生物的进化动物的这种群体关系发展成为人的真正意义上的社会关系。马克思在 1844 年撰写的《经济学哲学手稿》中批判了以德国古典哲学家黑格尔为代表的唯心主义把人的本质归结为精神或"自我意识"，把"人类的历史变成了抽象精神的历史"的错误观点，[2]强调了人的本质的具体性、现实性和社会历史性，指出"已经生成的社会，创造着具有人的本质的这种全部丰富性的人，创造着具有丰富的，全面而深刻的感觉的人作为这个社会的恒久的现实"[3]。马克思在 1845 年写作的《关于费尔巴哈的提纲》中批评费尔巴哈撇开社会历史进程将人的本质"理解为一种内在的、无声的、把许多个人自然地联系起来的普遍性"的错误观点，鲜明地指出："人的本质不是单个人所固有的抽象物，在其现实性上，它是一切社会关系的总和。"[4]马克思、恩格斯还在《德意志意识形态》中批评费尔巴哈将抽象的"爱"视为人的"类本质"，指出"费尔巴哈从来没有看到真实存在着的、活动的人，而是

① 《马克思恩格斯选集》第一卷，人民出版社 2012 年版，第 340 页。
② 《马克思恩格斯文集》第一卷，人民出版社 2009 年版，第 292 页。
③ 《马克思恩格斯文集》第一卷，人民出版社 2009 年版，第 192 页。
④ 《马克思恩格斯选集》第一卷，人民出版社 2012 年版，第 135 页。

停留在抽象的'人'上，并且仅仅限于在感情范围内承认'现实的、单独的、肉体的人'，也就是说除了爱与友情，而且是理想化的爱与友情以外，他不知道'人与人之间'还有什么其他的'人的关系'"①。正如恩格斯晚年在《路德维希·费尔巴哈和德国古典哲学的终结》中所说："在费尔巴哈那里，爱随时随地都是一个创造奇迹的神，可以帮助克服实际生活中的一切困难——而且这是在一个分裂为利益直接对立的阶级的社会里。这样一来，他的哲学中最后一点革命性也消失了，留下的只是一个老调子：彼此相爱吧！不分性别、不分等级地互相拥抱吧！——大家都陶醉在和解中了！"②

马克思、恩格斯在《德意志意识形态》中有 70 多处使用了"交往""交往方式""交往关系"等概念。马克思、恩格斯强调个人交往关系受到了社会关系发展的制约，既使得个人的发展取决于和他直接或间接进行交往的其他人的发展，参与社会交往的程度实际上决定着一个人能够发展到什么程度。同时，人类社会的每一次巨大进步都是以牺牲部分社会成员的利益为代价的，在开始时要靠牺牲多数的个人，甚至靠牺牲整个阶级来获得，由此产生了阶级矛盾和阶级斗争。以私有制为基础的阶级剥削和压迫导致了人与人的分离和疏远乃至对立和对抗，试图通过建立"爱的宗教"来构建人与人之间的友善关系是难以实现的。

马克思主义认为，"人们奋斗所争取的一切，都同他们的利益有关"，③社会关系本质上是一种利益关系，"每一既定的社会经济关系首先表现为利益"，④而"'思想'一旦离开了利益，就会一定使自己出丑"⑤。因此，"必须到生产关系中间去探求社会现象的根源，必须把这些现象归结为一定阶级的利益"⑥。道德作为社会经济关系的反映是以利益为基础的。在阶级社会里的各种道德体系，从根本上看都是从各自的阶级利益中引申出来的，是阶级利益的反映。道德虽然发源于原始社会，但"随着这种原始公社的解体，社会开始分裂为各个独特的、终于彼此对立的阶级"⑦。在以私有制为基础的阶级社会里，以生产关系为基础的

① 《马克思恩格斯选集》第一卷，人民出版社 2012 年版，第 157 页。
② 《马克思恩格斯选集》第四卷，人民出版社 2012 年版，第 246 页。
③ 《马克思恩格斯全集》第一卷，人民出版社 1995 年版，第 187 页。
④ 《马克思恩格斯选集》第三卷，人民出版社 2012 年版，第 258 页。
⑤ 《马克思恩格斯文集》第一卷，人民出版社 2009 年版，第 286 页。
⑥ 《列宁全集》第一卷，人民出版社 1986 年版，第 464 页。
⑦ 《马克思恩格斯选集》第一卷，人民出版社 2012 年版，第 400 页。

诸多社会关系表现为阶级关系，道德这种社会思想关系也必然打上阶级的烙印，带有鲜明的阶级性。友善作为一种道德规范和价值理念是一种依赖和反映社会经济基础的意识形态，也必然打上阶级的烙印。只有彻底消灭阶级，建立"真正的共同体"①，即"自由人的联合体"②，实现从必然王国到自由王国的飞跃，才能实现人与人和人与自然的友善相处，才会有真正的"人类之爱"。

3. 辨析真假友善的道义情怀

马克思主义经典作家的友善观是社会主义友善价值观的直接思想理论来源，所以梳理和归纳马克思、恩格斯关于友善的论述，认真解读其思想内涵，具有重要的理论和实践意义。

马克思主义经典作家对友善有过许多论述，大体可归类为以下三个方面。

第一，说明主体待人的友善态度或主体之间的友好关系，包括个人之间、党派之间和国家之间的某种友好和亲善意愿或联系。例如1847年10月，恩格斯致信马克思，告诉他对法国空想社会主义代表人物路易·勃朗的印象："他十分客气，十分友善，而且看起来他最迫切的愿望就是要同我们建立最密切的联系。"③此处"友善"一词，是指个人（路易·勃朗）待人（对待恩格斯和以马克思为代表的国际共产主义同盟）的友好态度。1860年8月，马克思在致贝尔塔兰·瑟美列的信中写道："鉴于即将来临的事件，最重要的是，一方面要确立德国自由派和匈牙利人之间的友善关系而排除任何怀疑——我不久将有机会向德国说明自己的意见。"④1884年2月，恩格斯致信亨利希·农涅的信中谈了与乔治·克列孟梭结盟以前的想法，他认为："我怀疑，他，极右派眼中最合适的内阁候选人，除了同我们仅仅保持'友善关系'外，是否还愿意做点什么。这种友善关系同形形色色的社会主义者都是可以保持的，只要还没有发展到原则上的或策略上的分歧就行，因为到那时友好就会为敌意所代替。"⑤上述书信中所说的"友善"表达的是党派之间友好或合作关系。此外，马克思主义创始人还用"友善"的近义词描述国家之间的某种友好或亲善关系。恩格斯在1844年2月发表的《国民经济学批判大纲》一文中指出："商业的贪婪性已多少有所遮掩；

① 《马克思恩格斯选集》第一卷，人民出版社2012年版，第199页。
② 《马克思恩格斯全集》第四十四卷，人民出版社2001年版，第96页。
③ 《马克思恩格斯全集》第四十七卷，人民出版社2004版，第484页。
④ 《马克思恩格斯全集》第三十卷，人民出版社1974版，第557页。
⑤ 《马克思恩格斯全集》第三十六卷，人民出版社1974版，第10页。

各国多少有所接近，开始缔结通商友好条约，彼此做生意，并且为了获得更大的利润，甚至尽可能地互相表示友爱和亲善。"① 马克思在 1853 年写作的《缅甸战争——俄国问题——外交官的有趣信件》一文中所附的英国某外交官 1839 年12 月的信件中写道："帕麦斯顿勋爵在外表上和实质上都做得极出色。他对法英两国内阁恢复友好关系和继续结盟非常高兴。"②

第二，揭露资产阶级一些貌似友善的行为的本质，指明资产阶级的"友善"实质上是一种伪善。马克思 1848 年 1 月在布鲁塞尔民主协会召开的公众大会上发表的《关于自由贸易的演说》中批判资产阶级自由贸易的谎言时指出："我们已经指出，在同一个国家里，自由贸易在不同阶级之间会产生怎样的一种友爱。即使自由贸易在世界各国之间建立起友爱关系，这种友爱关系也未必更具有友爱的特色。把世界范围的剥削美其名曰普遍的友爱，这种观念只有资产阶级才想得出来。在任何个别国家内的自由竞争所引起的一切破坏现象，都会在世界市场上以更大的规模再现出来。"③ 马克思在 1852 年发表的《路易·波拿巴的雾月十八日》一文中指出："资产阶级的有礼貌的、伪善而温和的、庸俗慈善的腔调……暴露了它那最深长的含义。"④ 马克思在 1853 年 6 月发表的《不列颠在印度统治的未来结果》一文中指出："当我们把目光从资产阶级文明的故乡转向殖民地的时候，资产阶级文明的极端伪善和它的野蛮本性就赤裸裸地呈现在我们面前，它在故乡还装出一副体面的样子，而在殖民地它就丝毫不加掩饰了。"⑤ 恩格斯在 1845 年出版的《英国工人阶级状况》一书中指出："资产者所读的只是经过阉割并使之适合于今天的伪善道德的版本即所谓'家庭版'。""英国资产阶级行善就是为了他们自己的利益；他们不会白白地施舍，他们把自己的施舍看做一笔买卖。他们和穷人做买卖，对他们说：我为慈善事业花了这么多钱，我就买得了不再受你们打扰的权利，而你们就得待在自己的阴暗的洞穴里，不要公开暴露你们的那副穷相来刺激我的脆弱的神经！"⑥ 资本家希望用小恩小惠来收买工人，用暂时改善工人生活条件的方法来缓和劳资矛盾。恩格斯强调："工

---

① 《马克思恩格斯文集》第一卷，人民出版社 2009 年版，第 56—57 页。
② 《马克思恩格斯全集》第九卷，人民出版社 1961 年版，第 232 页。
③ 《马克思恩格斯选集》第一卷，人民出版社 2012 年版，第 373—374 页。
④ 《马克思恩格斯选集》第一卷，人民出版社 2012 年版，第 723 页。
⑤ 《马克思恩格斯选集》第一卷，人民出版社 2012 年版，第 861—862 页。
⑥ 《马克思恩格斯文集》第一卷，人民出版社 2009 年版，第 474、479 页。

人只有仇视和反抗资产阶级，才能拯救自己的人的尊严。"① 恩格斯还对重商主义体系下资本主义国家之间的商业行为所体现的某种友爱和亲善表象的实质进行揭露和批判，指出这种商业行为"实质上还是同从前一样贪财和自私，当时一切基于商业角逐而引起的战争就时时暴露出这种贪财和自私。这些战争也表明：贸易和掠夺一样，是以强权为基础的；人们只要认为哪些条约最有利，他们就甚至会昧着良心使用诡计或暴力强行订立这些条约"②。

第三，称赞劳动人民之间的互帮互助，褒扬工人阶级和未来社会的真诚友善与慈善。在以私有制为基础的阶级社会，劳动人民普遍贫穷并遭受着无尽的苦难，但是他们相互之间会真诚地相互扶持、相互救济。恩格斯在《英国工人阶级状况》一书中写道："在日常生活中，工人比资产者仁慈得多。""工人在帮助穷人方面总是比资产阶级做得多。"③ "正直的无产者深知饥饿的滋味，对他们来说，虽然从他们少得可怜的食品中拿出一部分是一种牺牲，但他们还是乐于助人。他们这种援助的意义是与穷奢极欲的资产者扔出来的施舍迥然不同的。"④ 马克思在其名著《哥达纲领批判》中批判了所谓"劳动所得应当不折不扣和按照平等的权利属于社会一切成员"的观点，强调未来社会的社会总产品在分配给个人之前，必须考虑社会整体利益，要做必要的扣除，其中包括"来应付不幸事故、自然灾害等的后备基金或保险基金"，"为丧失劳动能力的人等等设立基金。总之，就是现在属于官办济贫事业的部分"。⑤ 马克思的这一科学构想彰显了共产主义者的友善精神与慈善情怀。

综上所述，马克思主义友善观是建立在唯物史观的阶级分析和历史分析基础上的。马克思、恩格斯科学地揭示了友善的社会历史性与阶级性，揭露了资产阶级的"友善"的虚伪性，深刻批判了具有维护资本主义剥削和压迫制度特殊功能的虚假友善，同时肯定了真正的友善的伦理意义与社会价值，阐明了劳动人民的友善的真诚性和未来社会的友善的全面性，彰显了辨析真假友善的批判精神与道义情怀。

---

① 《马克思恩格斯文集》第一卷，人民出版社 2009 年版，第 448 页。
② 《马克思恩格斯文集》第一卷，人民出版社 2009 年版，第 57 页。
③ 《马克思恩格斯文集》第一卷，人民出版社 2009 年版，第 438 页。
④ 《马克思恩格斯文集》第一卷，人民出版社 2009 年版，第 480 页。
⑤ 《马克思恩格斯选集》第三卷，人民出版社 2012 年版，第 362 页。

4. "全世界无产者联合起来"的阶级情怀

人的自由与解放是马克思主义关注的重心。在马克思、恩格斯创立科学社会主义之前，空想社会主义者早已存在，他们怀着悲天悯人的情感对理想社会有很多美好的设想，由于没有揭示社会发展规律，没有找到实现理想的有效途径，导致美好的理想无法实现而陷入空想。马克思恩格斯创立唯物史观和剩余价值学说，揭示了人类社会发展的一般规律和资本主义运行的特殊规律，奏响了"全世界无产者联合起来"的集结号，找到了实现人类自由与解放的道路，实现了社会主义从空想到科学的飞跃。

"全世界无产者联合起来"是在1847年6月举行的共产主义者同盟第一次代表大会上，由马克思、恩格斯等倡议写入《共产主义者同盟章程》的，用以代替原正义者同盟的缺乏鲜明阶级意识的"人人皆兄弟"的模糊口号。随后马克思、恩格斯把"全世界无产者联合起来"写入了作为无产阶级政党第一部纲领性文献的《共产党宣言》。"全世界无产者联合起来"这一口号主要包含两层含义：第一，强调联合的阶级性，联合是全世界无产者的联合，绝不是"人人皆兄弟"那样的没有阶级界限的联合。要通过全世界无产者的联合，使无产阶级成为自为阶级，推翻资产阶级统治，建立无产阶级领导的国家政权。第二，强调联合的重要性。资本是国际性的，国际资产阶级常常联合起来镇压各国无产阶级革命运动（巴黎公社失败的原因之一，就是遭到国际资产阶级的联合镇压）。所以，无产阶级革命也是国际性的，无产阶级要获得解放，不仅要反对本国统治阶级，而且要同国际资本势力做斗争。各国无产者必须认清共同利益，联合起来，为打倒共同敌人，捍卫共同利益而斗争。这是无产阶级国际主义的理论根据。马克思、恩格斯根据当时的社会历史条件提出："联合的行动，至少是各文明国家的联合行动，是无产阶级获得解放的首要条件之一。"[①] 马克思恩格斯还在《共产党宣言》中指出："共产党人到处都努力争取全世界民主政党之间的团结和协调。"[②] 马克思主义创始人还提出了"统一战线"一词，强调无产阶级不仅要注重自身团结问题，还要关注同盟军问题。

19世纪末20世纪初，资本主义向帝国主义过渡，世界矛盾的焦点和无产阶级革命的中心从西方向东方转移。世界历史跨进帝国主义和无产阶级革命的时代。列宁在新的历史条件下继承和发展了马克思主义，提出了社会主义革命

[①] 《马克思恩格斯选集》第一卷，人民出版社2012年版，第435页。

[②] 《马克思恩格斯选集》第二卷，人民出版社2012年版，第419页。

可以在几个甚至单独在一个国家首先获得胜利的理论，领导俄国人民取得了十月革命的伟大胜利，使社会主义由理想变为现实。在列宁指导下建立的共产国际把"全世界无产者联合起来"的口号发展为"全世界无产阶级和被压迫民族联合起来"新口号。① 而苏俄无产阶级之所以能粉碎国际资产阶级的联合武装干涉，捍卫了十月革命的成果，其重要原因之一是有关国家的工人阶级以各种形式支持新生的苏维埃政权。而中国共产党领导的中国新民主主义革命的胜利，也与共产国际的帮助和苏联的支援是分不开的。

以毛泽东为代表的中国共产党人响应"全世界无产者联合起来"的集结号，团结带领全国各族人民取得了中国革命的伟大胜利。五四运动时期，毛泽东在他主编的《湘江评论》上发表了《民众的大联合》等文章，李大钊于同年 12 月在《新青年》第 19 期发表《大联合》的短论，肯定了毛泽东民众大联合的主张。第一次国共合作时期，毛泽东发表《中国社会各阶级的分析》，在文章开篇这样写道："谁是我们的敌人？谁是我们的朋友？这个问题是革命的首要问题。中国过去一切革命斗争成效甚少，其基本原因就是因为不能团结真正的朋友，以攻击真正的敌人。"② 在抗日战争时期，毛泽东在《中国革命和中国共产党》和《新民主主义论》等著作中阐明中国的新民主主义革命属于世界无产阶级社会主义革命的一部分；在《〈共产党人〉发刊词》中提出统一战线是中国共产党团结人民、战胜敌人的"三大法宝"之一，同时强调坚持无产阶级对统一战线的领导权；在《在延安文艺座谈会上的讲话》中强调"为什么人的问题，是一个根本的问题，原则的问题"，③ 必须站在无产阶级和人民大众的立场上，使革命文艺成为团结人民、教育人民、打击敌人、消灭敌人的有力武器，并分析批判了主张文艺的理论基础是"人性论"和文艺的基本出发点是"人类之爱"等糊涂观点。他说："有没有人性这种东西？当然有的。但是只有具体的人性，没有抽象的人性。在阶级社会里就是只有带着阶级性的人性，而没有什么超阶级的人性。我们主张无产阶级的人性，人民大众的人性，而地主阶级资产阶级则主张地主阶级资产阶级的人性，不过他们口头上不这样说，却说成为唯一的人性。有些小资产阶级知识分子所鼓吹的人性，也是脱离人民大众或者反对人民大众

---

① 这一新口号是共产国际成立后发出的号召，最早刊登在 1920 年 10 月创办的《东方人民》杂志上，1922 年 8 月 10 日出版的《先驱》第 10 号刊发的《远东各国共产党及民族革命团体第一次大会宣言》，也使用了这一新口号。

② 《毛泽东选集》第一卷，人民出版社 1991 年版，第 3 页。

③ 《毛泽东选集》第三卷，人民出版社 1991 年版，第 857 页。

的，他们的所谓人性实质上不过是资产阶级的个人主义，因此在他们眼中，无产阶级的人性就不合于人性。现在延安有些人们所主张的作为所谓文艺理论基础的'人性论'，就是这样讲，这是完全错误的。"① 毛泽东对抽象"人性论"的分析批判，不仅对端正文艺工作的方向、改进文艺界思想作风有重要意义，也为以马克思主义为指导推进现代中国哲学社会科学研究指明了方向。

以毛泽东为代表的中国共产党人把马克思主义基本原理同中国革命和建设的具体实际结合起来，团结带领人民完成新民主主义革命和进行社会主义革命，建立起中华人民共和国和社会主义基本制度，对社会主义建设道路做了艰辛探索，壮大世界社会主义的力量。以邓小平、江泽民、胡锦涛、习近平为代表的中国共产党人作为无产阶级革命事业的忠实传人，把马克思主义基本原理同中国改革开放的具体实际结合起来，团结带领人民进行建设中国特色社会主义伟大实践。"改革开放40年来，从开启新时期到跨入新世纪，从站上新起点到进入新时代"，40年风雨同舟，40年披荆斩棘，40年砥砺奋进，中国共产党引领人民"绘就了一幅波澜壮阔、气势恢宏的历史画卷，谱写了一曲感天动地、气壮山河的奋斗赞歌"。② 在国际社会主义运动遭受重大挫折之际，中国特色社会主义却取得了举世瞩目的辉煌成就，为世界社会主义发展注入新的活力。

5. 全心全意为人民服务的人民情怀

人民既是历史的创造者，也是历史的见证者；既是历史的"剧中人"，也是历史的"剧作者"。中国历史上有很丰富的民本思想，西方历史上一些人道主义者也有济世情怀，善良而真诚地关心人民群众的疾苦，空想社会主义者力图从理性论和人性论中引出合乎理性和人性的理想社会制度。但他们都看不到人民群众特别是无产阶级的历史主体性和创造性。

马克思在《黑格尔法哲学批判》中通过对民主制和君主制的比较，热情赞颂了民主制。在马克思看来，民主制与君主制的根本区别在于人民在国家中的地位，"在民主制中，国家制度本身就是人民的自我规定"③。马克思、恩格斯在《共产党宣言》中指出："过去的一切运动都是少数人的或者为少数人谋利益的

---

① 《毛泽东选集》第三卷，人民出版社1991年版，第870—871页。

② 习近平：《在庆祝改革开放40周年大会上的讲话》，《人民日报》，2018年12月19日。

③ 《马克思恩格斯全集》第三卷，人民出版社2002年版，第38、39页。

运动。无产阶级的运动是大多数人的、为绝大多数人谋利益的独立的运动。"①
马克思在《哥达纲领批判》中谈到"民主"时强调："'民主的'这个词在德语
里意思是'人民当权的'"②。马克思、恩格斯合写的第一本著作《神圣家族》中
就写明："历史活动是群众的活动，随着历史活动的深入，必将是群众队伍的扩
大。"③ 马克思恩格斯的论述奠定了马克思主义群众史观"人民主体"思想的基
础。列宁丰富和发展了马克思主义群众史观与人民主体思想。1905 年，列宁在
《党的组织和党的出版物》一文中强调，写作等文化事业应当"为千千万万劳动
人民"服务。④ 列宁还明确指出，"生气勃勃的创造性的社会主义是由人民群众
自己创立的"⑤，"只有相信人民的人，只有投入生气勃勃的人民创造力泉源中去
的人，才能获得胜利并保持政权"⑥。所以，必须保障人民参与管理国家事务的
权利。

中国共产党人是马克思主义的忠诚信奉者、坚定实践者。以毛泽东、邓小
平、江泽民、胡锦涛、习近平为代表的中国共产党人在推进马克思主义中国化
的历史进程中，进一步丰富和发展了马克思主义群众史观与人民主体思想，彰
显了马克思主义的人民情怀。毛泽东是中国共产党的群众路线的倡导者、推进
者和实践者，他鲜明地指出："人民，只有人民，才是创造世界历史的动力。"⑦
1939 年 12 月 21 日，毛泽东在《纪念白求恩》一文中指出："白求恩同志毫不
利己、专门利人的精神表现在他对工作的极端的负责任，对人民的极端的热
忱。……我们大家要学习他毫无自私自利之心的精神。从这点出发，就可以变
为大有利于人民的人。一个人能力有大小，但只要有这点精神，就是一个高尚
的人，一个纯粹的人，一个有道德的人，一个脱离了低级趣味的人，一个有益
于人民的人。"⑧1944 年 9 月 8 日，毛泽东在中共中央警备团举行的张思德烈士
追悼会上做了《为人民服务》的讲演，深刻阐明了"为人民服务"思想。

"为人民服务"这五个闪光的大字，语意平凡但内容深邃，饱含着热爱人民
的友善情感、友爱互助的高尚品质，无私奉献的崇高境界。毛泽东指出："因为

---

① 《马克思恩格斯选集》第一卷，人民出版社 2012 年版，第 411 页。
② 《马克思恩格斯选集》第三卷，人民出版社 2012 年版，第 371 页。
③ 《马克思恩格斯文集》第一卷，人民出版社 2009 年版，第 287 页。
④ 《列宁专题文集·论无产阶级政党》，人民出版社 2009 年版，第 170 页。
⑤ 《列宁全集》第三十三卷，人民出版社 1985 年版，第 53 页。
⑥ 《列宁全集》第三十三卷，人民出版社 1985 年版，第 57 页。
⑦ 《毛泽东选集》第三卷，人民出版社 1991 年版，第 1031 页。
⑧ 《毛泽东选集》第二卷，人民出版社 1991 年版，第 659—660 页。

我们是为人民服务的，所以，我们如果有缺点，就不怕别人批评指出。不管是什么人，谁向我们指出都行。只要你说得对，我们就改正。你说的办法对人民有好处，我们就照你的办。"① 毛泽东在中共七大上所做的《论联合政府》的报告中强调：中国共产党区别于其他任何政党的一个显著的标志，就是和广大人民群众取得最密切的联系。"全心全意地为人民服务，一刻也不脱离群众；一切从人民的利益出发，而不是从个人或小集团的利益出发；向人民负责和向党的领导机关负责的一致性；这些就是我们的出发点。"② 他告诫全党"应该使每个同志明了，共产党人的一切言论行动，必须以合乎最广大人民群众的最大利益，为最广大人民群众所拥护为最高标准。"③ 中共七大把中国共产党人必须具有全心全意为中国人民服务的精神写入了党章。在新中国成立前夕，毛泽东在《论人民民主专政》一文中指出："对人民内部的民主方面和对反动派的专政方面，互相结合起来，就是人民民主专政。"④

新中国成立后，毛泽东又多次强调共产党人要努力做到全心全意为人民服务。进入改革开放新时期，邓小平提出全党要始终把人民拥护不拥护、人民赞成不赞成、人民高兴不高兴、人民答应不答应作为党的一切工作的出发点和归宿点。1981 年 2 月 14 日，邓小平在为英国培格曼出版社出版的《邓小平文集》所写的序言中说："我是中国人民的儿子。我深情地爱着我的祖国和人民。"⑤

江泽民提出"三个代表"重要思想，告诫全党要始终代表最广大人民的根本利益。胡锦涛阐述了科学发展观的核心是以人为本，强调要"做到坚持权为民所用、情为民所系、利为民所谋"。⑥

饱尝艰辛、与民稼穑的成长经历培育了习近平深厚的民本情怀。习近平在当选中共中央总书记伊始就鲜明地提出"人民对美好生活的向往，就是我们的奋斗目标"；⑦ 在当选中华人民共和国国家主席伊始发表的近 25 分钟的讲话中44 次提到"人民"，强调"中国梦归根到底是人民的梦，必须紧紧依靠人民来实现，必须不断为人民造福"；⑧ 习近平当选总书记不久就主持召开中央政治局

① 《毛泽东选集》第三卷，人民出版社 1991 年版，第 1004 页。
② 《毛泽东选集》第三卷，人民出版社 1991 年版，第 1094—1095 页。
③ 《毛泽东选集》第三卷，人民出版社 1991 年版，第 1096 页。
④ 《毛泽东选集》第三卷，人民出版社 1991 年版，第 1475、1478 页。
⑤ 《邓小平年谱（一九七五——九九七）》（下），中央文献出版社 2004 年版，第 714 页。
⑥ 《胡锦涛文选》第二卷，人民出版社 2016 年版，第 9 页。
⑦ 《习近平谈治国理政》第一卷，外文出版社 2018 年版，第 3 页。
⑧ 《习近平谈治国理政》第一卷，外文出版社 2018 年版，第 40 页。

会议出台了改进工作作风、密切联系群众"八项规定",部署在全党深入开展以为民务实清廉为主要内容的群众路线教育实践活动。由习近平主持起草、中共十八届五中全会通过的《中共中央关于制定国民经济和社会发展第十三个五年规划的建议》明确提出必须遵循"坚持人民主体地位"的原则,"坚持以人民为中心的发展思想"。2016 年 7 月 1 日,习近平在庆祝中国共产党成立 95 周年大会上的讲话中强调:"人民立场是中国共产党的根本政治立场,是马克思主义政党区别于其他政党的显著标志"①,"要永远保持建党时中国共产党人的奋斗精神,永远保持对人民的赤子之心","坚持不忘初心,继续前进"②。2016 年 10 月 21 日,习近平《在纪念红军长征胜利 80 周年大会上的讲话》中指出:"长征胜利启示我们:人民群众有着无尽的智慧和力量,只有始终相信人民,紧紧依靠人民,充分调动广大人民的积极性、主动性、创造性,才能凝聚起众志成城的磅礴之力。一部红军长征史,就是一部反映军民鱼水情深的历史。在湖南汝城县沙洲村,3 名女红军借宿徐解秀老人家中,临走时,把自己仅有的一床被子剪下一半给老人留下了。老人说,什么是共产党?共产党就是自己有一条被子,也要剪下半条给老百姓的人。同人民风雨同舟、血脉相通、生死与共,是中国共产党和红军取得长征胜利的根本保证,也是我们战胜一切困难和风险的根本保证。中国共产党之所以能够发展壮大,中国特色社会主义之所以能够不断前进,正是因为依靠了人民。中国共产党之所以能够得到人民拥护,中国特色社会主义之所以能够得到人民支持,也正是因为造福了人民。"③

习近平在中共十九大报告中指出:"中国共产党人的初心和使命,就是为中国人民谋幸福,为中华民族谋复兴。这个初心和使命是激励中国共产党人不断前进的根本动力。"④(在中共十九大报告中"人民"是高频词,一共出现 203 次)。中共十九大报告阐述的新时代中国特色社会主义思想的基本内涵和基本方略的"八个明确"和"十四个坚持"(如明确新时代我国社会的主要矛盾是人民日益增长的美好生活需要和不平衡不充分的发展之间的矛盾,必须坚持以人民为中心的发展思想,坚持人民当家做主和坚持在发展中保障和改善民生等)皆彰显了深厚的人民情怀。中共中央总书记习近平《在纪念马克思诞辰 200 周年

---

① 习近平:《在庆祝中国共产党成立 95 周年大会上的讲话》,人民出版社 2016 年版,第 18 页。
② 习近平:《在庆祝中国共产党成立 95 周年大会上的讲话》,人民出版社 2016 年版,第 7—8 页。
③ 《习近平谈治国理政》第二卷,外文出版社 2017 年版,第 52 页。
④ 《中国共产党第十九次全国代表大会文件汇编》,人民出版社 2017 年版,第 1 页。

大会上的讲话》中指出："人民性是马克思主义最鲜明的品格。马克思说，'历史活动是群众的活动'。让人民获得解放是马克思毕生的追求。我们要始终把人民立场作为根本立场，把为人民谋幸福作为根本使命，坚持全心全意为人民服务的根本宗旨，贯彻群众路线，尊重人民主体地位和首创精神，始终保持同人民群众的血肉联系，凝聚起众志成城的磅礴力量，团结带领人民共同创造历史伟业。"①

6."我为人人、人人为我"的现实关怀

"我为人人、人人为我"。这八个字，言简意赅，意蕴深厚。据考证，这句话最早出自法国 19 世纪作家大仲马的小说 Les Trois Mousquetaires（中文译为《三个火枪手》或《三剑客》），英文是：One for all, all for one. 中文翻译为"人人为我，我为人人"或是"大家为一人，一人为大家"。十月革命胜利后，星期六义务劳动这一群众性运动从 1919 年 5 月起在苏维埃俄国展开，列宁在一次关于共产主义星期六义务劳动的演说中使用了这句话作为引语。俄文版原文是 Все за одного и один за всех。中文本《列宁全集》译为"大家为一人，一人为大家"。列宁说："我们要努力把'大家为一人，一人为大家'和'各尽所能，按劳分配'的准则渗透到群众的意识中去，渗透到他们的习惯中去，渗透到他们的生活常规中去。"②20 世纪 80 年代，邓小平提倡"我为人人，人人为我"的理念，使这八个字几乎家喻户晓，人人皆知。2010 年，中共十七届五中全会通过的《中共中央关于制定国民经济和社会发展第十二个五年规划的建议》将"我为人人，人人为我"写入其中，指出要"提倡修身律己、尊老爱幼、勤勉做事、平实做人，推动形成我为人人、人人为我的社会氛围"，随后这句话也被写入十一届全国人大四次会议通过的《中华人民共和国国民经济和社会发展第十二个五年（2011—2015 年）规划纲要》。由此，"我为人人、人人为我"又映入人们的眼帘。2013 年 12 月中共中央办公厅印发的《关于培育和践行社会主义核心价值观的意见》中明确提出："形成我为人人、人人为我的社会风气。"2014 年 4 月 21 日，《人民日报》在头版发表评论员文章，强调要大力培育"我为人人、人人为我"的社会风尚。2017 年 1 月 18 日，中国国家主席习近平在联合国日内瓦总部发表的《共同构建人类命运共同体》的演讲中指出："宇宙只有一

---

① 习近平：《在纪念马克思诞辰 200 周年大会上的讲话》，《人民日报》2018 年 5 月 5 日。
② 《列宁全集》第三十九卷，人民出版社 1986 年版，第 100 页。

个地球，人类共有一个家园。霍金先生提出关于'平行宇宙'的猜想，希望在地球之外找到第二个人类得以安身立命的星球。这个愿望什么时候才能实现还是个未知数。到目前为止，地球是人类唯一赖以生存的家园，珍爱和呵护地球是人类的唯一选择。瑞士联邦大厦穹顶上刻着拉丁文铭文'人人为我，我为人人'。我们要为当代人着想，还要为子孙后代负责。"[①]

"我为人人、人人为我"载入党和国家及相关部门的重要文献，使我们对建设富强民主文明和谐美丽的社会主义现代化强国更加充满信心。"我为人人、人人为我"，是人类的和谐音符，是社会主义社会人际关系的本质，更是"我"之责任。在实现"两个百年"奋斗目标、实现中国梦的伟大实践中，我们都要做好我为人人的工作。特别是各级领导干部，要重点围绕保障和改善民生问题，周到细致地做好群众工作，把群众的疾苦放在心上，帮助解决实际困难，带动全社会形成"我为人人、人人为我"的良好氛围。

我为人人和人人为我是辩证统一的整体，二者不能分割。只有先做到我为人人，才能实现人人为我。这种价值取向是与社会主义核心价值体系相一致的正确价值取向。"我为人人、人人为我"的价值取向，对国家、对社会、对他人充满责任感，是调节人际关系、维护社会秩序、促进社会和谐的润滑剂。

"我为人人，人人为我"是集体主义价值导向的通俗化表述。社会主义市场经济与集体主义是兼容的。社会主义市场经济以公有制和按劳分配为主体，是集体主义的现实经济基础，民主集中制是集体主义的政治保障，以人民为中心，为人民服务则是集体主义价值观念和道德原则的具体体现。我们建立的市场经济体制是与社会主义基本制度和精神文明结合在一起的，并不排斥集体主义。虽然市场经济强调个人利益和个体主体性，但市场体系中不同利益主体的个人利益的实现，必须把个人劳动转化为社会劳动，为他人或社会提供所需要的产品和服务。生产、交换、分配、消费本身都是社会行为，是在社会联系中实现的。一切文明有序的市场经济的正常运行，都必须兼顾个人利益和社会需要两个方面。个人意识、个人取向和集体意识、集体取向都是市场经济所包含的。资本主义私有制放大、强化了市场经济中的个人意识、个人取向，并对集体意识、集体取向采取了消极的态度，交给市场机制这只"看不见的手"去自发调节，从而使个人主义成为主流价值观念。社会主义公有制则可以培育、强化市

---

① 《习近平谈治国理政》第二卷，外文出版社 2017 年版，第 538 页。

场经济中的集体意识、集体取向，在重视个人利益和个体主体性的同时，坚持以为人民服务为核心，以集体主义为原则的社会主义价值导向。同时，也只有社会主义市场经济才能把个人利益和社会利益统一起来，既充分尊重个人能力、激发个人潜能、保障个人正当利益，又为弘扬集体主义提供了契机，推动形成"我为人人、人人为我"的社会氛围，构建传承中华传统美德、符合社会主义精神文明要求、适应社会主义市场经济的价值体系和道德规范。

7. 为人类幸福而工作的济世情怀

马克思在中学时代，就树立了为人类幸福而工作的志向，到大学时代和大学毕业后深化为"普罗米修斯情怀"，即解放全人类的济世情怀。正如普罗米修斯盗取天火赠予人类而自己却忍受痛苦折磨一样，马克思一生经历了常人难以忍受的痛苦开启了无产阶级革命和人类解放的伟大事业。马克思、恩格斯在《共产党宣言》中指出："无产者在这个革命中失去的只是锁链。他们获得的将是整个世界。"而"代替那存在着阶级和阶级对立的资产阶级旧社会的，将是这样一个联合体，在那里，每个人的自由发展是一切人的自由发展的条件"[1]。

【延伸阅读】普罗米修斯与奥运圣火

普罗米修斯是希腊神话中的神明之一，其意为"先觉者"。传说，普罗米修斯是地母盖亚与天父乌拉诺斯之子伊阿佩托斯与克吕墨涅的儿子。他在女神雅典娜的协助下创造人类世界。他充当了人类的教师，凡是能够使人类幸福的他都教给人类。同样，人类也用爱和忠诚来感谢他，报答他。这触怒了最高的天神宙斯。作为惩罚，宙斯拒绝给人类完成他们的文明所需的最后一物：火。因为有了火，人才能成为万物之灵。普罗米修斯设法从奥林匹斯山上窃取天火送给人类。宙斯大发雷霆，令山神把普罗米修斯用锁链缚在高加索山脉的一块岩石上，让一只饥饿的恶鹰来啄食他的肝脏，而他的肝脏又总是重新长出来忍受恶鹰啄食。如此日复一日，直至宙斯之子赫拉克勒斯为寻找金苹果来到悬崖边，用箭把恶鹰射死，用石头砸碎铁链，将他解救出来为止。普罗米修斯一直忍受着这难以忍受的痛苦和折磨，从来没有丧失勇气和希望。后来，人们把普罗米修斯为人类盗取的天火称为圣火。相传古希腊在每届奥运会举行以前，人

---

[1] 《马克思恩格斯选集》第一卷，人民出版社 2012 年版，第 435、422 页。

们都要在赫拉神庙前点燃圣火。现代奥运会创立后，最初并没有沿袭这个传统。1934 年，国际奥委会决定，在奥运会期间，从开幕到闭幕主会场都要燃烧奥林匹克圣火，并且火种必须采自希腊的古奥运遗址——奥林匹亚，并以火炬接力的形式传到主办城市。从此，圣火传递成为每一届奥运会必不可少的仪式。1936 年，奥林匹克历史上首次举行了激动人心的圣火接力仪式。

被称为"悲剧之父"的古希腊最伟大的悲剧作家埃斯库罗斯最著名的代表作是由《送火者普罗米修斯》《被缚的普罗米修斯》《被释放的普罗米修斯》组成的三部曲。马克思酷爱古希腊文学，尤其深爱埃斯库罗斯悲剧作品中的普罗米修斯这一形象，普罗米修斯造福人类和富于反抗的精神深深地印在马克思脑海中。马克思在博士论文（《德谟克利特的自然哲学和伊壁鸠鲁的自然哲学的差别》）的序言称赞"普罗米修斯是哲学的日历中最高尚的圣者和殉道者"，赞赏普罗米修斯为人类幸福无私奉献、自我牺牲和坚强不屈的英雄主义精神。马克思的内心深藏着"为人类幸福而献身"的普罗米修斯情怀。

马克思主义济世情怀区别于其他普世情怀的特点在于以无产阶级的阶级解放推动实现全人类解放。恩格斯在分析空想社会主义者的失误时指出："他们和启蒙学者一样，并不是想首先解放某一个阶级，而是想立即解放全人类。"[1] 科学社会主义主张全人类解放与无产阶级解放是不可分割的，无产阶级解放是全人类解放的必要条件，解放全人类是无产阶级的历史使命，只有解放全人类才能最后解放无产阶级自己。所以，无论是号召"全世界无产者联合起来！"的红色经典的《共产党宣言》，还是作为"工人阶级的圣经"的《资本论》，都旨在提升无产阶级的"阶级意识"与"解放意识"，引导无产阶级革命实践。所以，恩格斯《在马克思墓前的讲话》中说："马克思首先是一个革命家。他毕生的真正使命，就是以这种或那种方式参加推翻资本主义社会及其所建立的国家设施的事业，参加现代无产阶级的解放事业，正是他第一次使现代无产阶级意识到自身的地位和需要，意识到自身解放的条件。斗争是他的生命要素。很少有人像他那样满腔热情、坚韧不拔和卓有成效地进行斗争。……正因为这样，所以马克思是当代最遭忌恨和最受诬蔑的人。各国政府——无论专制政府或共和政府，都驱逐他；资产者——无论保守派或极端民主派，都竞相诽谤他，诅咒他。

----

[1] 《马克思恩格斯选集》第三卷，人民出版社 2012 年版，第 778 页。

他对这一切毫不在意，把它们当作蛛丝一样轻轻拂去，只是在万不得已时才给以回敬。现在他逝世了，在整个欧洲和美洲，从西伯利亚矿井到加利福尼亚，千百万革命战友无不对他表示尊敬、爱戴和悼念，而我敢大胆地说：他可能有过许多敌人，但未必有一个私敌。他的英名和事业将永垂不朽！"①

列宁是俄国的"普罗米修斯"。1898 年成立的俄国工人阶级政党受第二国际的影响，命名为俄国社会民主工党。1903 年第二次代表大会后分化为以列宁为首的布尔什维克和以马尔托夫为首的孟什维克两个派别，党的主要领导人普列汉诺夫逐渐转向孟什维克。以列宁为首的布尔什维克党人高举马克思主义的伟大旗帜，在新的历史条件下继承和发展了马克思主义，把马克思主义推向新阶段——列宁主义阶段。1917 年列宁在俄国社会民主工党（布）第七次代表大会上所做的《关于修改党纲和更改党的名称的报告》中指出，我们开始社会主义改造的时候，应当给自己清楚地提出这些改造归根到底所要达到的目的，即建立共产主义社会的目的。因此，共产党这个名称是唯一科学的。根据列宁的提议，这次代表大会将社会民主工党改名为共产党。1919 年列宁把新建的世界各国共产党和共产主义团体的国际联合组织称为共产国际（相对于国际工人协会即第一国际和社会主义国际即第二国际，亦称第三国际）。

以李大钊、毛泽东、邓小平等为代表的中国共产党人是中国的"普罗米修斯"。"十月革命一声炮响，给我们送来了马克思列宁主义。"②而李大钊是中国最早的马克思主义坚定信仰者和积极传播者。受十月革命的鼓舞和启发，他以《新青年》《每周评论》等为阵地，相继发表《法俄革命之比较观》《庶民的胜利》《布尔什维主义的胜利》《我的马克思主义观》《再论问题与主义》等宣传十月革命和马克思主义的文章或演说，积极领导和推动五四爱国运动的发展，成为中国共产主义运动的先驱和中国共产党的主要创始人之一。中国共产党成立后，李大钊奔走于大江南北，着力发展党的组织，积极开展工人运动和推动国共合作，为争取民族独立和人民解放呕心沥血，直至壮烈牺牲。

毛泽东在五四爱国运动时期创建"新民学会"，立志"改造中国与世界"。随后，在李大钊等影响下，学习、接受和宣传马克思主义。他参与创建中国共产党，创建共产党领导下的人民军队，历经千辛万苦建立起人民当家做主的社会主义新中国。在中国人民解放战争即将取得全国胜利的前夕，毛泽东在西柏

---

① 《马克思恩格斯选集》第三卷，人民出版社 2012 年版，第 1003—1004 页。
② 《毛泽东选集》第四卷，人民出版社 1991 年版，第 1471 页。

坡举行的中共七届二中全会上的讲话中指出："夺取全国胜利，这只是万里长征走完了第一步。中国的革命是伟大的，但革命以后的路程更长，工作更伟大，更艰苦。这一点现在就必须向党内讲明白，务必使同志们继续地保持谦虚、谨慎、不骄、不躁的作风，务必使同志们继续地保持艰苦奋斗的作风。"①新中国成立后毛泽东在领导中国人民成功实现从新民主主义向社会主义转变，探索社会主义革命和建设道路的同时，极其关心和坚决支持世界被压迫民族、被压迫人民争取自由和解放的斗争，赢得世界人民的尊敬与爱戴。1974年4月，毛泽东委托邓小平在联合国讲坛上阐述他关于"三个世界"的理论，引起了世界的深度关注。

1920年夏，刚满16岁的邓小平从重庆留法预备学校毕业，怀着满腔的热望，远渡重洋赴法国勤工俭学，寻求救国救民的真理。他在法国勤工俭学期间阅读了《共产党宣言》等马克思主义著作，结识了周恩来等赴法的共产主义小组成员，确立了共产主义信仰，开始走上革命道路。随后转赴苏联进一步学习马克思列宁主义，在大革命时期回国投身革命实践，逐步成长为伟大的无产阶级革命家、政治家、军事家、外交家，成为中国共产党、中国人民解放军、中华人民共和国的主要领导人之一，成为伟大的马克思主义者及中国改革开放和现代化建设的总设计师、中国特色社会主义事业开创者。进入改革开放时期，邓小平反复强调，中国只有通过改革开放促进社会主义制度的自我完善和发展，充分显示社会主义的优越性，才能为人类做出较大的贡献。邓小平广泛参与国际交往活动，中美建交后，他是中国访问美国的第一位国家领导人。《邓小平文选》第三卷收录的119篇著作，有73篇是同国际或境外人士的谈话。正是这些世界性的交往活动为邓小平了解和把握世界发展大势、把爱国主义和国际主义结合起来提供了客观依据，孕生了"世界公民"意识。邓小平在人生旅途中"三落三起"的曲折与传奇经历，引起国际友人的注目。20世纪70年代末，英国培格曼出版公司总经理、《镜报》集团董事长罗伯特·马克斯韦尔开始策划出版一套世界领袖丛书，把《邓小平文集》列入计划之内。同中国有关方面联系后得到同意出版的答复，邓小平允诺亲自为文集写个序言。1981年邓小平欣然提笔，为文集写了序言。他满含深情地写道："我荣幸地以中华民族一员的资格，而成为世界公民……中国人民将通过自己的创造性劳动，根本改变自己国家的

---

① 《毛泽东选集》第四卷，人民出版社1991年版，第1438—1439页。

落后面貌，并以崭新的面貌，自立于世界的先进之列，并且同各国人民一道，共同推进人类的正义事业。"①

中共十八大提出"要倡导人类命运共同体意识"②。中共十八大以来，习近平在诸多国际国内重要场合阐释构建人类命运共同体的倡议，彰显了新时代中国共产党人的"普罗米修斯"情怀。

构建人类命运共同体的重要思想反映了全人类的共同价值追求。2015年9月28日，中国国家主席习近平出席纪念联合国成立70周年大会一般性辩论并发表题为《携手构建合作共赢新伙伴，同心打造人类命运共同体》的重要讲话。他说："'大道之行也，天下为公。'和平、发展、公平、正义、民主、自由，是全人类的共同价值，也是联合国的崇高目标。目标远未完成，我们仍须努力。当今世界，各国相互依存、休戚与共。我们要继承和弘扬联合国宪章的宗旨和原则，构建以合作共赢为核心的新型国际关系，打造人类命运共同体。"③ "共同价值"这一新的标识性概念的提出既超越和区别于西方话语的"普世价值"，又赋予同西方文明对话的开放空间，有利于在全人类多元价值体系中寻求最大公约数，展现当今中国作为"世界和平的建设者、全球发展的贡献者、国际秩序的维护者"的国际形象，提升中国国际话语权。随后，习近平在2016年9月在中国杭州举行的二十国集团(G20)领导人第十一次峰会上的致辞中，2017年1月在联合国日内瓦总部发表的重要讲话中，2017年5月在出席"一带一路"国际合作高峰论坛开幕式发表的主旨演讲中，2017年10月在中共十九大报告中，2017年12月在中国共产党与世界政党高层对话会④上的主旨讲话中，2018年6

① 中共中央文献研究室编：《邓小平年谱》（一九七五——一九九七）（下），中央文献出版社2004年版，第714页。
② 《中国共产党第十八次全国代表大会文件汇编》，人民出版社2012年版，第43页。
③ 《习近平谈治国理政》第二卷，外文出版社2017年版，第522页。
④ 中国共产党与世界政党高层对话会2017年11月30日至12月3日在北京举行。这次对话会以"构建人类命运共同体、共同建设美好世界：政党的责任"为主题。来自120多个国家的近300个政党和政治组织的领导人共600多名中外代表齐聚一堂，为携手构建人类命运共同体凝聚动力和智慧。中共中央总书记、中国国家主席习近平在北京人民大会堂出席中国共产党与世界政党高层对话会开幕式，并发表题为《携手建设更加美好的世界》的主旨讲话。与会各方高度评价习近平的主旨讲话，高度肯定中国共产党的历史性贡献，期待中国进一步发挥引领作用。会议闭幕时通过了《北京倡议》，强调政党间应增进互信、加强沟通、密切协作，探索在新型国际关系的基础上建立求同存异、相互尊重、互学互鉴的新型政党关系，汇聚构建人类命运共同体的强大力量。

月在中央外事工作会议上的讲话①中对此做了更系统深入的阐述。其中，最令世人瞩目的是中共十九大把"推动构建人类命运共同体"纳入习近平新时代中国特色社会主义思想。中共十九大报告阐述外交政策的部分，以"坚持和平发展道路，推动构建人类命运共同体"为题，明确宣示中国共产党是为中国人民谋幸福的政党，也是为人类进步事业而奋斗的政党。中国共产党把为人类做出新的更大的贡献作为自己的神圣使命，呼吁："各国人民同心协力，构建人类命运共同体，建设持久和平、普遍安全、共同繁荣、开放包容、清洁美丽的世界。"②

【媒体链接】习近平出席中国共产党与世界政党高层对话会开幕式并发表主旨讲话（节选）

（《人民日报》2017年12月2日，记者李伟红等）

中共中央总书记、国家主席习近平2017年12月1日在人民大会堂出席中国共产党与世界政党高层对话会开幕式，并发表题为《携手建设更加美好的世界》的主旨讲话，强调政党要顺应时代发展潮流、把握人类进步大势、顺应人民共同期待，志存高远、敢于担当，自觉担负起时代使命。中国共产党将一如既往为世界和平安宁、共同发展、文明交流互鉴作贡献。

习近平指出，中共十九大规划了中国从现在到本世纪中叶的发展蓝图，宣示了中方愿同各方推动构建人类命运共同体的真诚愿望。政党在国家政治生活中发挥着重要作用，也是推动人类文明进步的重要力量。年终岁末，来自世界各国近300个政党和政治组织的领导人齐聚北京，共商合作大计，充分体现了大家对人类发展和世界前途的关心。

习近平指出，今天人类生活的关联前所未有，同时人类面临的全球性问题也前所未有。世界各国人民前途命运越来越紧密地联系在一起。世界各国人民应该秉持"天下一家"理念，彼此理解、求同存异，共同为构建人类命运共同体而努力。我提出"一带一路"倡议，就是要践行人类命运共同体理念。4年来，共建"一带一路"已成为有关各国实现共同发展的巨大合作平台。

---

① 2018年6月，习近平在中央外事工作会议上强调，我国对外工作要坚持以新时代中国特色社会主义外交思想为指导，统筹国内国际两个大局，牢牢把握服务民族复兴、促进人类进步这条主线，推动构建人类命运共同体，坚定维护国家主权、安全、发展利益，积极参与引领全球治理体系改革，打造更加完善的全球伙伴关系网络，努力开创中国特色大国外交新局面，为全面建成小康社会，进而全面建设社会主义现代化强国创造有利条件，做出应有贡献。
② 《中国共产党第十九次全国代表大会文件汇编》，人民出版社2017年版，第47页。

习近平强调，我们要努力建设一个远离恐惧、普遍安全的世界，坚持共同、综合、合作、可持续的新安全观，营造公平正义、共建共享的安全格局；我们要努力建设一个远离贫困、共同繁荣的世界，坚持你好我好大家好的理念，让发展成果惠及世界各国，让人人享有富足安康；我们要努力建设一个远离封闭、开放包容的世界，坚持世界是丰富多彩的、文明是多样的理念，让各种文明和谐共存；我们要努力建设一个山清水秀、清洁美丽的世界，坚持人与自然共生共存的理念，共同营造和谐宜居的人类家园。

习近平指出，当前，世界格局在变，发展格局在变，各个政党都要顺应时代发展潮流，把自身发展同国家、民族、人类的发展紧密结合在一起。不同国家的政党应该增进互信、加强沟通、密切协作，探索在新型国际关系的基础上建立求同存异、相互尊重、互学互鉴的新型政党关系，搭建多种形式、多种层次的国际政党交流合作网络，汇聚构建人类命运共同体的强大力量。

习近平指出，中国共产党是为中国人民谋幸福的党，也是为人类进步事业而奋斗的党。我们要把自己的事情做好，这本身就是对构建人类命运共同体的贡献。我们也要通过推动中国发展给世界创造更多机遇。我们不"输入"外国模式，也不"输出"中国模式，不会要求别国"复制"中国的做法。

第一，中国共产党将一如既往为世界和平安宁作贡献。中国将高举和平、发展、合作、共赢的旗帜，始终不渝走和平发展道路，积极推进全球伙伴关系建设，主动参与国际热点难点问题的政治解决进程。中国将积极参与全球治理体系改革和建设，推动国际政治经济秩序朝着更加公正合理的方向发展。中国无论发展到什么程度，都永远不称霸，永远不搞扩张。我们倡议世界各国政党同我们一道，做世界和平的建设者、全球发展的贡献者、国际秩序的维护者。

第二，中国共产党将一如既往为世界共同发展作贡献。中国共产党历来有着深厚的人民情怀，不仅愿意为中国人民造福，也愿意为世界各国人民造福。根据中共十九大的安排，到2020年中国将全面建成小康社会，到2035年中国将基本实现社会主义现代化，到本世纪中叶中国将建成富强民主文明和谐美丽的社会主义现代化强国。这将造福中国人民，也将造福世界各国人民。我们倡议世界各国政党同我们一道，为世界创造更多合作机会，努力推动世界各国共同发展繁荣。

第三，中国共产党将一如既往为世界文明交流互鉴作贡献。中国共产党历来强调树立世界眼光，积极学习借鉴世界各国人民创造的文明成果，并结合中国实际加以运用。中国共产党将以开放的眼光、开阔的胸怀对待世界各国人民的文明创造，愿意同世界各国人民和各国政党开展对话和交流合作，支持各国人民加强人文往来和民间友好。未来 5 年，中国共产党将向世界各国政党提供 1.5 万名人员来华交流的机会。我们倡议将中国共产党与世界政党高层对话会机制化，使之成为具有广泛代表性和国际影响力的高端政治对话平台。

习近平强调，面向未来，中国共产党愿同世界各国政党加强往来，分享治党治国经验，开展文明交流对话，增进彼此战略信任，推动构建人类命运共同体，携手建设更加美好的世界。

……

第二章　航标灯下友善之旅

时代是思想之母，实践是理论之源。实践是认识的源泉和动力及检验认识真理性的标准，也是价值观形成与涵养的基础。社会主义核心价值观源自中华民族 5000 多年文明历史所孕育的中华优秀传统文化和人类文明优秀成果，植根于近代以来中国人民为实现中华民族伟大复兴的中国梦而进行的革命、建设和改革实践，特别是植根于中国特色社会主义伟大实践。前文已探析友善价值观的中外文化之源，本章将考察友善价值观"充值"的近现代中国社会实践之基。

一、友善价值观在民主革命中展现

中华文明是与古埃及、古印度和巴比伦文明并称的最古老的文明之一，具有 5000 多年的悠久历史，曾长期走在世界前列。以造纸术、印刷术、指南针、火药这四大发明为代表的发明创造为人类文明进步做出了巨大贡献。明代郑和下西洋，比哥伦布早了近 100 年。明代中期以降，由于中国封建社会走向衰落，中国逐步落后于西方。公元 16 世纪以后，随着资本主义的兴起、工业革命的推进、世界市场的形成，世界历史发展的格局发生了重大转变，西方各国逐步完成从中世纪向近现代社会的转型。西方列强纷纷在全球范围侵略扩张，中国成为其向东方扩张的重要目标。而同一时期的中国社会尽管也有了近代化的萌动，但微弱的资本主义萌芽受到日益强化的封建专制主义统治的束缚，向近现代社会转型步履蹒跚。自明朝晚期至清朝鸦片战争前，中国封建统治者妄自尊大，自居天朝上国，沉醉于万邦来朝与田园牧歌的梦幻之中，制造"文字狱"，扼杀社会创新活力，脱离世界潮流，蔑视外来文明，实行闭关锁国的政策，致使中国社会丧失了革新开放的主动权，逐步拉大与西方社会发展的差距。

1840 年鸦片战争后，西方列强的入侵和中国封建统治者的腐败，造成了中国社会积贫积弱，逐步沦为半殖民地半封建社会，中国人民受到帝国主义和封建主义双重压迫，民族危机和社会危机空前深重。习近平在参观"复兴之路"展览时指出："近代以后，中华民族遭受的苦难之重、付出的牺牲之大，在世界历史上都是罕见的。但是，中国人民从不屈服，不断奋起抗争，终于掌握了自己的命运，开始了建设自己国家的伟大进程，充分展示了以爱国主义为核心的伟大民族精神。"[①]以爱国主义为核心的伟大民族精神中包含着友善精神，友善精神之光既在旧民主主义革命中闪现，更在新民主主义革命中发扬光大。

揭开中国近代民主革命的序幕是太平天国运动。洪秀全把从传教士手中得到的布道书《劝世良言》中的基督教博爱观念与儒家的大同思想相结合，宣称"天下多男人，尽是兄弟之辈，天下多女子，尽是姊妹之群"，"上帝视之皆赤子"，提出"有田同耕，有饭同吃，有衣同穿，有钱同使，无处不均匀，无人不饱暖"的平均主义理想，并将其写进定都天京（南京）后颁发的《天朝田亩制度》，这切合了当时生活在困苦之中的广大农民群众的愿望，他们踊跃参加拜上帝会和太平军，促成了太平天国运动的迅速兴起。而太平天国最终在中外敌对势力的联合绞杀下失败，除了敌我力量对比的变化和农民阶级自身的局限性及宗教的负面影响以外，其在鼎盛时期发生内讧所暴露的太平天国上层迅速腐化、相互残杀和太平天国控制区后期贫富分化造成动员力和战斗力减弱以及人心涣散，则是更直接的原因。

太平天国运动晚期，曾在香港居住多年的洪秀全的族弟洪仁玕到达天京（南京），他呈献的《资政新篇》是近代中国最早仿行资本主义的治国方案，遗憾的是随着太平天国被镇压，这一方案未能实行。而在"剿发捻"（镇压太平军和捻军）中崛起的洋务派，面对两次鸦片战争和农民战争冲击后清政府面临的内忧外患的统治危机，欲师夷之长技以"自强"，以官办、官督商办、官商合办等形式开办近代军工和民用企业，创建海军和新式陆军、掀起洋务运动。受洋务派开办企业的诱导，一部分民间商人投资兴厂，中国民族资本主义应运而生。随着甲午战争中北洋舰队的全军覆灭和《马关条约》的签订，洋务运动破产，代之而起是维新变法运动。

---

① 《习近平谈治国理政》第一卷，外文出版社 2018 年版，第 35 页。

1.百日维新推手的大同梦幻

维新变法运动与严复 ① 有关。严复积极倡导西学的启蒙教育,翻译赫胥黎的《天演论》、亚当·斯密的《原富》、斯宾塞的《群学肄言》、孟德斯鸠的《法意》等西学名著,宣传维新变法思想,启发了一代国人,被称为近代中国自由思想的"盗火者",康有为称赞严复是"精通西学第一人"。不过,严复并不是维新变法运动的领袖人物。维新变法运动的实际推手是康有为、梁启超 ②、谭嗣同 ③。在康有为、梁启超、谭嗣同等维新派的策动下,1898 年 6 月 11 日,光绪皇帝颁布"明定国是"诏书,宣布开始实行变法,接着颁布了一系列推动新政的政令,但遭到以慈禧太后为首的守旧势力的强烈反对和抵制。同年 9 月 21 日,慈禧太后以"训政"的名义重新"垂帘听政",光绪被囚,维新派领袖康有为、梁启超被迫逃往国外,谭嗣同等 6 人(史称"戊戌六君子")被杀害,变法运动历时仅一百零三天就夭折了,故称"百日维新"。因为,当年是中国农历戊戌年,史称"戊戌变法"。

戊戌变法是中国民族资产阶级作为新的政治力量开始登上政治舞台的第一次表演。它虽然失败了,但毕竟在一定程度上推进了中国近代化进程。维新派介绍和宣传西方近代启蒙思想,试图将西方进化论及"自由、平等、博爱"观念与中国传统的大同、仁爱思想结合起来,以托古改制、推陈出新。康有为的《新学伪经考》《孔子改制考》《大同书》,梁启超的《变法通议》《新民说》,谭嗣同的《仁学》是维新派的主要代表作。这里着重解析康有为的《大同书》中

---

① 严复(1854—1921),福建侯官(今福州市)人,中国近代启蒙思想家、翻译家、教育家。1877 年到 1879 年,严复被公派到英国留学,回国后先后担任天津北洋水师学堂总办、京师大学堂译书局总办、上海复旦公学校长、安庆高等师范学堂校长、北京大学校长等职。严复提出的"信、达、雅"的翻译标准,对后世的翻译工作产生了深远影响。

② 梁启超(1873—1929),广东新会人,中国近代启蒙思想家、政治家、史学家。17 岁中举,后师从康有为,1895 与康有为一起联合各省举人发动"公车上书",倡导维新变法,成为资产阶级改良派的宣传家,与其师康有为一起并称"康梁"。戊戌变法失败后流亡海外,主张保皇立宪,同以孙中山为代表的革命派展开论战。辛亥革命后,梁启超转而对辛亥革命进行讴歌和肯定,并一度进入北洋政府担任司法总长,之后反对袁世凯称帝和张勋复辟。1918 年底,梁启超赴欧,亲身了解到西方社会的许多问题和弊端。回国之后,随即宣扬西方文明已经破产,主张光大中华传统文化,用东方的"固有文明"来"拯救世界"。

③ 谭嗣同(1865—1898),湖南浏阳人,中国近代启蒙思想家、政治家,维新派中的激进分子。1898 年维新变法失败后被杀,年仅三十三岁,为世称的"戊戌六君子"之一。他拒绝别人请他逃走的劝告。他说:"各国变法,无不从流血而成,今中国未闻有因变法而流血者,此国之所以不昌也。有之,请自嗣同始。"就义前,他在狱中题写了著名的绝命诗《狱中题壁》:"望门投止思张俭,忍死须臾待杜根。我自横刀向天笑,去留肝胆两昆仑!"

与"友善"理念相关的精神资源。

康有为（1858—1927），广东南海人（人称康南海），是中国近代启蒙思想家、政治家，教育家。他出身于封建官僚地主家庭，从小受到严格的儒家教育，曾到广州在理学家朱次琦的门下学习"济人经世"之学，后到香港游历，对西学及基督教产生了兴趣，开始向西方寻找救国真理。1895年与弟子梁启超一起组织强学会，联合各省举人发动"公车上书"，策动维新变法。1898年6月16日，光绪帝在颐和园勤政殿召见康有为，任命他为总理衙门章京，准其专折奏事，筹备变法事宜。戊戌变法失败后康有为流亡海外，其思想日趋保守，坚持保皇立宪的改良主义立场，反对以孙中山为代表的革命党人以武力"终帝制、兴共和"的民主革命主张。辛亥革命后，康有为于1913年回国，定居上海辛家花园，主编《不忍》杂志，成为尊孔运动的精神领袖（发起成立孔教会，出任孔教总会会长）。1917年，康有为协助效忠前清的北洋军阀张勋发动复辟运动，拥立清废帝溥仪复位，不久即在北洋政府总理段祺瑞的讨伐下宣告失败。康有为从维新变法的先锋蜕变为反对革命的保皇党人，还参与张勋复辟的闹剧，可谓晚节不保。康有为著述甚多，《大同书》是其代表作之一。

"大同"一词出自《礼记·礼运》篇，表征"天下为公"的"大同"社会。其曰："大道之行也，天下为公，选贤与能，讲信修睦。故人不独亲其亲，不独子其子，使老有所终，壮有所用，幼有所长，矜鳏寡孤独废疾者，皆有所养，男有分，女有归。货恶其弃于地也，不必藏于己；力恶其不出于身也，不必为己。是故谋闭而不兴，盗窃乱贼而不作。故外户而不闭。是谓大同。"这展示了一幅"天下为公"的"大同"社会的美好画卷。康有为的《大同书》以设计"至平、至公、至仁"的"大同"世界为要旨。[1] 他说："大同之道，至平也，至公也，至仁也，治之至也。虽有善道，无以加此矣。"[2]

康有为在《大同书》中设计了一个与现实社会相对立的理想"大同"世界。

---

[1] 据《康南海自编年谱》，康有为在光绪十年(1884年)已开始孕育"大同"理想（"演大同主义"），1885年就"手定大同之制，名曰《人类公理》。戊戌变法之后他的"大同"理想进一步强化。在1901—1902年间写成了《大同书》，以后还陆续做了修订和增补。《大同书》成书后，作者对内容保密，"不以示人"，除了梁启超等少数门徒看过外，当时很少有人目睹该著的全文。到了1913年康有为回国后，也仅仅取书中的甲、乙两部分在《不忍》杂志上发表。1919年由上海长兴书局将甲、乙两部合刊印成单行本，书名为《大同书》。1935年（康有为去世后的第八年）才由其弟子钱定安将《大同书》全稿交中华书局出版。《大同书》充分展示了康有为的社会理想，他为此非常自豪，曾说："吾既闻道，既定'大同'，可以死矣！"

[2] 康有为：《大同书》，中国人民大学出版社2010年版，第7页。

他认为，现实社会是不合人道的苦境。该书尽情揭露当时社会各种各样的"苦"（如贫穷之苦、鳏寡之苦、孤独之苦、疾病无医之苦、刑狱之苦、苛税之苦、兵役之苦、压迫之苦、阶级之苦等），并指明诸苦之根源皆因"九界"而已。"九界"即国界、级界、种界、形界、家界、产界、乱界、类界、苦界。他认为，只要去掉这"九界"，就可以使人类乃至众生到达美好的"大同"境界。他认为，人类社会是循着"据乱世—升平世—太平世"的规律发展，最终达到人类大同，"夫大同太平之世，人类平等，人类大同，此固公理也"①。在"大同"社会里，去掉了"国界"，军队和监狱都不存在了，全世界合成一个公共政府，管理公共生产事业和人们的物质文化生活；消灭了"级界"，没有等级之分，也无种族之别，无帝王、君主、世爵、贵族，无主无奴，男女平等、各自独立；"家"也消解了，男女"婚姻之事不复名为夫妇"，儿女由政府抚养，人们生老病死之事"皆政府治之"；农、工、商皆归于公，人人劳动，生产力高度发展，人们过着美好的物质生活，文教也很发达，人人有高度的文化教养和道德修养，社会风气优良。总之，"大同之世人民极乐"②。

康有为的《大同书》描绘的"大同"社会，从形式上看带有空想社会主义色彩③。就内容实质来说，主要是以资产阶级的天赋人权、自由、平等、博爱的价值取向去否定封建君主专制的国家制度、封建家族宗法制度和封建等级制度，具有鲜明的民主主义性质。尽管康有为在《大同书》中提出了许多独到乃至精辟的见解，但由于当时的社会条件及康氏在政治实践上坚持改良、反对革命的立场的限制，幻想以"不忍之心"来救世④，他的这些见解也只能成为一种乌托邦式的空想。对此，毛泽东在《论人民民主专政》中做了这样的评论："康有为写了《大同书》，他没有也不可能找到一条到达大同的路。"⑤

---

① 康有为：《大同书》，中国人民大学出版社 2010 年版，第 73 页。

② 康有为：《大同书》，中国人民大学出版社 2010 年版，第 317 页。

③ 太平天国的平均主义、康有为的大同主义、孙中山的民生主义都带有空想社会主义的色彩。尽管康有为和孙中山的政治主张不同，但康有为在《大同书》中提出的理想境界和孙中山倡导的"天下为公"的思想有相通之处。所以，在 1911 年春天，时年 18 岁的毛泽东将他所认同的国家领导人的人选贴在湖南长沙一所学校的墙上："孙中山成为新中国的总统，康有为担任首相，梁启超是外交部长。"

④ 康有为坚持保皇、反对革命的理由之一是从法国大革命得来的"教训"，他认为法国大革命，大乱 80 年，杀人几百万；如中国闹革命，必大乱几百年不可，会导致生灵涂炭。

⑤ 《毛泽东选集》第四卷，人民出版社 1991 年版，第 1471 页。

2. 辛亥革命的博爱同期声

维新变法运动被血腥镇压，进一步暴露了清朝统治集团的腐朽与顽固不化，表明在半殖民地半封建的旧中国企图推动统治者走自上而下的改良道路是行不通的。虽然清廷在经历"庚子国难"（八国联军侵华镇压义和团，慈禧太后挟光绪帝西逃，清政府被迫签订《辛丑条约》）后，欲行"新政"（史称"清末新政"），宣布"预备立宪"，走改良乃至改革道路的希望重现，"立宪运动"随之兴起。但"皇族内阁"的表演使立宪派大失所望，转而支持革命。立宪派的加入给后来的"南北议和"埋下了伏笔，使革命带上温和的色彩。

坚持武装夺取政权的道路，"以革命求共和"是孙中山所领导的资产阶级民主革命的突出特点，也是革命派与改良派的根本区别所在。"孙中山先生是伟大的民族英雄、伟大的爱国主义者、中国民主革命的伟大先驱，一生以革命为己任，立志救国救民，为中华民族作出了彪炳史册的贡献。"[①] 不过，孙中山也曾主张走改良道路，"欲以和平之手段、渐进之方法请愿于朝廷，俾倡行新政"[②]，他认为"革命是不得已而为的事"[③]。他于 1894 年 6 月到天津向被称为晚清中兴"四大名臣"[④]之一的洋务派首领李鸿章上书，主张以西方国家为楷模，通过改良达到"人能尽其才、地能尽其利、物能尽其用、货能畅其流"之目的，[⑤] 但未有回音。这对孙中山是一个教训，使他看到了腐朽的清王朝已无可救药，方知"和平之法无可复施"。[⑥] 随后，他赴美寻找民族复兴之路。孙中山为当时中国的积贫积弱痛心疾首，第一个响亮喊出"振兴中华"的口号。1894 年 11 月 24 日，孙中山在檀香山茂宜岛创建兴中会。1905 年 8 月 20 日，兴中会与华兴会、光复会等革命团体联合起来组建中国同盟会。孙中山被公举为总理，确定《民报》为同盟会的机关报，确认"驱除鞑虏，恢复中华，创立民国，平均地权"为同盟会的政治纲领。

1911 年 10 月 10 日武昌起义成功，全国各地纷纷响应。1912 年元旦，孙中山在南京宣誓就任中华民国临时大总统。1912 年 2 月 12 日，清宣统帝宣布退位，统治中国几千年的君主专制制度自此终结。因武昌起义对于孙中山领导的

---

① 习近平：《继承孙中山精神，为振兴中华继续奋斗》，《人民日报》2016 年 11 月 12 日。
② 《孙中山全集》第一卷，中华书局 1981 年版，第 50 页。
③ 《孙中山全集》第六卷，中华书局 1983 年版，第 6 页。
④ 史界所称的"晚清中兴"四大名臣是曾国藩、李鸿章、左宗棠、张之洞。
⑤ 《孙中山全集》第一卷，中华书局 1981 年版，第 8 页。
⑥ 《孙中山全集》第一卷，中华书局 1981 年版，第 52 页。

整个革命进程而言，是经历十多次武装起义后首次获胜的起义，故称"武昌首义"或"武汉首义"。因那年是农历辛亥年，故将"起共和而终帝制"的革命称为"辛亥革命"。

孙中山提出的"驱除鞑虏，恢复中华"虽然与朱元璋提出的"驱逐胡虏，恢复中华"在形式上很相似，但二者有显著的区别，朱元璋领导的农民起义只是推翻了蒙元王朝的统治，在政治上没有根本制度的变革，而孙中山领导的辛亥革命则开创了完全意义上的中国近代民族民主革命，结束了封建君主专制制度，改造了数千年的国体与政体，是中国政治制度的根本变革。从这个意义上说，辛亥革命取得胜利了。所以，毛泽东认为辛亥革命"其实并不能说完全失败，辛亥革命有它的胜利，它打倒了直接依赖帝国主义的清朝皇帝"。[1]辛亥革命不仅使民主共和观念深入人心，使整个社会出现了"敢有言帝制自为者，全国人民必将共击之"的政治局面。从此以后，谁要再想做皇帝，就做不成了，正如梁启超所说："任凭你像尧舜那样贤圣，像秦始皇、明太祖那样强暴，像曹操、司马懿那样狡猾，再要想做中国皇帝，乃永远没有人答应。"[2]这无疑是中国政治现代化进程中一个质的飞跃。

孙中山的革命理论与实践蕴含着对"博爱"的追求与期许。孙中山将中国传统"仁爱"思想与西方基督教和启蒙思想家的"博爱"观进行糅合、淘铸，赋予自己的解释，使其博爱思想既带有中国传统道德的内涵，又包含西方伦理学和政治学的内涵，更富有时代精神和世界意识。

在孙中山看来，"博爱"与革命是统一的。为适应革命斗争的需要，孙中山将同盟会的政治纲领概括为三民主义。孙中山的三民主义包括民族主义、民权主义、民生主义。民族主义即民族独立的取得、民族革命的成功，是三民主义学说的基石，其内涵有一个从"排满"到"五族共和"的发展过程。为鼓动民众推翻清王朝的腐朽统治，以孙中山为首的革命派提出"驱除鞑虏，恢复中华"的"民族革命"纲领。南京临时政府成立之际孙中山转而将谋求国家统一与民族团结作为民族主义的诉求。《临时大总统宣言书》把国家统一归结为包括民族之统一等五个方面；在阐述民族之统一时提出："国家之本，在于人民。合汉、满、蒙、回、藏诸地为一国，如合汉、满、蒙、回、藏诸族为一人。是曰民族

---

[1] 《毛泽东文集》第二卷，人民出版社 1993 年版，第 403 页。
[2] 梁启超：《五十年中国进化概论》，载《饮冰室合集》之三十九，上海，中华书局 1989 年版。

之统一。"① 这是中华民族各族之间的博爱。1924 年 1 月，中国国民党第一次全国代表大会在广州召开。孙中山发展了三民主义，提出了"联俄、联共、扶助农工"的三大政策。大会通过的宣言重新诠释了民族主义。强调"民族主义，其目的在使中国民族得自由独立于世界"。

孙中山晚年在做三民主义讲演时，又把三民主义口号和法国大革命的"自由、平等、博爱"口号加以比较，强调博爱与民生主义的统一性。他说："法国的自由和我们的民族主义相同，因为民族主义是提倡国家自由的。平等和我们的民权主义相同，因为民权主义是提倡人民在政治之地位都是平等的，要打破君权，使人人都是平等的，所以说民权是和平等相对待的。此外还有博爱的口号，这个名词的原文是'兄弟'的意思，和中国'同胞'两个字是一样解法，普通译成博爱，当中的道理，和我们的民生主义是相通的。因为我们的民生主义是图四万万人幸福的，为四万万人谋幸福就是博爱。"② 孙中山的最高理想是以"博爱主义"推动实现"世界大同"，实现人类之博爱。

针对西方一些人士担心中国一旦觉醒和强大起来"就会是对全世界的一个威胁"的所谓"黄祸论"，孙中山精辟地指出，中国人是一个勤劳的、和平的、友善的民族，而绝不是好侵略的种族，如果他们进行过战争，那只是为了自卫。"中国的觉醒及开明政府的建立，不但对中国人，而且对全世界都有好处"；"一旦我们革新中国的伟大目标得以完成，不但在我们的美丽的国家将出现新纪元的曙光，整个人类也得以共享更为光明的前景"③。

在孙中山看来，"博爱"是"人类宝筏，政治极则"，是"吾人无穷之希望，最伟大之思想"。④ 除了不断的革命理论宣传和毕生的革命实践外，孙中山还通过题词方式，使他的博爱思想得以广泛传扬，他多次把"博爱"题词分赠给战友和国际友人，从而得到国内外有识之士的认同、尊敬与好评。据不完全统计，在孙中山存世的题词手迹中，"博爱"出现率最高，数量多达 64 幅。

孙中山的"博爱"情怀是伟大的，但其美好理想的实现面临着现实的严峻挑战。孙中山以清帝退位、袁世凯宣布赞成共和为条件辞去临时大总统职务。袁世凯窃取辛亥革命果实后建立独裁统治，进而冒天下之大不韪，复辟帝制，

---

① 《孙中山全集》第二卷，中华书局，1982 年版，第 2 页。
② 《孙中山全集》第九卷，中华书局，1986 年版，第 283 页。
③ 《孙中山全集》第一卷，中华书局，1981 年版，第 253、255 页。
④ 《孙中山全集》第三卷，中华书局，1984 年版，第 25 页。

失败后忧惧而亡，中国又进入军阀割据与混战时期。

辛亥革命结束了在中国延续几千年的君主专制制度，开创了完全意义上的近代民族民主革命，开启中国历史的共和纪元，打开了中国进步闸门，传播了民主共和理念，极大推动了中华民族思想解放，以巨大的震撼力和影响力推动了中国社会变革，但未能没有改变旧中国半殖民地半封建的社会性质，没有改变中国人民的悲惨命运，没有完成实现民族独立、人民解放的历史任务。"事实说明，不触动封建根基的自强运动和改良主义，旧式的农民战争，资产阶级革命派领导的革命，照搬西方资本主义的其他种种方案，都不能完成中华民族救亡图存的民族使命和反帝反封建的历史任务。要解决中国发展进步问题，必须找到能够指导中国人民进行反帝反封建革命的先进理论，必须找到能够领导中国社会变革的先进社会力量。"①

3. 新民主主义革命的人间正道

1915年9月15日，陈独秀创办《青年杂志》（1916年9月1日出版的第二卷第一号更名为《新青年》），发起新文化运动。新文化运动初期崇尚和宣扬的还是西方民主主义的思想文化，受俄国十月革命的影响，李大钊等先进知识分子迅速把视线转向俄国，讴歌十月革命，传播马克思主义，并以此推动反帝反封建的民主革命。1919年爆发的五四运动，是中国旧民主主义革命走向新民主主义革命的转折点，是一场以先进青年知识分子为先锋、广大人民群众参加的彻底反帝反封建的伟大爱国革命运动，是一场中国人民为拯救民族危亡、捍卫民族尊严、凝聚民族力量而掀起的伟大社会革命运动，是一场传播新思想新文化新知识的伟大思想启蒙运动和新文化运动，以磅礴之力鼓动了中国人民和中华民族实现民族复兴的志向和信心。"五四运动，以彻底反帝反封建的革命性、追求救国强国真理的进步性、各族各界群众积极参与的广泛性，推动了中国社会进步，促进了马克思主义在中国的传播，促进了马克思主义同中国工人运动的结合，为中国共产党成立做了思想上干部上的准备。"②1921年在马克思列宁主义同中国工人运动相结合的进程中，中国共产党应运而生。

"中国产生了共产党，这是开天辟地的大事变"，"自从有了中国共产党，中

---

① 《胡锦涛文选》第3卷，人民出版社2016年版，第522页。
② 习近平：《在纪念五四运动100周年大会上的讲话》，《人民日报》2019年5月1日。

国革命的面貌就焕然一新了"①。中国共产党成立后,团结带领人民前仆后继、顽强奋斗,把贫穷落后的旧中国变成日益走向繁荣富强的新中国,中华民族伟大复兴展现出前所未有的光明前景。

"为有牺牲多壮志,敢教日月换新天。"(毛泽东诗词《七律·到韶山》)面对强大的敌人和险恶的环境,以毛泽东为代表的中国共产党人,在推进马克思主义中国化过程中,坚持运用马克思主义阶级斗争理论与阶级分析方法解决中国革命的实际问题,强调分清敌、我、友,划清阶级界限。毛泽东《在延安文艺座谈会上的讲话》中评析"文艺的出发点是爱,是人类之爱"的观点时指出,"爱可以是出发点,但是还有一个基本出发点。爱是观念的东西,是客观实践的产物。我们根本上不是从观念出发,而是从客观实践出发。我们的知识分子出身的文艺工作者爱无产阶级,是社会使他们感觉到和无产阶级有共同的命运的结果。我们恨日本帝国主义,是日本帝国主义压迫我们的结果。世上决没有无缘无故的爱,也没有无缘无故的恨。至于所谓'人类之爱',自从人类分化成为阶级以后,就没有过这种统一的爱。过去的一切统治阶级喜欢提倡这个东西,许多所谓圣人贤人也喜欢提倡这个东西,但是无论谁都没有真正实行过,因为它在阶级社会里是不可能实行的。真正的人类之爱是会有的,那是在全世界消灭了阶级之后。阶级使社会分化为许多对立体,阶级消灭后,那时就有了整个的人类之爱,但是现在还没有。我们不能爱敌人,不能爱社会的丑恶现象,我们的目的是消灭这些东西。"②如此,是否"洒向人间都是怨"呢?其实不然!

"洒向人间都是怨"出自毛泽东的《清平乐·蒋桂战争》,指的是军阀混战给半殖民地半封建的旧中国带来的灾难和怨恨。而中国共产党领导的争取民族独立和人民解放的斗争尽管有流血牺牲,迎来的是"人间正道是沧桑"(毛泽东诗词《七律·人民解放军占领南京》),是大爱!此谓"萧瑟秋风今又是,换了人间。"(毛泽东诗词《浪淘沙·北戴河》)

在中国共产党领导的革命队伍里,正如毛泽东在《为人民服务》讲演中所指出:"我们都是来自五湖四海,为了一个共同的革命目标,走到一起来了。""我们的干部要关心每一个战士,一切革命队伍的人都要互相关心,互相爱护,互相帮助。"③这种"互相关心,互相爱护,互相帮助"的氛围滋养的纯洁的同志

---

① 《毛泽东选集》第四卷,人民出版社1991年版,第1514,1357页。

② 《毛泽东选集》第三卷,人民出版社1991年版,第870—871页。

③ 《毛泽东选集》第三卷,人民出版社1991年版,第1005页。

爱、纯真的战友情使革命队伍的凝聚力与日俱增。

诚然，在阶段性的"惩前毖后，治病救人"的整肃或整风运动中，受苏联肃反扩大化影响及中国共产党内"左"倾错误的干扰，出现过"残酷斗争、无情打击"的现象，但这些现象事中或事后得到了不同程度的克服与纠正。同时，中国共产党运用统一战线这个法宝，团结一切可以团结的力量。即使在你死我活的战场上，也要求我们的战士既要排除万难、争取胜利，又要遵守"缴枪不杀""优待俘虏"的纪律；在反敌特斗争及打击其他犯罪分子的斗争中，实行"坦白从宽、抗拒从严""将功折罪""重做新人"等政策；甚至对"战犯"和"末代皇帝"也实行既往不咎悔过自新的宽大政策（经过一定时期的改造后予以特赦使其重做新人）。而聂荣臻将军与他的"日本女儿"的故事则生动展现了中国共产党人博大的胸襟和仁爱情怀。这些友善的革命人道主义方略体现了尊重和保障基本人权的博爱精神，构成中国革命道德传统的重要内容。正因为中国共产党在革命斗争中既遵循天道（社会发展客观规律），又顺应人道（赢得民心），才使得"农村革命根据地星火燎原""抗日根据地烽火不息""解放区的天是明朗的天"，从"黄洋界上炮声隆"发展到"百万雄师过大江"，迎来了"虎踞龙盘今胜昔，天翻地覆慨而慷""天若有情天亦老，人间正道是沧桑"（毛泽东诗词《七律·人民解放军占领南京》）。正如革命先烈方志敏在狱中遗作《可爱的中国》一文中展望新中国的美景时所描绘的那样："到处都是活跃的创造，到处都是日新月异的进步。欢歌将代替了悲叹，笑脸将代替了哭脸，富裕将代替了贫穷，康健将代替了疾病，智慧将代替了愚昧，友爱将代替了仇恨，明媚的花园将代替了暗淡的荒地！"

【延伸阅读】聂荣臻将军与他的"日本女儿"

揭开尘封的往事，在20世纪40年代的华北大地上，发生过一段"将军救孤"的动人故事。1940年8月，八路军在华北地区对日寇发动了规模巨大的"百团大战"。在一场激烈的战斗中，聂荣臻所率领部队中的两名战士从炮火中救出两个日本小姑娘。

聂将军得知后，如同对待自己的女儿一样关怀这两位女孩，亲临看望，并指示将她们送回日军驻地。

时光荏苒，时代巨变。1972年，中日恢复外交关系，两国关系正常化。1980年5月29日，《人民日报》刊登了一位抗日老战士的文章《日本小姑娘，你在哪里？》，将这段故事公之于众，引起了热烈反响。日本媒体对聂将军在 40 年后还记挂着日本小姐妹十分感动，很快就找到当年的姐姐，就是住在日本宫崎县都城市的美穗子。随后，中日友协盛情邀请美穗子一家访华，年过八旬的聂帅于 1980 年 7 月 14 日在北京接见了美穗子一家。此事成为中日友好的一段美谈。

2015 年 5 月 23 日，国家主席习近平在北京人民大会堂出席中日友好交流大会并发表重要讲话时指出："中日一衣带水，2000 多年来，和平友好是两国人民心中的主旋律，两国人民互学互鉴，促进了各自发展，也为人类文明进步作出了重要贡献。"近代以后，由于日本走上对外侵略扩张道路，中日两国经历了一段惨痛历史，给中国人民带来了深重灾难。20 世纪 70 年代，毛泽东、周恩来、邓小平和田中角荣、大平正芳等两国老一代领导人，以高度的政治智慧，做出重要政治决断，克服重重困难，实现了中日邦交正常化，并缔结了和平友好条约，开启了两国关系新纪元。

当年，日本军国主义犯下的侵略罪行不容掩盖，历史真相不容歪曲。对任何企图歪曲美化日本军国主义侵略历史的言行，中国人民和亚洲受害国人民不答应，相信有正义和良知的日本人民也不会答应。前事不忘，后事之师。牢记历史，是为了开创未来；不忘战争，是为了维护和平。

我们认为，日本人民也是那场战争的受害者。抗日战争结束后，中国人民以德报怨，帮助百万日侨重返家园，把数千名日本战争遗孤抚养成人，显示了中国人民的博大胸怀和无疆大爱。

"说句心里话，我时常牵挂。一个家在东瀛，一个家在中华。说句实在话，我也有恨。战争的悲剧永远记住它。虽然回到祖国，难忘中国的家。"一段唱词虽经改编，但旋律仍熟悉的歌曲于 2015 年 7 月 15 日晚在中日友好协会和平宫内响起。

演唱者是二十多位日本老人，他们是侵华日军遗孤。唱得难说专业，但动人处在于真情流露，曲未毕，泪已垂。

2015 年 7 月 11 日至 16 日，由 54 名日本遗孤组成的"东京日中友好之会感恩团"自费来华，看望和拜祭中国养父母，与中国友人共叙情谊。这是继 2009 年 11 月之后，感恩团第二次踏上中国的土地。

时值中国人民抗战胜利 70 周年，日本遗孤来访的意义特殊。

70 年前的那场战争，不仅给中国人民带来深重灾难，日本人民也深受其害，战争遗孤正是日本最直接的受害者。1945 年二战结束后，有超过 4000 名日本孩子被遗弃在中国，与亲生父母分离。幸运的是，好心的中国人收养了他们。他们在中国度过童年和青年时代，中日邦交正常化后，他们回到了日本被称为"中国归国者"。

二、友善价值观在雷锋精神中闪光

"一唱雄鸡天下白"（毛泽东诗词《浣溪沙·和柳亚子先生》）。1949 年 10 月 1 日，中华人民共和国宣告成立，开创了中国历史新纪元。

中华人民共和国成立后不久，在医治战争创伤、恢复国民经济的基础上，人民政府以"和平赎买"的友善方式改造资本主义工商业，成功地实现了从新民主主义向社会主义的转变，确立了社会主义基本制度，为开创中国特色社会主义奠定了政治前提和制度基础。

1956 和 1957 年，毛泽东先后发表《论十大关系》和《关于正确处理人民内部矛盾的问题》等重要讲话，提出以苏为鉴，探索适合中国国情的社会主义建设道路的任务和百花齐放、百家争鸣的方针，强调要调动一切积极因素，为把我国建设成为一个强大的社会主义国家而奋斗。1956 年召开的中共八大指出国内主要矛盾已不再是工人阶级和资产阶级的矛盾，党和国家的主要任务是集中力量发展生产力，实现国家工业化，逐步满足人民日益增长的物质文化需要。1957 年毛泽东提出"我们的目标，是想造成一个又有集中又有民主，又有纪律又有自由，又有统一意志、又有个人心情舒畅、生动活泼，那样一种政治局面"[①]。

随着社会主义改造的基本完成和社会主义建设的全面展开，社会生活中洋溢着友善的气息，人与人之间的关系建立在共同的希望、共同的追求、共同的奋斗目标和共同的根本利益上，整个社会充满和谐友爱的氛围，呈现"春风杨柳万千条，六亿神州尽舜尧"（毛泽东诗词《七律·送瘟神》）的人心向善、社会风尚健康向上的社会气象（新中国将末代皇帝溥仪改造成新社会的普通公民就是鲜明的例证）。新中国成立以后，经过全国人民的共同努力，逐步在全国各民族之间、军民之间，干群之间，家庭内部和邻里之间，以至人民内部的一切

---

① 《毛泽东年谱》（一九四九——一九七六）第三卷，中央文献出版社 2013 年版，第 192 页。

相互关系上，建立和发展了团结友爱、平等互助的社会主义新型人际关系。

然而，"天有不测风云"。由于曾经长期处于战争和阶级斗争的环境中所形成的惯性思维方式的影响，党和政府对于迅速到来的社会主义社会和全国规模的社会主义建设尚缺乏充分的思想准备和系统的科学研究，再加上国际形势的变化及中苏论战引发的两国关系逐步恶化的影响，从 1957 年夏反右派斗争扩大化开始，中共八大关于我国社会主要矛盾的正确判断被调整，"斗争哲学"和"以阶级斗争为纲"等话音渐强，"左"的错误升级，直至发生"文化大革命"这样全局性的错误。

20 世纪 70 年代末，随着"文革"的结束，中共十一届三中全会的召开推动了党和国家工作重心的转移，我国进入新的历史时期。以邓小平、江泽民、胡锦涛、习近平为代表的中国共产党人，以巨大的政治勇气、理论勇气、实践勇气坚持以经济建设为中心，启动和推进改革开放这场新的伟大革命，在改革开放的接力探索中成功地开创、坚持和发展中国特色社会主义。友善价值观也伴随着中国特色社会主义的乐章闪亮登场。

2001 年中共中央颁布《公民道德建设实施纲要》，确定倡导"爱国守法，明礼诚信，团结友善，勤俭自强，敬业奉献"的公民基本道德规范。2006 年中共十六届六中全会首次明确提出"社会主义核心价值体系"的科学概念和"建设社会主义核心价值体系"的战略任务，并阐明了社会主义核心价值体系的基本内容。2012 年中共十八大把加强社会主义核心价值体系建设作为推进社会主义文化强国建设的重大举措，首次明确提出"倡导富强、民主、文明、和谐，倡导自由、平等、公正、法治，倡导爱国、敬业、诚信、友善，积极培育和践行社会主义核心价值观"，"友善"位列其中。这是继 2001 年中共中央颁布的《公民道德建设实施纲要》将友善纳入二十字公民基本道德规范之后对友善价值观的进一步彰显与提升。这样，友善就不仅是公民基本道德规范之一，而且成为社会主义核心价值观的重要内容。

虽然友善作为公民基本道德规范和社会主义核心价值观的关键词之一是进入 21 世纪后才写入中国共产党的重要文献，但中华人民共和国成立以来，友善之光不断在新中国大地上闪耀，并且在"雷锋精神"中聚焦闪光。

1. 雷锋的故事与雷锋精神

雷锋，是中国人民非常熟悉的名字，雷锋的故事家喻户晓，雷锋精神哺育和激励了一代又一代人成长。

【延伸阅读】雷锋的故事

雷锋 (1940 年 12 月 18 日—1962 年 8 月 15 日)，男，汉族，原名雷正兴。1940 年，雷锋出生在湖南省长沙市望城县 (今望城区雷锋镇) 一个贫苦农民家庭。他 7 岁就成了孤儿。中华人民共和国成立后，他上学读书，参加了工作。1954 年，雷锋加入中国少年先锋队，1960 年 1 月 8 日，应征入伍成为一名中国人民解放军战士，同年 11 月加入中国共产党。他被编入沈阳部队工程兵某部运输连四班当驾驶员，努力钻研技术，后任班长。在部队的两年零八个月中，雷锋在平凡的岗位上做出了不平凡的事迹，荣立二等功一次，三等功三次，团、营嘉奖多次，被评为"节约标兵"和"模范共青团员"，被誉为"毛主席的好战士"，并当选为抚顺市人民代表大会代表。

雷锋刻苦学习毛主席著作，牢固树立科学的世界观、人生观和价值观。他在日记中写道："人不吃饭不行，打仗没有武器不行，开车没有方向盘不行，干革命没有毛泽东思想不行！""时时刻刻都要以马克思列宁主义、毛泽东思想来做自己的思想行动的指导。"[①] "吃饭是为了活着，但活着不是为了吃饭。"[②] "人的生命是有限的，可是，为人民服务是无限的，我要把有限的生命，投入到无限的为人民服务之中去。"[③] "我要做一个有利于人民，有利于国家的人。如果说这是'傻子'，我是甘心情愿做这样的'傻子'的，革命需要这样的'傻子'，建设也需要这样的'傻子'。"[④]

雷锋对待同志像春天般的温暖、关心别人比关心自己为重，把"全心全意为人民服务"的信念化作助人为乐的实际行动。雷锋助人为乐的特点是从小事做起，从身边的一点一滴做起，帮助身边的人。他自己省吃俭用，把节省下来的钱支援灾区人民。在列车上，他看到列车员忙不过来，就主动帮助扫地、擦桌子、给旅客倒水、帮助妇女抱小孩、给老年人找座位、帮助中途下车的旅客拿行李；在建筑工地，他参加义务劳动；在出差的路上，他帮助老人找儿子，冒雨把带孩子的妇女送回家。人们称赞他"出差一千里，好事做了一火车"。

① 《雷锋日记》，解放军文艺出版社 1963 年版，第 7 页。
② 《雷锋日记》，解放军文艺出版社 1963 年版，第 88 页。
③ 《雷锋日记》，解放军文艺出版社 1963 年版，第 59 页。
④ 《雷锋日记》，解放军文艺出版社 1963 年版，第 14 页。

1962 年 8 月 15 日，雷锋在执行运输任务时发生的意外事故中不幸殉职，时年 22 岁。1963 年 1 月 7 日，国防部命名他生前所在班为"雷锋班"。1963 年 3 月 5 日，毛泽东"向雷锋同志学习"的题词在《人民日报》发表（刘少奇、周恩来、朱德、邓小平、陈云、董必武等中央领导同志也分别题词），引起全社会的广泛响应。雷锋的故事随即在社会传播开来，《雷锋日记》成为人们最喜爱的读本，《学习雷锋好榜样》的歌声传遍神州大地。后来经中共中央研究决定，把 3 月 5 日定为向雷锋同志学习日。从此，雷锋这个响亮的名字深深地刻在一代又一代中国人的脑海里，成为我们时代的精神坐标。

雷锋是实践社会主义、共产主义思想道德的楷模，他以短暂的一生谱写了壮丽的人生诗篇，树起了一座令人景仰的思想道德丰碑，是我们学习的光辉榜样。"雷锋精神是以雷锋的名字命名的、通过雷锋言行事迹所表现出来的，以雷锋先进思想、高尚品德和崇高追求为基本内涵的伟大精神。"[①]

雷锋精神产生于社会主义建设时期，光大于改革开放新时期，已成为全社会的道德标杆、精神标识、文明标记，是党和人民极为宝贵的精神财富，在社会进步中不断焕发光彩，在时代发展中不断散发魅力。

雷锋精神具有丰富的内涵，它所蕴含的热爱党、热爱祖国、热爱社会主义的崇高理想和坚定信念，它所体现的服务人民、助人为乐的奉献精神，它所反映的忠于职守、干一行爱一行、专一行精一行的敬业精神，它所折射的锐意进取、自强不息的创新精神，它所表达的艰苦奋斗、勤俭节约的创业精神等构成中华民族精神和时代精神的重要内容。2012 年中共中央办公厅印发的《关于深入开展学雷锋活动的意见》指出，雷锋精神体现了中华民族的传统美德，顺应了社会进步的时代潮流，彰显了我们党的先进本色，内涵十分丰富、意蕴十分深刻，是一面永不褪色、永放光芒的旗帜。当前，要大力弘扬雷锋热爱党、热爱祖国、热爱社会主义的崇高理想和坚定信念，弘扬雷锋服务人民、助人为乐的奉献精神，弘扬雷锋干一行爱一行、专一行精一行的敬业精神，弘扬雷锋锐意进取、自强不息的创新精神，弘扬雷锋艰苦奋斗、勤俭节约的创业精神。

---

① 《雷锋精神学习读本》，人民出版社、学习出版社 2012 年版，第 3 页。

2. 雷锋精神与友善价值观的契合

任何一种价值理念的传播和弘扬，都要借助于一定的载体。社会主义核心价值观是高度凝练的价值理念，要让人们认知认同，需要有形象的表达。雷锋以其亲身经历、点滴小事和朴实的话语为我们形象地阐释了社会主义核心价值观的深刻内涵。雷锋精神的内涵与社会主义核心价值观的内容具有多方面的交融、交集与契合性，与作为公民个人层面的基础价值准则的友善具有更直接的高度契合性。像雷锋那样做人做事，就是培育和践行友善价值观的有效载体。从雷锋的身上，人们感受到了友善的道德力量和精神价值。中共中央办公厅印发的《关于深入开展学雷锋活动的意见》指出，开展学雷锋活动要着眼于建设社会主义核心价值体系，着眼于推进社会公德、职业道德、家庭美德、个人品德建设，着眼于提升公民思想道德素质和社会文明程度，以传承和弘扬雷锋精神为主题，以青少年为重点，以社会志愿服务为载体，贴近实际、贴近生活、贴近群众，创新内容、创新形式、创新手段，广泛进行雷锋事迹、雷锋精神和雷锋式模范人物的宣传教育，广泛开展学雷锋实践活动和社会志愿服务活动，广泛普及爱国、敬业、诚信、友善基本道德规范，推动学雷锋活动常态化、机制化，形成践行雷锋精神、争当先进模范的生动局面。中共中央办公厅印发的《关于培育和践行社会主义核心价值观的意见》要求："大力弘扬雷锋精神，广泛开展形式多样的学雷锋实践活动，采取措施推动学雷锋常态化。"[1]

雷锋精神的核心价值与本质要求是奉献精神和服务意识，就是为人民服务。雷锋把自己定位为"人民的勤务员"。新形势下深入开展学雷锋活动，要准确把握雷锋精神与友善价值观的契合点，以雷锋的"自己活着，就是为了使别人过得更美好"[2]的无私奉献精神激励自己，以当"人民的勤务员"为荣，在为人民服务中践行友善价值观。

雷锋是时代发展中永不过时的友善符号。雷锋短暂的一生没有石破天惊的壮举，但他充满爱心、乐于助人、甘于奉献，用平凡的小事成就了不平凡的追求。雷锋同志身上充分展现了友善的正能量。雷锋经常向需要帮助的素不相识的陌生人伸出友善之手，他服务人民、助人为乐的友善之举不分亲疏远近，不在乎彼此的"血缘关系"，不在意是否"同窗同乡"，更不求"回报"。雷锋精神体现的是平凡人可以随时做到的平凡事，可亲、可信、可学、可为，这正是雷

---

① 《关于培育和践行社会主义核心价值观的意见》，人民出版社 2013 年版，第 15 页。
② 《雷锋日记》，解放军文艺出版社 1963 年版，第 59 页。

锋精神的活力之源。我们每个人都应将雷锋精神根植心间、落实到行动中，从自己做起、从身边做起、从点滴小事做起。学雷锋，重在实践、贵在坚持，"雷锋叔叔三月来四月走"，是人们对个别地方一度出现的学雷锋形式主义、"一阵风"的讽喻。只有努力把弘扬雷锋精神与各种形式的培育和践行社会主义核心价值观的文明创建活动结合起来，使之成为一项经常性工作，深入持久扎实地开展起来，才能使雷锋精神永远传承下去、不断发扬光大。

3. 当代中国"活雷锋"

雷锋是新中国成立以来最突出的英雄模范人物。50 多年来，在毛泽东、邓小平、江泽民、胡锦涛、习近平等领导人的亲切关怀和倡导下，学雷锋活动在全国各地蓬勃开展，雷锋精神在广大干部和群众中广为传扬，涌现出了一大批雷锋式的先进集体和模范人物（如江苏南京火车站"158"雷锋服务站，郭明义和"郭明义爱心团队"，吴天祥和"吴天祥小组"，在抗击 5·12 汶川大地震和 4·20 雅安地震中、在 2008 年北京奥运会和 2010 年上海世博会上的志愿者等，他们是中国"当代活雷锋"），产生了广泛而深远的社会影响。2014 年 3 月11 日，中共中央总书记、国家主席、中央军委主席习近平出席十二届全国人大二次会议解放军代表团全体会议，接见部分基层代表时，对某工兵团"雷锋连"指导员谢正谊说，雷锋精神是永恒的，是社会主义核心价值观的生动体现。你们要做雷锋精神的种子，把雷锋精神广播在祖国大地上。

【延伸阅读】"雷锋传人"郭明义

郭明义，男，汉族，1958 年 12 月出生于辽宁省鞍山市一个普通的矿工家庭。1977 年，他从鞍钢参军。由于在部队表现突出，1980 年光荣加入中国共产党。他曾在全师汽车驾驶员大比武中，获得理论考试和实际操作的"双料冠军"，并被师党委命名为"全师学雷锋标兵"。1982 年复员后，郭明义一直在鞍钢矿业公司齐大山铁矿工作。1996 年至今，担任齐大山铁矿生产技术室采场公路管理员。他敬业奉献，勇挑重担，在鞍钢的 30 年里，先后在七个不同的岗位上工作。可他无论做什么都兢兢业业、任劳任怨，干一行爱一行、钻一行精一行，创造了一流的业绩。在如今的采场公路管理员岗位上，他每天提前 2 个小时到岗，巡查、维护公路，双休日、节假日也不休息。他以雷锋为榜样，把扶危救困、助人为乐当成毕生天职，捐款 12 万多元，资助了 180 多名贫困生，给

400 多个困难家庭送去温暖和希望，而自己却甘于清贫，过着简单朴素的生活，被称为"雷锋传人"；他无偿献血的总量达到 6 万多毫升，相当于自身全部血量的 10 余倍；他是鞍山市第一批造血干细胞捐献志愿者、第一批眼角膜捐献志愿者、第一批遗体器官捐献志愿者；他发起成立的"郭明义爱心团队"有来自全国各地的数万名志愿者参与。他先后荣获了鞍钢劳动模范、鞍山市特等劳动模范、辽宁省希望工程突出贡献奖、全国无偿献血奉献奖金奖、中央企业优秀共产党员、全国五一劳动奖章、全国优秀共产党员等荣誉称号。

　　2010 年 8 月，时任中共中央总书记胡锦涛同志对鞍山钢铁集团郭明义同志先进事迹做出重要批示："郭明义同志是助人为乐的道德模范，是新时期学习实践雷锋精神的优秀代表。要大力宣传和弘扬郭明义同志的先进事迹和崇高品德，为构建社会主义和谐社会提供强大精神力量。"2010 年 10 月 14 日到 11 月 5 日，郭明义先进事迹报告团在重庆、新疆、湖南、广东、江苏、吉林等 10 个省、自治区、直辖市做了巡回报告，在全国各地引起强烈反响和共鸣。2011 年 2 月 14 日，郭明义被评为"2010 年感动中国人物"。[1]2011 年 7 月，由辽宁省委宣传部制作、鞍钢集团等投资拍摄的电影《郭明义》在全国公映，受到广大观众的热烈欢迎和高度赞扬，并在中国第 21 届电影华表奖评选中荣获最佳故事片奖。此外，2011 年 9 月 20 日，在第三届全国道德模范评选中郭明义荣获全国助人为乐模范称号；2012 年 3 月 2 日，中央精神文明建设指导委员会授予郭明义"当代雷锋"荣誉称号；2012 年 11 月 14 日，郭明义当选为中国共产党第十八届中央委员会候补委员；2013 年 10 月 22 日，郭明义当选为全国总工会兼职副主席。同年 3 月 6 日，中共中央总书记、国家主席习近平参加十二届全国人大一次会议辽宁代表团的审议时指出，雷锋、郭明义、罗阳身上所具有的信念的能量、大爱的胸怀、忘我的精神、进取的锐气，正是我们民族精神的最好写照，他们都是我们"民族的脊梁"。要充分发挥各方面英模人物的榜样作用，大力激发社会正能量，为实现"中国梦"提供强大精神动力。2014 年 3 月 5 日"学雷锋日"到来之际，习近平给"郭明义爱心团队"回信，对他们服务社会、助人为乐、爱岗敬业的精神给予充分肯定："雷锋精神，人人可学；奉献爱心，处处可

---

[1]　面对郭明义，感动中国人物推选委员王振耀说，长期奉献不计报酬，于普通岗位拓展慈善，的确是当代雷锋。感动中国人物推选委员阎肃说，谁言雷锋去？请看郭明义。盈怀热心肠，满腔浩然气！感动中国人物颁奖辞这样描述郭明义：他总替别人，还需要什么；他总问自己，还能多做些什么。他舍出的每一枚硬币、每一滴血都滚烫火热。他越平凡，越发不凡；越简单，越彰显简单的伟大。

为。积小善为大善，善莫大焉。当有人需要帮助时，大家搭把手、出份力，社会将变得更加美好。"他希望"爱心团队"努力践行社会主义核心价值观，积极向上向善，从"赠人玫瑰、手有余香"中感受善的力量，以实际行动书写新时代的雷锋故事，为实现中国梦有一分热发一分光。

【延伸阅读】南京站"158"雷锋服务站

"158"，谐音"义务帮"。这个服务站是南京火车站专为老幼病残孕等旅客设置的。"158"前身是军人母婴候车室，始于1968年，2000年3月26日更名为"158"工作室，在全国铁路系统属首家。京沪高铁开通后不久，更名为"158"雷锋服务站。其主要职能是为在旅途过程中需要重点帮助的"老、弱、幼、病、残、孕"等提供接送站、找人寻物等免费服务。从1968年全国劳模、客运员李慧娟自发学雷锋做好事，到如今的"158"雷锋服务站，50多个年头，服务站四代人，130多名员工接力奉献，累计帮助困难旅客100多万人次，带动3000多名铁路职工参与志愿服务，涌现出四代劳模，被南来北往的旅客称为"温馨的家"，成为旅客心中"爱的驿站"。50多年来，荣誉和掌声从未间断。2000年以来，"158"雷锋服务站收到感谢信近万封，锦旗200多面。而"158"的客运员们始终坚守在平凡的岗位上，为这个爱心驿站注入温暖，一点一滴画起一道向上的曲线，彰显着仁爱、友善、奉献的精神追求，成为新时期学雷锋的优秀代表。2015年5月中共中央宣传部授予南京火车站"158"雷锋服务站"时代楷模"荣誉称号，号召全社会学习他们的先进事迹。在上海铁路局南京站的感召下，已有20多所高校在"158"（"义务帮"）雷锋服务站建立志愿服务基地，全国160多家车站、480多趟列车与之建立联动服务机制，带动了学雷锋活动在全国万里铁道线上蓬勃开展。

弘扬雷锋精神是践行友善核心价值观的鲜活载体。包括"友善"在内的公民个人层面的社会主义核心价值观的提出，赋予学雷锋活动新的内涵。伟大时代孕育伟大精神，伟大精神推动伟大事业。雷锋精神具有穿越时空的恒久生命力。雷锋精神是常新的，应结合社会环境的深刻变化，深入挖掘雷锋精神的当代价值，赋予其鲜明的时代内涵，坚持以创新精神推进学雷锋活动，使学雷锋活动常做常新，不断焕发出生机活力。

三、友善价值观在志愿服务中闪耀

志愿服务是现代社会文明进步的重要标志。我国的志愿服务作为伴随改革开放出现的新生事物，是学雷锋活动在新形势下的延续和扩展，是加强精神文明建设、培育和践行社会主义核心价值观的重要内容和载体。中共中央办公厅印发的《关于培育和践行社会主义核心价值观的意见》提出，要"以城乡社区为重点，以相互关爱、服务社会为主题，围绕扶贫济困、应急救援、大型活动、环境保护等方面，围绕空巢老人、留守妇女儿童、困难职工、残疾人等群体，组织开展各类形式的志愿服务活动，形成我为人人、人人为我的社会风气"[①]。发展志愿服务事业是培育和践行包括友善在内的社会主义核心价值观的有力抓手，友善之光正在志愿服务中闪耀。

1. 志愿者与志愿服务

志愿者是英文 volunteer 的中文译名（而 volunteer 一词来源于拉丁文"voluntas"，意为"意愿"），是对从事志愿服务工作者的简称。在我国香港和台湾地区，志愿者被称作"义工"或"志工"（在香港地区称为"义工"，在台湾地区称为"志工"）。虽然，学术界对志愿者的概念目前还没有统一的定义，但已经有一些约定俗成的权威性的诠释。如联合国前秘书长科菲·安南指出："志愿者是指在不为物质报酬的情况下，基于道义、信念、良知、同情心和责任，为改进社会而提供服务，贡献个人的时间及精力的人和人群。"[②]《中国注册志愿者管理办法》指明："志愿者是指不以物质报酬为目的，利用自己的时间、技能等资源，自愿为国家、社会和他人提供服务的人。"

志愿服务（Volunteer Service）是指志愿者个人或群体自愿、无偿地服务他人和社会的公益性活动，具有自愿性、自主性、无偿性、公益性等特点。古希腊罗马的至善理念、基督教的博爱思想，西方近现代的人本主义与人文精神，中华民族扶贫济困、乐善好施的传统美德和服务人民、助人为乐的雷锋精神等都蕴含着志愿服务理念。

现代志愿服务发端于 19 世纪西方宗教慈善活动以及英美和西欧大陆的乡镇和社区的互助文化，已有百余年的历史。在第二次世界大战之后，志愿服务活

---

① 《关于培育和践行社会主义核心价值观的意见》，人民出版社 2013 年版，第 15 页。
② 冯英、张惠秋、白亮编著：《外国的志愿者》，中国社会出版社 2008 年版，第 1 页。

动在西方各国广泛开展起来，并且日益向组织化、常态化和专业化方向发展。我国正式的志愿服务始于 20 世纪 90 年代，成立于 1990 年的深圳义工联是我国内地第一个正式注册的志愿者组织。1993 年底，共青团中央发起实施中国青年志愿者行动。1994 年 12 月 5 日，由志愿从事社会公益事业与社会保障事业的各界青年组成的全国性社会团体——中国青年志愿者协会，依法成立。共青团中央、中国青年志愿者协会确定从 2000 年开始，把每年 3 月 5 日作为"中国青年志愿者服务日"。

中国青年志愿者行动实施以后，志愿服务在我国日益广泛地发展起来，全社会对志愿服务的认知和认同度不断提升，志愿服务队伍逐步扩大。2007 年 9 月由团中央、中国青年志愿者协会共同主办的中国志愿服务信息资料研究中心在中国青年政治学院成立。从汶川大地震的抗震救灾到服务北京奥运会都闪现着志愿者无私无畏、不辞辛劳、真诚奉献的靓丽身影（据不完全统计，2008 年累计有超过 170 万名志愿者奔赴灾区参加抗震救灾和灾后重建，有约 10 万人直接服务北京奥运会、残奥会）。2008 年 10 月 6 日，中央精神文明建设指导委员会发布《关于深入开展志愿服务活动的意见》（中央文明委〔2008〕6 号）。《意见》指出，志愿服务是现代社会文明进步的重要标志，是精神文明建设的重要抓手。在全面建设小康社会、加快推进社会主义现代化建设的新形势下，组织开展志愿服务活动，动员人们自愿、无偿地为他人和社会提供服务，有利于不断满足人们日益增长的精神文化需求，促进社会主义文化的繁荣发展；有利于有效弥补政府服务和市场服务的不足，扩大公共服务能力，促进社会公平正义，推动和谐社会建设；有利于深入推进社会主义思想道德建设，增强人们的社会责任意识，形成"我为人人、人人为我"的社会氛围。

2010 年上海世博会是志愿者人数最多的世博会，志愿者共分 13 批次向游客提供了 129 万班次 1000 万小时约 4.6 亿人次的服务，而"世界在你眼前，我们在你身边"的志愿者主题口号以及"志在、愿在、我在"等志愿者副口号则生动诠释了"奉献、友爱、互助、进步"的志愿精神。此后，从广州亚运会到北京世界园艺博览会等都让人们感受到中国志愿者队伍正在不断壮大。

伴随我国改革开放的深化和社会发展进程的推进，青年志愿者行动的服务领域不断拓展，组织网络逐步健全，志愿者队伍日益壮大。据不完全统计，青年志愿者行动已动员 1 亿多人次青年在扶贫开发、社区建设、环境保护、大型活动、抢险救灾、抗震救灾、海外援助等领域提供大量的志愿服务，初步形成了由各级协会及数个社区服务站组成的青年志愿服务组织网络。

中国青年志愿者行动得到党和国家领导人的热情的扶持和关心。江泽民1997 年底为中国青年志愿者亲笔题名，2001 年 1 月又对青年志愿者工作做出重要批示。胡锦涛多次对青年志愿者工作做出批示，曾多次参加青年志愿者的活动。中共十六届六中全会通过的《中共中央关于构建社会主义和谐社会若干重大问题的决定》提出："以相互关爱、服务社会为主题，深入开展城乡社会志愿服务活动，建立与政府服务、市场服务相衔接的社会志愿服务体系。"中共十七大报告进一步提出："深入开展群众性精神文明创建活动，完善社会志愿服务体系，形成男女平等、尊老爱幼、互爱互助、见义勇为的社会风尚。"中共十八大再次强调"深化群众性精神文明创建活动，广泛开展志愿服务"。中共十八届三中全会通过的《中共中央关于全面深化改革若干重大问题的决定》要求"支持和发展志愿服务组织"。

2013 年 12 月 5 日，在中国青年志愿者行动实施 20 周年暨第 28 个国际志愿者日之际，中共中央总书记习近平给华中农业大学"本禹志愿服务队"回信，肯定他们在服务他人、奉献社会中取得的成绩和进步，勉励他们弘扬志愿精神，为实现中华民族伟大复兴的中国梦作出新的更大贡献，并向这支志愿服务队和全国广大青年志愿者致以诚挚问候和崇高敬意。习近平总书记热情洋溢的回信给"本禹志愿服务队"的志愿者们、华中农业大学师生及全国青年志愿者带来极大的鼓舞和激励。全国各地的青年志愿者们对总书记的鼓励倍感振奋，对志愿工作的未来充满了期待。

2014 年 9 月 23 日，国务院总理李克强在给吉林大学白求恩志愿者协会的回信中称："志愿者是一张响亮的名片，世界因为你们而精彩。"2014 年 12 月 5日，在第 29 个国际志愿者日到来之际，中宣部、中央文明办、中国志愿服务联合会在中国网络电视台向全社会公开发布叶如陵等 11 位"最美志愿者"的先进事迹。发布活动现场宣读了《中共中央宣传部、中央文明办、中国志愿服务联合会关于叶如陵等"最美志愿者"的表彰决定》，播放了反映他们先进事迹的短片，现场展示并诵读了反映他们先进事迹的楹联和诗词，主持人对"最美志愿者"成员代表进行采访，"时代楷模"吴亚琴向他们颁发了"最美志愿者"荣誉证书。

2015 年 5 月 20 日，中国助残志愿者协会成立大会在京举行，大会审议通过了中国助残志愿者协会章程，选举产生了协会第一届理事会及领导机构。中国志愿服务联合会会长刘淇代表中国志愿服务联合会向协会的成立表示祝贺。他说，开展助残志愿服务，弘扬人道主义思想和志愿服务理念，有助于促进残疾人共建共享改革发展成果，充分感受社会的温暖与关爱。

2017 年 8 月 22 日，国务院总理李克强签署国务院令，公布《志愿服务条例》。《志愿服务条例》对志愿服务组织的法律地位、规范管理和活动开展等进行了系统规定。2017 年 10 月 18 日，中共中央总书记习近平在中共十九大报告中强调，要"推进诚信建设和志愿服务制度化，强化社会责任意识、规则意识、奉献意识"[①]，为提高新时代志愿服务水平指明了方向。

2. 志愿精神与友善价值观的契合

志愿服务与志愿精神密不可分，志愿精神是志愿服务的思想根基。志愿精神也称志愿者精神或志愿服务精神。联合国前秘书长科菲·安南指出："志愿精神的核心是服务、团结的理想和共同使这个世界变得更加美好的信念，是联合国精神的最终体现。"[②] 2000 年 1 月 16 日，时任中共中央总书记的江泽民对杰出青年志愿者的来信做出批示："青年志愿者行动，是当代社会主义中国一项十分高尚的事业，体现了中华民族助人为乐和扶贫济困的传统美德，是大有希望的事业。努力进行好这项事业，有利于在全社会树立奉献、友爱、互助、进步的时代新风。"共青团中央在《中国注册志愿者管理办法》[③]中采用"奉献、友爱、互助、进步"这一表述来表达志愿精神，随即得到社会各界的广泛认可。

以奉献、友爱、互助、进步为主要内容的志愿精神，传承了中华民族的传统美德，汲取了西方文明的有益成果，反映了社会发展进步的时代要求，生动诠释了社会主义核心价值观的道德诉求，是人类宝贵的思想资源，也是当今世界普遍推崇的价值理念。志愿服务发展指数是一个民族精神风貌的重要体现，是一个国家文明发展程度的重要指标，也是一个社会和谐进步的推动力量。

弘扬志愿精神与培育和践行友善价值观是相辅相成、高度契合的。志愿精

---

① 《中国共产党第十九次全国代表大会文件汇编》，人民出版社 2017 年版，第 35 页。

② 韩淼编著：《做志愿者》，金城出版社 2001 年版，第 3 页。

③ 《中国注册志愿者管理办法》于 2006 年颁行。为贯彻落实中共十八大和十八届三中全会精神，引导广大团员青年和社会公众广泛参与志愿服务，共青团中央对 2006 年颁行的《中国注册志愿者管理办法》进行了修订。新修订的《中国注册志愿者管理办法》对于进一步规范注册志愿者管理工作，大力弘扬"奉献、友爱、互助、进步"的志愿精神，推动志愿服务项目化运作、社会化动员、制度化发展，深化青年志愿者行动都具有重要意义。

神是友善价值观的生动体现，友善作为公民个人层面的基础价值准则是支撑志愿服务的精神动力，志愿服务是弘扬友善价值观的有效载体。因为友善既是志愿服务的初衷，也是志愿服务的精神特质，志愿服务本身就是一种友善的行为，通过无私付出，在人与人之间、人与社会之间，传递友善正能量，让人们感受到社会的温暖和美好。志愿者既可以在抗震救灾、大型体育盛会或世博会等场合大显身手，也可以从身边一点一滴小事做起，使志愿精神洋溢在日常生活的方方面面，让志愿服务蔚然成风。

3. 当代中国"最美志愿者"

如前所述，在第 29 个国际志愿者日到来之际，中共中央宣传部、中央文明办、中国志愿服务联合会于 2014 年 12 月 5 日在中国网络电视台向全社会公开发布叶如陵等 11 个"最美志愿者"的先进事迹。

叶如陵、天津市和平区新兴街社区服务志愿者协会朝阳里社区分会、郭德江、吉林大学"白求恩志愿者协会"、李庆长、周明珠、吴天祥、华中农业大学"本禹志愿服务队"、孟繁英、赵广军、霍勇等 11 个志愿者个人和集体来自不同地方、不同单位，他们服务他人、奉献社会，用爱心温暖需要帮助的人，以实际行动书写新时代的雷锋故事，为传播"奉献、友爱、互助、进步"的志愿精神，推进志愿服务制度化，营造我为人人、人人为我的社会风尚做出重要贡献。他们常怀善念、心系他人的思想品德，践行友善、助人为乐的奉献精神，不计名利、不求回报的优秀品质，生动诠释了社会主义核心价值观的内涵，展示了当代志愿者的良好精神风貌。在这 11 个获表彰的"最美志愿者"个人和集体中，吴天祥、华中农业大学"本禹志愿服务队"来自湖北，其先进事迹具有一定的典型性和代表性。下文的"延伸阅读"将他们为例，展示当代中国的"最美志愿者"的风采。

2016 年 2 月 26 日全国学雷锋志愿服务工作推进会在北京举行。历时 5 个月，一批群众认可、事迹突出、影响广泛的"最美志愿者""最佳志愿服务项目""最佳志愿服务组织""最美志愿服务社区""四个 100"先进典型被推选出来（其中的湖北元素闪亮耀眼 ①），彰显了我国公民素质和社会文明程度的不断提高，志愿者与志愿精神成为社会主义核心价值观的生动写照。宣传推选志愿服务"四个100"先进典型活动，得到了群众的广泛参与、热烈响应和支持，不仅大大增强了志愿者的荣誉感、提高了志愿者的积极性，对弘扬中华民族传统美德、传播志愿文化、提升全社会志愿服务水平更是一次有力推动。

2017 年 2 月 28 日，中共中央宣传部、中央文明办在北京召开全国学雷锋志愿服务工作座谈会，强调要全面贯彻党的十八大和十八届三中、四中、五中、六中全会精神，深入学习贯彻习近平总书记系列重要讲话精神和治国理政新理念新思想新战略，紧紧围绕统筹推进"五位一体"总体布局和协调推进"四个全面"战略布局，围绕迎接、宣传、贯彻中共十九大这条主线，坚持以培育和践行社会主义核心价值观为根本，大力弘扬奉献、友爱、互助进步的志愿精神，着力推进学雷锋志愿服务制度化常态化，着力扩大覆盖面影响力，努力为促进国民素质和社会文明程度显著提升做出新的贡献。会上公布了 2016 年学雷锋志愿服务"最美志愿者""最佳志愿服务组织""最佳志愿服务项目""最美志愿服务社区""四个100"先进典型名单。

2018 年 4 月 3 日，中央宣传部、中央文明办在北京召开全国学雷锋志愿服务工作推进会，强调要深入贯彻落实习近平新时代中国特色社会主义思想和党的十九大精神，认真贯彻落实《志愿服务条例》，坚持以人民为中心的发展思想，坚持培育和践行社会主义核心价值观，坚持把培养担当民族复兴大任的时代新人、弘扬共筑美好生活梦想的时代新风作为出发点和落脚点，大力推进志愿服务制度化常态化，着力强化社会的责任意识和奉献意识，着力培育社会公德、职业道德、家庭美德、个人品德，努力为提高人民思想觉悟、道德水准、文明素养和全社会文明程度做出新的贡献。会议强调，2018 年是贯彻落实党的十九大精神的开局之年，也是毛泽东等老一辈革命家号召向雷锋同志学习 55 周年。要推动学雷锋志愿服务更好地融入思想道德建设、精神文明"五大创建"、

---

① 当年公布的"四个100"先进典型中的湖北元素有：最美志愿服务群体（湖北 1 个）——湖北监利沉船事件救援和善后工作全体志愿者；最美志愿者（湖北 3 人）——安玥琦，华中农业大学本禹志愿服务队常务副队长，王辉，武汉市武昌区"生命阳光"公益救护志愿服务队长，彭国珍，荆州市"彭国珍"志愿者服务队负责人；最佳志愿服务项目（湖北 3 个）——保护长江水环境（鄂州段）志愿服务项目、蓝灯志愿团关爱自闭症儿童"蓝灯行动"服务项目、第十届中国（武汉）国际园林博览会志愿服务项目；最佳志愿服务组织（湖北 3 个）——大别山支教团、武汉长江救援志愿服务队、华中农业大学"本禹志愿服务队"；最美志愿服务社区（湖北 3 个）——武汉市武昌区南湖街中央花园社区、武汉市江岸区百步亭社区、十堰市茅箭区武当路街办韩家沟社区。

时代新风弘扬等社会主义精神文明建设全过程和各方面，更好服务精准脱贫攻坚战、美丽中国建设、乡村振兴等国家重大战略，更好地走进城乡社区、广大家庭和人们视野，形成弘扬志愿精神的生活情景和社会氛围。要加强组织领导、褒奖激励、运行管理、工作创新等机制建设，促进志愿服务事业持续健康发展。会上公布了 2017 年学雷锋志愿服务"最美志愿者""最佳志愿服务组织""最佳志愿服务项目""最美志愿服务社区""四个 100"先进典型名单。

……

积小善为大善，善莫大焉。当有人需要帮助时，大家搭把手、出份力，社会将变得更加美好。"四个 100"先进典型都是普通人，事迹都由点点滴滴、实实在在的小事汇聚而成，却"一针一线"地编织起社会文明的靓丽图景。在他们身上，无论是日常生活中亲切的笑脸，扶危济困时温暖的怀抱，应急救援时紧握的双手，还是大型活动中耐心的解答，都不流于形式、不停于口号，为全社会树立起学习借鉴的标杆，让人们学有榜样、见贤思齐。

【延伸阅读】"最美志愿者"吴天祥

吴天祥，男，汉族，1944 年生，湖北钟祥人。1962 年应征入伍，1964 年加入中国共产党，1969 年退役。6 年间先后 8 次出席师、军、军区学习毛主席著作积极分子代表大会，曾被评为"五好战士"。1969 年至 2008 年，先后担任武昌区公安局民警，武昌区干校理论教员，武昌区知青办公室干部，武昌区公安分局联防办公室干部，武昌区信访办公室副主任，武昌区副区长，武昌区政府巡视员（副厅级）等职务。他为政清廉，淡泊名利，用自己的实际行动诠释了一个共产党员的品格。他从事志愿服务已 30 多年，2008 年退休后，更将所有的精力都投入到志愿服务之中。

吴天祥坚持"上为党分忧、下为民解难"的信念，几十年如一日为群众做好事、办实事，帮助了无数有困难的人渡过难关，对待人民群众不是亲人胜似亲人，在党与人民群众之间架起了一座"连心桥"，深受人民群众的拥护和爱戴。他把家里的电话向社会公布，方便遇到困难的群众及时求助。他结了许多"穷亲戚"，给他们捐钱捐物，甚至捐骨髓，尽其所能救济困难的下岗职工，用真情和爱心感化服刑人员。至 2014 年 12 月吴天祥已 25 次义务献血，4 次跳江救人，先后照顾过 30 名孤寡老人、17 名孤儿，为 1200 多名困难群众解决了住房调整、追讨拖欠工资、办理医保低保等难题，为群众办的好事实事多达 600

多件。吴天祥坦言，"经常有人说我是个傻瓜"，不过，他总这样鼓励自己："做志愿者就是要有这股'傻'劲儿。"

1996年，吴天祥被授予"全国学雷锋先进个人""全国优秀共产党员""全国优秀党务工作者"称号；2007年，荣获首届"全国道德模范"称号；2009年，被评为"100位新中国成立以来感动中国人物"之一；2013年荣获首届"荆楚雷锋传人"称号；2014年，荣获全国"最美志愿者"称号。

一花引来万花开。1996年6月，吴天祥所在的武昌区信访办成立武汉市第一个"吴天祥小组"，提出了"学习吴天祥，奉献在岗位"的口号。2011年，武昌区成立"吴天祥小组志愿者联合会"，全区注册志愿者达11.7万人。近年来，在吴天祥精神的感召下，武汉市成立了1万多个"吴天祥小组"，近10万名党员干部和青年志愿者常年活跃在街道、社区，广泛开展扶贫帮困的救助服务、便民利民的生活服务等活动。如今，"吴天祥小组"志愿服务队已遍布武汉三镇，活跃在江城的街道、社区、学校以及企事业单位，成为精神文明建设中一道亮丽的风景线。

【延伸阅读】"最美志愿者"华中农业大学"本禹志愿服务队"

在有着百年历史的华中农业大学，有一个特殊的群体——"本禹志愿服务队"，这一团队由一大批特色志愿服务团队组成，成员多达1200人，是以曾经就读于这所大学的中国十大杰出青年、中国十大杰出志愿者徐本禹的名字命名的。

徐本禹，男，汉族，1982年4月生，山东聊城人。1999—2003年就读于华中农业大学，家境贫寒的他在大学本科学习期间分享了周围人给予的许多温暖和帮助。他说："别人帮助了我，我也要去帮助别人。"大三的暑假，在学校支持下，他组织了一支大学生支教队，来到贵州大方县猫场镇狗吊岩村的一个岩洞小学（为民小学）支教。原计划两周的支教最后变成了两个月。告别时，面对当地孩子渴求知识的眼神，徐本禹给出了自己的承诺："毕业了我会回来教你们的。"

2003年，徐本禹以高分考取了本校农业经济管理专业研究生，然而，他忘不了狗吊岩村岩洞小学的孩子们，他要兑现自己的承诺，于是做出了去支教的决定（学校对这一决定非常支持，破例保留其两年研究生入学资格）。2003年7月，徐本禹再次来到贵州大方。两年里，徐本禹先后在为民小学、大水乡大石小学支教，他忍受着孤独和寂寞，用爱心精心栽培和呵护贫瘠土地上的花朵，用真诚和行动实践着一名当代大学生的社会责任。2004年上半年，在最为苦闷的时候，他先后给母校写了3封信。校党委书记李忠云和时任校长张端品商量后说："要派去人看看，要鼓励徐本禹，可以带点钱去，把小学修一修。"这一年6月下旬，党委宣传部两名工作人员带着学校给的8万元来到贵州大方看望徐本禹。

回校后，其中一名工作人员整理了两人拍摄的照片，以"南湖居士"为名在天涯论坛上发表《两所乡村小学与一名支教者》的贴子。在两个月的时间里，仅在天涯社区，该帖子访问量就达到了26万人次，有数万条评论。这篇帖子是全国网络新媒体塑造正面典型、传播正能量的首次尝试，并出人意料地引起了海内外强烈反响。一位网友这样评价徐本禹："他认识到了作为一根火柴的意义。他不是第一根火柴，也不会是最后一根。"随后，徐本禹作为当代大学生志愿者的典型被评为"感动中国·2004年度人物"。此后，又荣获中国第18届十大杰出青年、中国十大杰出志愿者等荣誉称号。

在徐本禹的感召下，华中农业大学越来越多的大学生加入志愿者行列，于2004年创立"本禹志愿服务队"，成立了研究生支教团和18支服务小分队，致力关心西部贫困地区儿童的教育以及帮扶社会弱势群体。十余年来，"本禹志愿服务队"已资助上千名贵州贫困儿童及中小学生完成学业，凝聚爱心建成的"华农大石希望小学""本禹希望小学"等一批希望小学，对促进贵州贫困山区教育发展做出了积极的贡献。如今，"本禹志愿服务队"的志愿服务已延伸到了关爱进城农民工子女、关爱老人、关爱残疾人等方面，形成了以"花朵工程""夕阳工程""暖阳工程""甘露工程""爱绿工程""和风工程"为品牌的"六爱工程"。他们以持续扎实的行动服务基层群众，取得显著成效，涌现出一大批优秀志愿者①，并获得"中国青年志愿者优秀集体""最美志愿者"等称号。

2013年11月，"本禹志愿服务队"的同学们在学习贯彻中共十八届三中全会精神之际给习近平总书记写信，汇报了志愿服务活动成果及他们的认识体会。2013年12月5日是第28个国际志愿者日，也是中国青年志愿者行动20周年

---

① 他们中，先后走出了"中国好人"、"用我的声音做你的眼睛"带盲童看世界的志愿者鞠彬彬，"中国青年志愿者先进个人"、"梦想湾"全球大学生公益活动的发起人张瑜彬，联合国环境署亚太地区青年顾问、常年坚持开展环保志愿服务的王凤竹，"舍己救人英雄大学生"、将生的希望留给他人的张瑜……

的日子。"本禹志愿服务队"的同学们收到习近平总书记的回信。回信指出："得知你们在徐本禹同志感召下，积极加入青年志愿者队伍，走进西部，走进社区，走进农村，用知识和爱心热情服务需要帮助的困难群众，坚持高扬理想、脚踏实地、甘于奉献，在服务他人、奉献社会中收获了成长和进步，找到了青春方向和人生目标，感到十分欣慰。值此中国青年志愿者行动实施20周年之际，我向你们以及全国广大青年志愿者，致以诚挚的问候和崇高的敬意！""历史和现实都告诉我们，青年一代有理想、有担当，国家就有前途，民族就有希望，实现中华民族伟大复兴就有源源不断的强大力量。"习近平总书记勉励青年志愿者："弘扬奉献、友爱、互助、进步的志愿精神，坚持与祖国同行、为人民奉献，以青春梦想、用实际行动为实现中国梦作出新的更大贡献。"

2014年3月在湖北省学雷锋志愿服务集中行动中，"本禹志愿服务队"创建活动全面启动，时任中共湖北省委常委、省委宣传部部长的尹汉宁同志为"本禹志愿服务总队"授旗，湖北省首个"本禹志愿服务站"同时在武汉市硚口区宗关街发展社区揭牌；武汉农商行现场捐赠200万元，联合团省委、省志愿者协会发起成立了"中国（湖北）本禹志愿服务基金"。

近年来，武汉市文明委和武汉市志愿者联合会以吴天祥和"本禹志愿服务队"等"最美志愿者"为榜样，积极推动开展关爱空巢老人、关爱农民工、关爱残疾人的"三关爱"活动，并积极促进志愿服务队伍由以青年为主向全体社会成员共同参与转变、活动由阶段性为主向经常性转变、管理由松散型向规范化转变的"三个转变"，规范志愿者招募注册机制，为志愿服务注入新鲜血液，加强志愿服务项目建设，引导市民广泛参与志愿服务。

雷锋精神、志愿精神与友善价值观具有内在同一性，学雷锋活动为志愿服务事业的发展、为弘扬友善价值观奠定了良好基础，雷锋精神伴随着几代人的成长，逐渐演绎为当代中国的志愿精神。我们为雷锋精神点赞，就是为志愿精神点赞。"中国青年志愿者服务日"定在每年的3月5日这一"学雷锋纪念日"，充分体现了二者的内在联系及其与弘扬友善价值观的高度契合性。所以，在建设社会主义核心价值体系的语境中，我们把"学雷锋活动"和"志愿服务活动"有机结合起来，称之为"学雷锋志愿服务活动"，把"弘扬雷锋精神，开展志愿服务"作为培育和践行社会主义核心价值观的重要抓手。

【媒体链接】武汉——座志愿者之城（文明城市巡礼）

（《人民日报》2015年5月3日，记者 田豆豆）

日前，首届武汉市功勋市民模范市民文明市民颁奖晚会在武汉市琴台大剧院举行，大型交响诗《一城好人》向好人致敬。3位武汉市功勋市民吴天祥、赵梓森、夏菊花，18位武汉市模范市民，武汉市模范市民群体长江救援志愿队登台领奖。这是武汉市创建全国文明城市成功后，感谢普通市民的特殊方式。

历经12年的不懈努力，今年2月28日，武汉荣膺"全国文明城市"称号。3月2日，武汉市创建全国文明城市总结表彰暨深入开展创建工作动员大会上，湖北省委常委、武汉市委书记阮成发向1000万武汉市民鞠躬致谢。

武汉创建文明城市，离不开全民的参与配合。

"一城好人"是武汉最亮丽的风景。从一心为民的好干部吴天祥，到生死接力、偿还农民工欠薪的"信义兄弟"，再到不开贵药、专开小处方的好医生王争艳，近年来，武汉市涌现出全国道德模范8人、全国道德模范提名奖10人、感动中国人物12位、中国好人45位。去年10月，因队员陈忠贵老人救溺水者牺牲、不求回报、挽救了200多条生命的长江救援志愿队，再次感动武汉、感动全国。

武汉正在成为一座"志愿者之城"，每10人中就有一名志愿者。62岁的范良高老人，从地铁2号线运营开始，几乎每天都到地铁站服务。武汉将每个月的第一个周日设为"地铁排队日"，这一天，1000余名志愿者分布在各大站点引导乘客排队。在430个重点路口，325个公交站台，每天早晚高峰，6000余名志愿者上路开展交通文明劝导。

引导交通的"小红帽"，只是武汉市106万文明志愿者中很小的一部分。吴天祥小组志愿者联合会、百步亭社区"管得宽"志愿服务队、华中农业大学本禹志愿服务队、"爱心妈妈"联盟、关爱农民工子女"七彩小屋"志愿服务队、"爱我百湖"湖泊保护志愿者团队，每个志愿队从不同角度提升着城市的文明程度。

阮成发多次表示，创建文明城市不能立足于迎检"应急"，更要建章立制管长远，提高特大城市治理水平，解决一批重难点问题。

为此，武汉市成立市级指挥部，各区、市直各部门党委一把手任分指挥长，一个个"难啃骨头"被列入整治清单：深化"城管革命"，整治市容市貌；整治不文明过马路；整治不文明驾车、停车；整治空气、湖泊等环境污染问题；整治城乡接合部乱象；完善"门前三包"制度……治理不好、履责不到位的部门，被严肃问责。依据《武汉市 2014 年创建全国文明城市工作责任追究办法》，目前全市共问责 188 人，其中处级干部 8 人。

第三章 社会生活友善之链

友善价值观内涵丰富，意蕴深厚。"横看成岭侧成峰"，对此以不同的分析方法做多维解析。① 现借用价值链 (Value Chain) 分析法来探析友善价值观的丰富内涵。价值链分析法是由被誉为"竞争战略之父"的美国哈佛商学院教授迈克尔·波特 (Michael E.Porter) 1985 年在其名著《竞争优势》一书中提出的，是一种寻求确定企业核心竞争力的工具，即运用系统方法来审视企业各项活动及其相互关系，从而找寻具有竞争优势的资源。借用这 方法可从主体价值链、关系价值链和延伸价值链三个层次解析友善所蕴含的内涵和意蕴：从主体价值链来看，友善是精神世界的阳光；从关系价值链来看，友善是为人处世的法宝；从延伸价值链来看，友善是助推和平与发展的精神纽带。

一、友善是精神世界的阳光

恩格斯在《自然辩证法》手稿中把"思维着的精神"誉为"地球上最美的花朵"。鱼儿离不开水，花儿离不开阳光。"思维着的精神"自然也离不开阳光的沐浴与哺育，而友善就是精神世界的阳光。从道德主体的知行合一的境域而论，友善是由善心、善性、善言、善行、善果所构成的道德意义上的"善人"的修养与素养。

---

① 清华大学万俊人教授指出，所谓友善，简单地说就是对别人友好、与人为善。对其理解，可以分如下几个层次：基本层次，是人与人之间不要相互伤害，用儒家的话说就是"己所不欲，勿施于人"，这是最起码的要求；再进一步，是"己欲立而立人，己欲达而达人"，除了成就自己，也希望别人能够有所成就；最后，是不仅能够和他人合作，同时也可以实现快乐和利益共享、痛苦和责任共担，甚至达到荣辱与共、生死与共的至上伦理境界。——参见"对话价值观（12）·（友善篇）"《善心善举 守望相助》，《人民日报》2014 年 11 月 19 日。

1. 善良的心就是太阳

古人云："亦余心之所善兮，虽九死其犹未悔。"（屈原《离骚》）"种树者必培其根，种德者必养其心。"（明·王阳明《传习录》）"成人善事，其功更倍；动人善愿，其量无涯。"（明·陈龙正《救荒策会》）善心也称为善念、善愿，常言称为好心、良心、爱心，是一种善良的道德心理、道德意愿、道德情感、道德意念，是人的精神世界的重要组成部分。孟子所说的"恻隐之心""羞恶之心"，佛教所讲的"菩萨心肠""慈悲之心"，道家与道教所说的"慈爱之心""赤子之心"，英国哲学家大卫·休谟在《人性论》和英国经济学家和伦理学家亚当·斯密在《道德情操论》中所述的"同情心"，德国哲学家康德在《道德形而上学原理》《实践理性批判》等著作中所论的"善良意志"等皆属善心。正如英国学者麦克莱所言："善良的心，是最好的法律。"

友善是发自善心的示好，善心是友善的发端和起点，怀一颗善良的心、成为善良的人是行善的前提，也是常言的"推心置腹""推己及人"的基础。因为道德作为非强制性的规范，主要诉诸人们的内心信念和良知，通过对人内心的引导和启发来调节其行为，通过人们的良心、社会舆论、传统习俗等发挥作用，道德尽管也是"自律"与"他律"的统一，但道德的本质特征是"自律"。道德是以"应当怎样"的道德准则为调节尺度，即道德主体不把道德规范看成外在于自己的异己的东西，而是从内心深处把它视为自己的行为准则，表现为主体自己为自己立法，这就是说把为善看成自身内在的精神需要。道德规范只有在为人们诚心诚意地接受，内化为人的心理、情感、意志和信念时，才能得到自觉的实施，道德规范的实施是得之于心、施之于行、内外统一、知行合一的。怀一颗善良之心、把善心传递给他人的过程就是践行友善价值观的过程。那种迫于外界压力而循规蹈矩的人，或许是法律意义上的守法公民，却未必是道德意义上的"善人"。所以，中国中药行业的老字号北京同仁堂有一条祖宗传下来的古训："修合无人见，存心有天知。"英国著名作家莎士比亚说："一颗好心抵得过黄金。"法国著名作家雨果写道："善良的心就是太阳。"

2. 善性是人的美好品德

品德，即道德品质，也称德性或品性，是个体依据一定的道德准则行动时所表现出来的稳固的思想倾向与行为特征。友善是一种人性中友好和善良的品质的呈现，善性是善心的持续与内化，是"善人"不可或缺的基本品性。所以，禅宗祖师倡"明心见性";古希腊哲学家亚里士多德认为"本性上的善就是真诚的善";英国哲学家罗素强调"在一切道德品质之中,善良的本性在世界上是最需要的";德国音乐家贝多芬说"没有善良的灵魂,就没有美德可言"。

善性作为人的高贵品性是一种德性,是常言的德才兼备,以德为先中的"德"的构成要素,是思想道德修养重要的内容。一个人可以出于善心、善念偶尔做好事,而只有具备善良品性的人才能常行善举乃至一辈子只做好事不做坏事。

要涵育善心、涵养善性,就必须经常反省自己的行为,切实加强自身的道德修养。如孔门弟子曾子曰:"吾日三省吾身:为人谋而不忠乎?与朋友交而不信乎?传不习乎?"(《论语·学而》)这种道德修养方式对于现代社会生活中人们的德性修养依然具有借鉴意义。因为现实的人不可能是完美无缺的,只有具备自我反省和自我完善的能力,才能逐渐走向完美和至善。

3. 好言一句三冬暖

语言是人类特有的表达思想和情感及交流信息的工具。古语云"相交一言重","好言一句三冬暖,恶语伤人六月寒"。佛家要求佛门弟子戒妄语,修善言,称"实言有如甘露,妄语好比毒药",主张以"四善"待人——善言不离口,善事不离手,善念不离心,善眼不离面。古希腊著名寓言大师伊索说过,世界上最坏的东西就是舌头,因为所有的诽谤、流言、口角都是舌头挑起来的;世界上最好的东西也是舌头,因为所有的道理、赞美、祝福都是靠舌头传播的。孔子曰:"躬自厚而薄责于人,则远怨矣。"(《论语·卫灵公》)意思是说,多责备自己而少责备别人,那就可以避免别人的怨恨了。荀子曰:"与人善言,暖于布帛;伤人以言,深于矛戟。"(《荀子·荣辱》)这就是说,与他人交谈的时候说好话,他人听着就像穿上好的衣服让人温暖,说他人坏话,就像是利器插在别人心头。修善言,既不应恶语相向,也不能巧言令色,孔子曰:"巧言令色,鲜矣仁!"(《论语·学而》)的确,有时一句真诚而幽默的话语或许能缓和紧张气氛乃至化解矛盾冲突,产生良好的结果。这就要说到美国宇航员奥尔德林的故事。美国宇航员阿姆斯特朗在迈上月球时,因为说了一句"我个人迈出了一小步,人类却迈出了一大步"而家喻户晓。但一同登月的奥尔德林却不那么知名。在庆祝登月成功的记者招待会上,有位记者突然向奥尔德林提出了一个尖锐问题:"作为同行者,阿姆斯特朗成为登陆月球的第一个人,你是否感觉到有点遗憾?"现场气氛一下子凝固了,在众人注目下,奥尔德林风趣地答道:"各位,千万别忘记了,回到地球时,我可是最先迈出太空舱的!"他环顾四周笑着说:"所以我是从别的星球来到地球的第一个人。"大家在笑声中给予了他热烈的掌声。奥尔德林没有责怪这位记者当众给他出难题,而是幽默机智地回答了记者的问话,从他的话语中我们可以深深体会到友善的蕴意。

4. 莫以善小而不为

善行也称为善举,是善心的外化。友善之心既要内化为德性,更要外化为善行。古人云:"闻之不若知之,知之不若行之。"(《荀子·儒效》)现实中善行具有多种表现,可以是一个微笑,可以是一声问候,可以是一次志愿服务,可以是一场义务演出,可以是孝老爱亲,可以是助人为乐,等等。德行善举是人生唯一不败的投资,古人云:"勿以恶小而为之,勿以善小而不为。"①

善行是一种高尚品德的彰显,对善行的呼应与感动也是一种美好品性的表达。善行是善心和善性的展现,善言也要通过善行来落实和检验。古希腊哲学家亚里士多德说,我们做公正的事情才能成为公正的人。法国启蒙思想家卢梭说,善良的行为使人的灵魂变得高尚。一个充满善行的世界才是美好的世界。有的人言行不一,说一套做一套,说的虽然好听,但干的却是缺德的事。故孔子主张"君子欲讷于言而敏于行"(《论语·里仁》),对他人的评判要"听其言而观其行"(《论语·公冶长》)荀子曰:"口言善,身行恶,国妖也!"(《荀子·大略》)习近平多次严厉批评"表里不一、欺上瞒下,说一套、做一套,台上一套、台下一套,当面一套、背后一套"的"两面人",强调"做人要实"②。

友善行为具有两个显著特征:自愿性和利他性。古人云:"为善最乐,作恶难逃","多行不义必自毙"。我们要像高尔基那样"做一个善良的人,为人类去谋幸福",而决不要效仿那些失德之人去做唯利是图之事!陈毅元帅曾写下廉洁奉公、劝善铭志的著名诗句:"手莫伸,伸手必被捉。党与人民在监督,万目睽睽难逃脱。"

"千里之行,始于足下。"(《道德经》第六十四章)善行要"从我做起",

---

① "勿以恶小而为之,勿以善小而不为"出自西晋陈寿著《三国志·蜀书·先主传》。记载的是刘备病逝前给其子刘禅的遗诏中的训导,原句为:"勿以恶小而为之,勿以善小而不为。惟贤惟德,能服于人。"
② 《习近平关于协调推进"四个全面"战略布局论述摘编》,中央文献出版社2015年版,第151页。

"从现在做起"。

5.善始善终，善做善成

物有本末，事有始终。"靡不有初，鲜克有终"（《诗经·大雅·荡》），"善始者众，善终者寡"（司马迁《史记·乐毅列传》）。就是说有很多人能做到善始，但很少有人能做到善终。此语意在告诫人们为人做事要做到善始善终。天下之事往往是善始易，善终难，而道德意义上的"善人"在立言立行的同时，要努力做到善始善终、善做善成，力求善果。这里的"善果"是指道德行为的理想效果。动机和效果是行为构成中最重要的两个因素。任何人的行为都是由一定动机引起的，又都表现为一定的行为过程、影响和结果；一定的行为过程、影响和结果又总是直接、间接地反映着一定的动机。在一般情况下，动机和效果是一致的。但现实中好心未必都能成好事，善心未必都有善果，有时候好的动机可能造成不良的后果（"事与愿违"），不良动机也可能产生好的效果（"歪打正着"）。在这种情况下，评价一个具体行为的善恶，究竟是根据行为的动机，还是根据行为的效果？这是一个复杂的问题。中外伦理思想史上有动机论和效果论（道义论和功利论）的长期争论。马克思主义主张动机与效果辩证统一论。毛泽东《在延安文艺座谈会上的讲话》中指出："唯心论者是强调动机否认效果的，机械唯物论者是强调效果否认动机的，我们和这两者相反，我们是辩证唯物主义的动机和效果的统一论者。为大众的动机和被大众欢迎的效果，是分不开的，必须使二者统一起来。"① 譬如，常言"医者仁心"，但医生给人治病也会出医疗事故。一旦发生了医疗事故，对医生主观动机的检验，不仅要看效果，而且还要看实践及其过程。从医疗过程看，如果医生已经尽责，只是因为技术或意外的情况才导致了事故，而在事故发生后又能严肃对待，这种情况我们就不能简单判断出医疗事故的医生是不道德的、无仁爱之心的。如果发现医生或医院确有失德或失职的行为与责任，应该依法依规按正常程序反映或控告，而不能搞"医闹"。因为"医闹"不仅是不友善的行为，而且是违法乃至犯罪行为，有关部门对其依法依规处理是维护公共秩序和促进医患关系的友善之举。

---

① 《毛泽东选集》第三卷，人民出版社1991年版，第868页。

【延伸阅读】"医闹"与"职业医闹"

医患关系是医务人员与病人在医疗过程中产生的特定医治关系，是医疗人际关系中的关键。"医闹"是指受患方及相关人士，借患者在医院就诊过程中出现意外事件，以不正当手段（如以暴力手段伤医、袭医）获取不正当的经济赔偿的行为，致使恶性事件屡有发生。"职业医闹"是指受雇于医疗纠纷的患者方，与患者家属一起，采取在医院设灵堂、打砸财物、设置障碍阻挡其他患者就医，或者聚众在诊室、医师办公室、医院领导办公室内滞留，或者拦阻、威胁、殴打甚至杀害医务人员等，以严重妨碍医疗秩序、扩大事态、给医院造成负面影响的形式给医院施加压力，从中牟利，并以此作为谋生的手段的组织或个人。他们是借炒作医疗纠纷进行商业运作获利的第三方，往往是激化医患矛盾和导致医患关系紧张的导火索，是社会的阴暗面，是社会不稳定因素之一。2012 年 4 月 30 日，卫生部、公安部联合发出《关于维护医疗机构秩序的通告》，明确警方将依据《治安管理处罚法》，对医闹等予以处罚，乃至追究刑责。

2014 年 5 月 1 日，《江西省医疗纠纷预防与处理条例》正式施行，这是全国首个以省为单位的地方性医疗纠纷处理法规。《条例》对医疗纠纷的预防、处理、应急处置和医疗责任保险等方面做出规定，尤其是对防范和打击涉医违法犯罪行为做出具体规定，明确了综治、卫生、司法行政、公安等部门的职责，确立了医患双方的权利和义务，为预防和处理医疗纠纷提供了法治保障。《条例》实施后的第 5 天，堵门、拉条幅、摆花圈一幕又在江西省儿童医院上演。然而，在新法规约束下，这场"医闹"在 1 小时内得到妥善处理，家属最终也选择通过理性、合法的途径解决医疗纠纷。当年，江西全省发生"医闹"事件 252 起，同比下降 75.3%；协助化解医患纠纷 612 起。其中，第三方调解组织调解的医疗纠纷占总数的 80% 以上。

从长远来看，治理"医闹"之浊水，引入友善"医诉"之清流，才是解决医患纠纷之良策。从国家的角度来看，要解决"医闹"问题，要重视立医事之良法、严格执法和公正司法，向医患双方提供专业知识和法律保护方面的服务，同时要强化医患双方的法律意识，并降低依法维权的成本，将医患双方的维权行动疏导到法治的轨道上来。这样才能使"医闹"失去生存空间，构建友善合作的医患关系。

二、友善是为人处世的法宝

友善是构建和谐人际关系与和谐社会关系的精神纽带。作为现代公民社会的核心价值观和基本道德规范的友善，其价值旨趣是建立友好善良的公民伦理关系和良好的社会生活秩序。就关系价值链而言，友善是包括善待家人（关爱家人）、善待邻里（关爱邻里）、善待朋友（关爱朋友）、善待他人（关爱他人）、善待社会（关爱社会）、善待自然（关爱自然）、善待自我（关爱自我）在内的为人处世的重要法宝。

1. 善待家人

善待家人（关爱家人）也称善待亲人。家庭是人生的第一课堂，父母是孩子的第一任老师；家庭是带领个人走进社会的向导，又是个人与社会之间的桥梁；家庭是社会的细胞，是人类社会生活的基础组织形式，并为人的生存和社会化提供最基本的条件。

中华民族历来重视家庭，有"家和万事兴"，"齐家、治国、平天下"之说。尊老爱幼、妻贤夫安、父严子敬、母慈子孝、兄友弟恭等中华民族传统家庭美德，铭记在中国人的心灵中，融入中国人的血脉中，是支撑中华民族生生不息、薪火相传的重要精神力量。

善待家人是友善的重要内涵，指以"仁爱"之心善待父母、兄弟、配偶、子女等亲人，形成和睦的家庭关系（其中最基本的出发点是孝，[①] 孝是对父母的敬爱，即"善事父母"）。除了《周易》《尚书》《诗经》《周礼》《仪礼》《礼记》《春秋左传》《春秋公羊传》《春秋谷梁传》《论语》《孟子》《孝经》《尔雅》等经典宣扬善待家人的"仁爱"之道外，还有《三字经》《弟子规》《女儿经》《千字文》《颜氏家训》《朱子治家格言》等进行多方面的引导及潜移默化的影响。

[①] "孝道"是中华传统文化的重要特色，常言道"百善孝为先"。《左传·文公二年》写道："孝，礼之始也。""孝"是一个会意字，它的意思是小子搀扶着长着长长胡须的老人。《说文解字·老部》说："孝，善事父母者。从老省，从子，子承老也。"《孝经》是儒家十三经之一，它以孝为主题比较集中地阐述了儒家的伦理思想。《孝经》开宗明义地说："夫孝，德之本也。"据考证，早在甲骨文中就已经出现"孝"字。而宣扬孝道的《二十四孝》的故事曾家喻户晓。《三字经》中的"香九龄，能温席，孝于亲，所当执"，说的是汉朝的黄香，九岁就已非常明事理，母亲去世得早，他对父亲极为孝顺。夏日炎炎，他就对着父亲的枕席扇风；冬夜严寒，他就用自己的身体为父亲温暖床被。黄香的"扇枕温席"是一个孩子最细致、纯真的孝心，这也使他在做人、求学上有所成就，后来成为以孝闻名的好官。

【延伸阅读】孔融让梨

《三字经》中"融四岁，能让梨"的典故，是千百年来家喻户晓的道德教育故事，教育人们凡事应该懂得仁爱礼让。

孔融，字文举，东汉文学家，山东曲阜人，是孔子第二十世孙。据记载，孔融有五个哥哥，一个小弟弟。有一天，父亲的朋友送来一盘梨子，给孔融兄弟们吃。父亲叫孔融分梨，孔融挑了个最小的梨子，其余按照长幼顺序分给兄弟。父亲看见了，问孔融："这么多的梨，让你先拿，你怎么不拿大的，只拿一个最小的呢？"孔融回答道："我年纪小，应该拿最小的，大的留给哥哥。"父亲又问："你不是还有个弟弟吗？弟弟不是比你还小吗？"孔融答道："我比弟弟大，我是哥哥，大的应该留给弟弟吃。"孔融让梨的故事，很快传遍了汉朝，传入后世。《三字经》中"融四岁，能让梨。弟于长，宜先知"即出于此。"孔融让梨"已成为父母教育子女的范例。"孔融让梨"式的仁爱友善精神是在中国传统社会和传统文化中形成的，几千年来，潜移默化于中国人的民族精神中，影响着中国人的行为方式、处世态度。

我们要以辩证的态度对待中国传统文化中包括"孔融让梨"在内的道德教育资源，推进家庭美德的弘扬。《公民道德建设实施纲要》指出："家庭美德是每个公民在家庭生活中应该遵循的行为准则，涵盖了夫妻、长幼、邻里之间的关系。家庭生活与社会生活有着密切的联系，正确对待和处理家庭问题，共同培养和发展夫妻爱情、长幼亲情、邻里友情，不仅关系到每个家庭的美满幸福，也有利于社会的安定和谐。要大力倡导以尊老爱幼、男女平等、夫妻和睦、勤俭持家、邻里团结为主要内容的家庭美德，鼓励人们在家庭里做一个好成员。"[①]

随着改革开放的深化，社会流动的加剧，社会交往的拓宽，城市家庭结构的简化和农村隔代家庭的增多，赡养和教育等职能的社会化，家庭功能及家庭成员之间的关系随之发生改变，在某种程度上解构了传统家庭伦理亲情和仁爱情怀。但是，无论时代如何变化，无论经济社会如何发展，对一个社会来说，家庭的生活依托都不可替代，家庭的社会功能都不可替代，家庭的文明作用都不可替代。无论过去、现在还是将来，绝大多数人都生活在家庭之中。家庭是社会的细胞，家风是社会风气的重要组成部分，家庭文明是社会文明的基础。

---

① 《公民道德建设实施纲要》，人民出版社 2001 年版，第 9 页。

要注重家教家风，促进亲人相亲相爱，培育家国情怀，让友善价值观在家庭里生根、在亲情中升华。近年来，我国家庭美德、家风和家庭文明建设开花结果，榜样层出不穷。"道德模范""感动人物""最美人物"的评选中都有他们的身影。"孝老爱亲"的道德模范，践行家庭美德的"感动人物"，"寻找最美"系列的"最美孝心少年"等都有一个个催人泪下的动人故事。

中共十八大以来，习近平在不同场合多次强调家庭、家教、家风的重要作用。2016 年 12 月 12 日，第一届全国文明家庭表彰大会在北京举行。① 习近平亲切会见全国文明家庭代表并发表重要讲话。他强调，我们要重视家庭文明建设，努力使千千万万个家庭成为国家发展、民族进步、社会和谐的重要基点，成为人们梦想启航的地方。要动员社会各界广泛参与家庭文明建设，"推动形成爱国爱家、相亲相爱、向上向善、共建共享的社会主义家庭文明新风尚"②。2017 年 10 月 18 日，习近平在中共十九大报告中阐述"加强思想道德建设"的基本要求时提出："深入实施公民道德建设工程，推进社会公德、职业道德、家庭美德、个人品德建设，激励人们向上向善、孝老爱亲，忠于祖国、忠于人民。"③

2. 善待邻里

人与人之间的关系除了家庭内部关系以外，首推邻里关系（中国古代五家为一邻，五邻为一里）。善待邻里（关爱邻里）、与邻为善乃是亲情的延伸和扩散，是协调邻里关系的情感基础。互相尊重、互相关心、互帮互助是邻里友情的基本内涵。朱德元帅有诗云："邻居友善长相问，仁里安康永莫移。"（朱德《寄东北诸将》）

说到邻里关系，民间最通俗的说法是"远亲不如近邻"。亲仁善邻，是中国自古以来的传统。常言道："亲望亲好，邻望邻好。""割不断的亲，离不开的邻。"儒家经典《春秋左传·隐公六年》宣称："亲仁善邻，国之宝也。"《孟子·滕文公上》说道："乡田同井，出入相友，守望相助，疾病相扶持，则百姓亲睦。"在孟子看来，邻里乡亲如果能做到出入友善相待，守望相助，疾病相扶，这样百姓之间就会和睦。孟子的论述不仅谈到邻里关系的道德要求，而且

---

① 为深化家庭文明建设，中央文明委于 2016 年 12 月开展第一届全国文明家庭评选表彰活动。这次活动以爱国守法、遵德守礼、平等和谐、敬业诚信、家教良好、家风淳朴、绿色节俭、热心公益 8 个方面为评选标准，从全国范围评选出 300 户文明家庭。

② 《习近平谈治国理政》第二卷，外文出版社 2017 年版，第 356 页。

③ 《中国共产党第十九次全国代表大会文件汇编》，人民出版社 2017 年版，第 34—35 页。

指明了善邻的价值目标，是对我国传统熟人社会邻里关系的经典概括。

"邻"还引申为道德上的伙伴或心理上的知己。如《论语·里仁》有言："子曰：德不孤，必有邻。"这是说，只要有德，便自然会得邻善邻，或者说只要是真正的道德君子就不会孤单，一定会有志同道合的人与他为伴、为邻。2015年5月23日，在中日友好交流大会上，中国国家主席习近平指出："邻居可以选择，邻国不能选择。'德不孤，必有邻。'只要中日两国人民真诚友好、以德为邻，就一定能实现世代友好。"孔子的话原本是着眼于说明个人立德的意义，习近平将这一思想由个体立德扩展到国家关系上，提出"以德为邻"的外交新理念，赋予这一古老格言新的时代内涵，同时也在提醒日本右翼政客应该以什么样的道德品质对待邻国，才能友好往来、友善相处。而"相知无远近，万里尚为邻"（唐·张九龄《送韦城李少府》），"海内存知己，天涯若比邻"（唐·王勃《送杜少府之任蜀州》）同样富有以德为邻、以知己为邻的意蕴。

【延伸阅读】安徽桐城"六尺巷"

"千里修书只为墙，让他三尺又何妨。万里长城今犹在，不见当年秦始皇。"这是清代康熙时期文华殿大学士兼礼部尚书张英写给家人信中的一首打油诗。

据安徽省《桐城县志》记载，清康熙年间张英老家的家人与邻居吴家在宅基地问题上发生了争执，两家都不甘示弱。张家人于是飞书京城，让张英给当地的地方官吏打招呼"摆平"吴家。张英回给老家人的便是这首打油诗。张家人见到这首诗后，主动在原地界上退让了三尺土地，下垒建墙，以示不再相争。而邻居吴氏也深受感动，退地三尺，建宅置院，"六尺巷"因此而成。

这个邻里相容相让的典型故事一直被歌颂至今，其中也蕴含着中华文明中邻里相处的道德价值观：邻里关系要以和为贵，以让为德。亲仁善邻，乡邻和睦，是邻里关系的核心价值目标，相容相让、为对方考虑是善邻的基本道德要求。

2014年11月15日，时任中共中央政治局常委、中纪委书记的王岐山同志低调造访安徽桐城"六尺巷"。随后，中纪委监察部网站"学思践悟"专栏和"廉政文苑"栏目相继刊发了《德法相依相辅而行》《让人三尺又何妨——安徽桐城"六尺巷"的启示》两篇文章，文中不约而同地提到了"做官先做人，做人先修身"的问题 ①。

现代社会变革解构了传统邻里乡情。改革开放 40 多年来，中国社会发生了深刻变化，随着工业化、城市化的推进，越来越多的人都向城市集聚，而随着改革的推进、"福利分房"的终结，方兴未艾的"社区""小区"从根本上改变了都市传统邻里关系。虽然住同一小区、同一栋楼，每天同乘电梯，同到一个菜市场，朝夕相见，但可能多年彼此都没打过招呼，甚至不知道对方姓甚名谁，相互间如同陌生人。如今，几乎家家户户都有防盗门、防盗窗，即便有人敲门也要先通过"猫眼"观察后才能确定是否开门。置身于钢筋水泥和防盗门中的都市人有这样的感觉：不缺吃，不缺穿，就缺少邻里好情感。出门一把锁，进家关起门，邻里之间很少往来，少了一份情趣。如若任由邻里关系走向疏离和冷漠，我们的生活就会缺少一种重要的"润滑剂"和"黏合剂"，不仅可能造成人与人之间的隔阂，更有可能损害整个社会的信任度和互助性。要在"陌生人社会"重塑邻里关系，需要重新认识"邻居"的内涵，需要我们每个人走出防盗门，与邻里多交流、多沟通。或许，一声主动的问候、一个甜美的微笑，就能让邻里之间充满温情。如果邻里之间在不相互干扰对方日常生活的前提下，能够根据实际需要互帮互助，特别是在邻里有困难时伸出援手，就会使邻里之间的友情重现。

3. 善待朋友

俗话说，"在家靠父母，出门靠朋友"。《礼记》曰："同门曰朋，同志曰友。"善待朋友（关爱朋友）是友善关系价值链的重要环节。著名歌手周华健一首《朋友》，唱响大江南北，长城内外，他动情的演唱时常让观众全场喝彩，泪流满面。

朋友是人际关系中甚为重要的交往对象，是人与人之间的相遇相知、相伴相助。善交朋友、广交朋友、深交朋友是友善的题中之义。中国最早的经书之一《周易·兑卦》中就有"君子以朋友讲习"的说法，足见朋友一词的由来久远。朋友关系是中国传统社会基本的人伦关系之一。"朋"在《论语》中就出现了九次，散见于八个章节。其中，仅在《学而》中"朋"以单音节名词出现

① 参见：人民网《王岐山造访安徽"六尺巷"释放啥信号？》，人民网记者曾伟、徐伟峰（实习），2014 年 11 月 20 日。

（"有朋自远方来，不亦乐乎！"），而其余八次"朋"均与"友"连用。孟子以"父子有亲，君臣有义，夫妇有别，长幼有序，朋友有信"（《孟子·滕文公上》）来分序"五伦"。中国传统伦理关系中对朋友的道德要求主要遵循志同道合、讲信重义、择友当慎、以德会友、以友辅仁、择友而善，择善而友等原则，有"求友须在良，得良终相善"（唐·孟郊《求友》）等诗句。

最好的朋友之间的关系能到达"知音"的境界。"知音"源于俞伯牙和钟子期的故事。伯牙和子期互为"知音"的历史故事出自《列子·汤问》《吕氏春秋》等先秦典籍。据记载，俞伯牙善鼓琴，钟子期善听音；伯牙鼓琴，其意为志在高山，子期曰："善哉！峨峨兮若泰山！"伯牙鼓琴，其意为志在流水，子期曰："善哉！洋洋兮若江河！"凡倾听伯牙所奏，子期必应之。

俞伯牙游于泰山之阴，卒逢暴雨，止于岩下，心悲，乃援琴而鼓之。初为霖雨之操，更造崩山之音。曲每奏，钟子期辄穷其趣。俞伯牙乃舍琴而叹曰："善哉！善哉！子之听夫！志想象犹吾心也。吾于何逃声哉？"

这就是"知音"和"高山流水"典故的由来。

俞伯牙是晋国上大夫，钟子期是江湖砍柴的人，如果是按身份和地位，这两人是走不到一起做朋友的。伯牙不以子期为贱，子期不以伯牙为贵，两个人惺惺相惜，成为千古知音。后来子期去世，伯牙摔琴断弦，终身不复弹奏。所以冥冥中，自有一股力量，天地间自有一种共鸣，当你带着纯洁的心灵，当你带着坚定信仰和追求去和别人交友的时候就有机会遇到了知己和知音而产生共鸣，也就会交到真正的朋友。

为纪念伯牙和子期"高山流水"觅"知音"的情谊，湖北武汉建有古琴台。古琴台又名俞伯牙台，始建于北宋，重建于清嘉庆元年（公元1796年），位于武汉市汉阳龟山西侧的月湖之滨，东对龟山、北临月湖，隔湖北望有现代新建的琴台大剧院，是中国音乐文化古迹、湖北省重点文物保护单位、武汉市文物旅游景观之一，与黄鹤楼、晴川阁并称武汉三大名胜，有"天下知音第一台"之称。此外，北京电影制片厂出品的《知音》电影、湖北武汉的《知音》杂志和知音传媒集团等借史抒情，声名远播。

所以，交什么样的朋友，加入什么样的朋友圈，如何对待朋友和朋友圈，这不仅是反映道德品质的一面镜子，还会影响个人、家庭、朋友乃至组织的命运。而这可能正是《三国演义》所描述的"桃园三结义"的故事广为传颂，成为千古佳话的原因所在。

【延伸阅读】刘关张"桃园三结义"

东汉末年，朝政腐败，再加上连年灾荒，人民生活非常困苦。刘备有意拯救百姓，张飞、关羽也愿与刘备共同干一番事业。三人情投意合，选定张飞庄后一处桃园举行结拜仪式。此时正值桃花盛开，景色美丽，张飞准备了青牛白马作为祭品，焚香礼拜，与刘备、关羽结为异姓兄弟。誓曰："念刘备、关羽、张飞，虽然异姓，既结为兄弟，则同心协力，救困扶危；上报国家，下安黎庶。不求同年同月同日生，只愿同年同月同日死。皇天后土，实鉴此心，背义忘恩，天人共戮！"宣誓完毕，三个人按年岁认了兄弟。刘备年长做了大哥，关羽为二弟（二哥），张飞最小为三弟（小弟）。

陈寿《三国志·蜀书·先主传》记载，刘备虽有皇家的血脉，却经历了家道中落、幼年丧父的人生悲剧，儿时为生活所迫便随母"贩履织席为业"，初尝人生的艰辛。这段为生活所迫的人生逆境磨砺了刘备的心志，也铸就了他与人为善的品格。刘备、关羽和张飞是否有过"三结义"的史事尚未有定论。陈寿《三国志·蜀书·关羽传》中记载："先主与二人寝则同床，恩若兄弟"。据有关专家考证，"桃园三结义"的故事大概在宋元时期就开始流传。元杂剧有《刘关张桃园三结义》。罗贯中把"桃园三结义"的故事放在《三国演义》开篇的第一回"宴桃园豪杰三结义，斩黄巾英雄首立功"。

"桃园结义"的价值理想是"上报国家，下安黎庶"。正是这八个字，使得刘关张的结义具有了崇高的价值目标，使他们不仅与董卓集团那样害国害民的狐群狗党有着天渊之别，与袁术集团那样趁着乱世占山为王却不顾百姓死活的军阀判若云泥，也与形形色色以利相交的狭隘小集团不可同日而语。因此，"上报国家，下安黎庶"成为刘、关、张高高举起的一面正义旗帜。罗贯中将这八个字写入"三结义"的誓词，使《三国演义》中的"桃园结义"超越了一般通俗文艺，达到了新的精神境界。历史早已发生了翻天覆地的变化。当今时代，人际关系应以公民伦理和法治为基础，产生于小农经济时代的"结拜"方式已经不再适用。不过，一个人，一个群体，如果能够牢记并且实践"上报国家，下安黎庶"的人生目标，仍然是值得尊敬和推崇的。

朋友的含义现在泛指交谊深厚的人。不论在现实生活中，还是在网络世界，都有交朋友的机会（在网上结交的朋友称为"网友"）。但传统社会择友当慎、以德会友等原则仍有现实意义，启示我们要慎交友、交好友。近年揭发出来并受到党纪国法惩处的一些领导干部，在反思自己走上贪污受贿、违法乱纪乃至犯罪道路的过程及原因时，常常后悔当初"交友不慎"。前车之覆，后车之鉴。一个个落马贪官的"交友不慎"给领导干部敲响了警钟。此外，在现代市场经济社会交友还牵涉政商关系。各级领导干部在坚持交友当慎、以德会友等原则的同时，还要特别注重着力构建"亲""清"新型政商关系。① 因为领导干部的社会交往不只是个人生活小事，关系到领导干部的清正廉洁，关系到公共权力能否公正行使。

交朋友还要注意如何正确处理公交与私交的关系。公交是因工作需要而产生的公务交往，私交则是个人生活上的私人交往，公交与私交常常交织在一起，相互影响、相互转化，难以分开。在广交朋友的同时，要谨慎选择私交对象，努力做到鉴明公私之别，讲规矩、有纪律、知敬畏、守底线（坚守法律底线、纪律底线、政策底线、道德底线），不以公权包裹私情，即使私交甚好，也不因私损公。

联谊交友，广交和深交朋友是统战工作的重要内容，也是开展统战工作的重要方式。2015 年 5 月，中共中央总书记习近平在中央统战工作会议上的讲话中强调，"做好新形势下统战工作，必须善于联谊交友"，"从某种意义上说，统一战线工作做得好不好，要看交到的朋友多不多、合格不合格、够不够铁"，而要广交深交朋友，特别是要交一些能说心里话的挚友诤友，就"不能做快餐，而是要做佛跳墙这样的功夫菜"②。

4. 善待他人

古人云："善人者，人亦善之。"（《管子·霸形》）就广义而论，凡"我"以

---

① 2016 年 3 月 4 日下午，中共中央总书记、国家主席、中央军委主席习近平看望参加全国政协十二届四次会议的民建、工商联委员，并参加联组会，听取委员们的意见和建议。习近平在认真听取大家发言后发表了重要讲话。他说，新型政商关系，概括起来说就是"亲""清"两个字。对领导干部而言，所谓"亲"，就是要坦荡真诚同民营企业接触交往，特别是在民营企业遇到困难和问题的情况下更要积极作为、靠前服务，对非公有制经济人士多关注、多谈心、多引导，帮助解决实际困难。所谓"清"，就是同民营企业家的关系要清白、纯洁，不能有贪心私心，不能以权谋私，不能搞权钱交易。对民营企业家而言，所谓"亲"，就是积极主动同各级党委和政府及部门多沟通多交流，讲真话，说实情，建诤言，满腔热情支持地方发展。所谓"清"，就是要洁身自好、走正道，做到遵纪守法办企业、光明正大搞经营。
② 《习近平关于社会主义政治建设论述摘编》，中央文献出版社 2017 年版，第 132—133 页。

外的人皆可称为"他人"或"他者"①。在特殊场合中因有"你"在场，议论到第三方时，便有"你、我、他"之分，这时的"他"（或"她"）常常是"你、我"都"心知肚明"的特定的"他"（或"她"）。这里的"善待他人"（关爱他人）不是指广义的"他"，也不是特定的"他"（或"她"），而是指亲人、邻里、朋友等熟人以外的"陌生人"。陌生人之间的友善相处是现代公民社会友善的要义。17世纪英国著名哲学家弗朗西斯·培根说，一个人如果对待陌生人亲切而有礼貌，那他一定是一位真诚而富有同情心的好人，他的心常和别人的心联系在一起，而不是孤立的。20世纪德裔美籍著名哲学家弗洛姆指出，在现代公民社会，"我们对家人的爱和对陌生人的爱是没有'分工'的，相反，对陌生人的爱是对家人的爱的前提"②。

在很长的历史时期内，由于生产力和科学技术不发达，人们往往是在熟人社会中活动，交往圈很小，人际关系也比较简单和清晰。当今社会，随着生产力和科学技术的迅猛发展，工业化、信息化、城市化、市场化、全球化、网络化的推进，社会公共生活领域不断扩大，人们在公共生活中的交往对象不再局限于熟识的人，而是进入公共场所的任何人甚至虚拟世界的人。因此，现代公共生活领域乃是一个陌生人社会，增加了人际交往信息的不对称性和行为后果的不可预期性，从而造成了交往对象的流动性、复杂性和多样性。现代公民伦理关系要求将传统意义上的亲人之间的仁爱、亲爱，朋友之间的友谊、友情过渡到陌生人之间的友善、友好，做到相互尊重、相互宽容、相互信任、相互合作、相互帮助。当今社会，虽然物质生活水平提高了，但是人与人之间的隔膜也增加了。"陌生人不能轻信""不要和陌生人说话"似乎已经成为人们的"安全常识"了。这样做的代价是，人们生活在充斥着冷漠和戒备的社会氛围之中，成为现代都市中的"单面人"，时常要忍受孤独和无聊的煎熬。在传统宗法社会中，血缘关系是社会成员相互联系的主要依据。在以市场经济为背景的近现代公民间，契约关系成为社会成员共同生活的根本纽带。在陌生人社会和公民社会，善待他人的价值观念内在地包含着当代法兰克福学派代表人物、德国著名

---

① 在20世纪法国著名犹太哲学家列维纳斯那里，"他者"的概念更加宽泛，除"我"之外的人、物、世界，都是"他者"。他认为道德立论的依据应从"他者"而来，关注他者是人类至高无上的责任，构建和谐的社会公共生活，必须倾注对他者的关爱与对自我的反思。他创立了以"他者"为优先的"他者伦理哲学"。而德国当代哲学家、法兰克福学派的代表人物哈贝马斯则有基于交往理性和商谈伦理的《包容他者》等名著。

② ［美］艾·弗洛姆著：《爱的艺术》，李健鸣译，上海译文出版社2008年版，第119页。

哲学家哈贝马斯所推崇的体现平等精神与交往理性的"主体间性"或者说"互主体性"①。

随着改革开放的不断深化，人口大量流动，社会成员地缘纽带和单位功能弱化，我国传统的熟人社会、单位社会的篱笆圈子已经打破，正从传统的熟人社会、单位社会向陌生人社会、契约社会转型。在由陌生人组成的公共生活领域，作为公民基本道德规范的友善，意味着公民必须遵守公共道德，将他人纳入自己的视野，明晰自我权利与他人权利之间的边界，构建友善的公共秩序，在规范公共生活方式的同时，保护公民权利和促进社会公益。

5. 善待社会

社会好比一个大家庭，每个人都是大家庭的一员。人具有个体性又具有社会性。人的社会性规定意味着人必须经过社会化洗礼，使个体性与社会性统一起来，才能获得自我发展、自我完善的基本条件。社会应该尊重和保障公民个人的权利，公民更需要意识到个人的权利是在社会中获得的，没有社会，个人的权利就无从谈起，享受个人权利与承担相应的义务和责任是统一的。一个人只有勇于担当、甘于奉献才能体验到人生的幸福快乐，才能够精神充实，实现人生价值。

由于中国传统社会以家为本位，家庭、家族是构成社会的基本单元，整个社会的道德以家庭的私德为主，缺乏现代意义上的社会公德的概念。换言之，传统文化中的道德意识强调的是与自己有关系的"熟人"之间的道德要求，而对陌生人之间的伦理要求较少涉猎。例如儒家的"亲亲"，强调个人以家庭为重，投入关爱与情感，再根据他人与个人之间的亲疏决定给予关切的程度。亲情成为确立人伦准则的依据，人与人的关系处理遵循亲情至上的原则，缺少社会通用的公共原则。

---

① 主体间性或互主体性（inter-subjectivity）作为一个哲学范畴，由 20 世纪奥地利著名哲学家、现象学创始人胡塞尔首次阐发。胡塞尔在《笛卡尔的沉思》中提出，每个人作为感知与行动主体都拥有一个特殊的世界，因此要从这个私人的生活世界过渡到某种共同世界，人们便需要相互承认彼此的主体性而进行沟通，将世界理解为一个"主体间性世界"。当代世界研究主体间性最为著名的当属尤尔根·哈贝马斯。哈贝马斯以实践主体取代胡塞尔的先验主体，以交往理性扬弃工具理性，他主张通过包容他者的多元主体的对话交往与沟通，以主体间自由认同的方式，以民主程序来合理表达意见。他创造性地提出"交往行为论"和"商谈伦理学"，试图通过"商谈"为交往各方确立共同承认和遵守的"普遍化原则"来实现全球交往行为合理化。不过，这一方案被有的学者批评为带有"乌托邦"色彩。

公民善待社会（关爱社会）具有多方面的要求，遵守社会公德是基本要求。就一个国家来说，社会公德反映出这个国家的文明程度；对公民个人来说，是否遵守社会公德反映出这个人的道德修养水平。因为，社会生活是公共生活，公共生活场所是多主体共享的公共空间。① 社会公德存在的现实基础是社会公共空间。因为公共空间是公共资源，不能独占独享，会带来人与人之间的矛盾与冲突，为了公共空间中所有人的资源共享与分享，每一个人都必须学会顾及他人利益。现代社会的公民意识与公德行为息息相关。要让社会个体能够有效维护自己的权利与尊严，并认识到尊重他人就是尊重自己，维护个人利益与社会利益之间不可分割，对公共利益、公德的侵害就是对包括个体利益在内的社会利益的侵害，对他人的不尊重也就是对自身的不尊重。要通过强化教育引导、实践养成、制度保障培育公民的社会公德意识，提升社会文明水平。

社会公德是社会道德体系的基础层次，社会公德的养成需要多元主体协同共治。《公民道德建设实施纲要》指明："社会公德是全体公民在社会交往和公共生活中应该遵循的行为准则，涵盖了人与人、人与社会、人与自然之间的关系。在现代社会，公共生活领域不断扩大，人们相互交往日益频繁，社会公德在维护公众利益、公共秩序，保持社会稳定方面的作用更加突出，成为社会文明程度和公民个人道德修养水平的重要表现。要大力倡导以文明礼貌、助人为乐、爱护公物、保护环境、遵纪守法为主要内容的社会公德，鼓励人们在社会上做一个好公民。"② 正如梁启超所说，"独善其身"是私德，"相善其群"是公德。习近平强调要"明大德、守公德、严私德"③。我们不仅要在私德上有追求，更应在社会公德方面求建树。一事当前，首先应管住心中那把计较得失的小算盘，为人处世，要保持推己及人的清醒，养成换位思考的自觉。只有在心中建构起现代公民社会共同体意识，明确群己权界观念，文明之花才能开遍中华大地。

善待社会要从给老弱妇幼让座、遵守交通规则、参与"光盘行动"等日常

---

① 公共空间又称为公共领域，最早由 20 世纪德裔美籍政治理论家汉娜·阿伦特在其 1958 年出版的《人之境况》一书中提出。阿伦特认为，古希腊广场是古希腊人在私人（家庭）生活之外的另一种生活——公共生活的载体。法兰克福学派第二代代表人物、德国当代最著名的哲学家之一尤尔根·哈贝马斯认为，公共空间是介于私人空间与公权力之间的中间地带，是体现公共理性精神的空间。

② 《公民道德建设实施纲要》，人民出版社 2001 年版，第 8 页。

③ 《习近平谈治国理政》第一卷，外文出版社 2018 年版，第 173 页。

生活小事入手，不断凝聚社会正能量，为实现中国梦履行自己的义务和责任，贡献自己的智慧和力量。近年来时常发生因感情受挫、利益受损或感受到不公平对待滋生不满情绪等而报复社会的暴力事件——有的到校园里或市场上砍杀师生或过客，有的人为纵火甚至放置炸弹引发公交车起火烧伤、烧死乘客，有的在公共食堂或饮水中投毒导致进食或饮水者得病甚至死亡，如此等等。这些事件从表面来看是反社会的严重违法犯罪行为，必须依法惩治；从深层来看有心理沟通、情绪疏导、舆论引导问题，必须综合治理，以实现公民与社会的友善相处。

6. 善待自然

人与自然是生命共同体，良好的自然生态环境是最公平的公共产品，是最普惠的民生福祉。关爱自然实质上也是关爱人类自身，人类对大自然的伤害最终会伤及人类自身。善待自然是友善关系价值链的基础环节。人类必须尊重自然、顺应自然、保护自然，坚持人与自然和谐共生。

人是自然之子，自然界对人类社会具有发生学意义上的先在关系，人类社会对自然界是生存论意义上的依赖关系。人类对自然应心存敬畏、行有所止、友善相待。中国古代素有"天人合一""道法自然""民胞物与"①的思想，倡导人与自然的和谐共生。

工业革命以后，征服自然的观念伴随资本主义生产方式从西方扩散到全球成为主导价值观。然而这种单向度的彰显人类对自然的征服的价值观及其影响下形成的经济增长模式造成的生态危机，严重地威胁到人类的生存与发展。马克思创立实践唯物主义的"人化自然"观，提出了社会经济形态的发展是自然历史过程等科学论断，主张合理调节"人与自然之间的物质变换"，"靠消耗最小的力量，在最无愧于和最适合于他们的人类本性的条件下来进行这种物质变换"②。恩格斯也强调要实现"人类同自然的和解以及人类本身的和解"③。马克思在阅读德国植物学家、农学家卡·弗腊斯《各个时代的气候和植物界，二者的历史》一书之后写信给恩格斯，介绍说，"这本书证明，气候和植物在有史时代是有变化的。他是达尔文以前的达尔文主义者"。马克思还特别赞赏该书批评毁

---

① "民胞物与"指爱一切人和一切物类，出自北宋·张载《西铭》："民吾同胞，物吾与也。"
② 《马克思恩格斯全集》第 3 卷，人民出版社 2002 年版，第 928—929 页。
③ 《马克思恩格斯全集》第 3 卷，人民出版社 2002 年版，第 449 页。

林开荒和耕作不当而造成的生态平衡破坏以及导致土壤贫瘠和沙漠化现象的论述，认为"耕作如果自发地进行，而不是有意识地加以控制……会导致土地荒芜，像波斯、美索不达米亚等地以及希腊那样。"所以，马克思称赞弗腊斯"也具有不自觉的社会主义倾向！"①

在马克思的影响下，恩格斯在《自然辩证法》札记中，论述人类活动对植物界和气候变化的影响时利用了卡·弗腊斯的著作材料。恩格斯指出："我们不要过分陶醉于我们人类对自然界的胜利。对于每一次这样的胜利，自然界都对我们进行报复。每一次胜利在起初确实取得了我们预期的结果，但是往后再往后却有了完全不同的、出乎预料的影响，它常常把最初的结果又消除了。美索不达米亚、希腊、小亚细亚以及其他各地的居民，为了得到耕地，毁灭了森林，但是他们做梦也想不到，这些地方今天竟因此而成为不毛之地，因为他们使这些地方失去了森林，也就失去了水分的积聚中心和贮藏库。"② 历史的教训，值得深思！存在主义大师海德格尔在后期写作的《哲学的终结和思的任务》《林中路》《诗·语言·思》等著作中，从技术批判向度出发述说了近代以来由十技术的发展所导致的人和自然之间关系的变化所包含的危险趋势。在海德格尔看来，科学技术的任性发展将使人类对地球的利用与剥夺达到了无法想象的状况，人类的生存根基遭受严重破坏。因此现时代的问题就在于人类有"急难"，而陶醉于技术革命时代的人们对所面临的不断加剧的"急难"却无动于衷，从而更加剧了人类社会的危机。他呼吁：要倾听自然的呼声，拯救地球从而更新人类的价值观，使人类能"诗意般栖居"。20世纪下半叶保护环境的绿色运动迅速兴起，可持续发展观、生态伦理学、环境伦理学、生态学社会主义、生态学马克思主义等应运而生。

在改革开放初期，为尽快改变经济落后面貌和改善人民生活，中国政府致力加快经济发展速度。世纪之交，中国经济的落后面貌得到初步改变，人民生活总体上实现了由温饱到小康的跨越。同时，随着工业化、城市化进程的加快，发达国家分阶段出现的环境与生态问题凸显出来。中共中央相继提出科学发展观和建设社会主义生态文明等与时俱进的发展理念。中共十八大把生态文明建设纳入中国特色社会主义"五位一体"的总体布局，强调："必须树立尊重自然、顺应自然、保护自然的生态文明理念，把生态文明建设放在突出地位，融入经

---

① 《马克思恩格斯选集》第4卷，人民出版社2012年版，第997—998页。
② 《马克思恩格斯选集》第四卷，人民出版社2012年版，第471页。

济建设、政治建设、文化建设、社会建设各方面和全过程，努力建设美丽中国，实现中华民族永续发展。"① 中共十八大以来，以习近平同志为核心的党中央把生态文明建设作为统筹推进"五位一体"总体布局和协调推进"四个全面"战略布局的重要内容，开展一系列根本性、开创性、长远性工作，加快推进生态文明顶层设计和制度体系建设，推动生态环境保护发生历史性、转折性、全局性变化，提出一系列新理念、新观点、新论断，形成了习近平生态文明思想。

习近平形象地把追求人与自然和谐、经济与社会和谐比喻为"两山"，提出了"绿水青山就是金山银山"的理论。

中共十八届三中全会通过的《中共中央关于全面深化改革若干重大问题的决定》提出紧紧围绕建设美丽中国深化生态文明体制改革的重大任务，强调要建立系统完整的生态文明制度体系，划定生态保护红线，用制度保护生态环境。中共十八届四中全会通过的《中共中央关于全面推进依法治国若干重大问题的决定》提出以法治手段推进生态文明建设的重大战略，要求用严格的法律制度保护生态环境，加快建立有效约束开发行为和促进绿色发展、循环发展、低碳发展的生态文明法律制度。

2015 年 10 月，中共十八届五中全会提出了创新、协调、绿色、开放、共享的发展理念。中共十八届五中全会通过的《中共中央关于制定国民经济和社会发展第十三个五年规划的建议》在阐述"绿色"发展理念时指出："绿色是永续发展的必要条件和人民对美好生活追求的重要体现。"②

2016 年初，习近平在重庆召开的推动长江经济带发展座谈会上强调，长江是中华民族的母亲河，也是中华民族发展的重要支撑。推动长江经济带发展必须从中华民族长远利益考虑，走生态优先、绿色发展之路，使绿水青山产生巨大生态效益、经济效益、社会效益，使母亲河永葆生机活力。当前和今后相当长一个时期，要把修复长江生态环境摆在压倒性位置，共抓大保护，不搞大开发。

2017 年 10 月，习近平在中共十九大报告中把"坚持新发展理念"和"坚持人与自然和谐共生"纳入新时代坚持和发展中国特色社会主义的基本方略，强调"建设生态文明是中华民族永续发展的千年大计。必须树立和践行绿水青

---

① 《中国共产党第十八次全国代表大会文件汇编》，人民出版社 2012 年版，第 36 页。
② 《中共中央关于制定国民经济和社会发展第十三个五年规划的建议》，人民出版社 2015 年版，第 9 页。

山就是金山银山的理念，坚持节约资源和保护环境的基本国策，像对待生命一样对待生态环境，统筹山水林田湖草系统治理，实行最严格的生态环境保护制度，形成绿色发展方式和生活方式，坚定走生产发展、生活富裕、生态良好的文明发展道路，建设美丽中国，为人民创造良好生产生活环境，为全球生态安全作出贡献"①。

2018 年 5 月，习近平在第八次全国生态环境保护大会上的讲话中强调要加快构建生态文明体系②，坚决打好污染防治攻坚战，推动我国生态文明建设迈上新台阶。

7. 善待自我

友善，不仅是对他人、对外部世界的一种态度，同时也是对自己、对内部心灵的一种取向。常言说的"爱人如己"或"待人如己"的友善态度均以"友己"为参照，也就意味着一个不能与自己为友、不能发自内心善良的人，是无法处理好与他人、与社会乃至与自然的友善关系的。

善待自我（关爱自我）是作为主体的人以自我为对象进行的肯定与反省的活动，以达到主体与自身关系的协调与和谐。主体如果不能调适与自我的关系，通常也处理不好与他者的关系。友善，不仅是对他人、对外部世界的一种态度，同时也是对自己、对内部心灵的一种精神关照。战国末年著名思想家荀子记载了孔子和几个弟子的一次对话，孔子对弟子提出同样的问题——"知者若何？仁者若何？"得到三个弟子的不同回答，便做出不同评价，其中对"知者自知，仁者自爱"的回答评价最高③（《荀子·子道》)，所以荀子明确提出了"仁爱始于自爱"的观点。汉代哲学家扬雄说："人必其自爱也，而后人爱诸；人必其自敬

---

① 《中国共产党第十九次全国代表大会文件汇编》，人民出版社 2017 年版，第 19 页。
② 加快建立健全以生态价值观念为准则的生态文化体系，以产业生态化和生态产业化为主体的生态经济体系，以改善生态环境质量为核心的目标责任体系，以治理体系和治理能力现代化为保障的生态文明制度体系，以生态系统良性循环和环境风险有效防控为重点的生态安全体系。
③ 子路入，子曰："由，知者若何？仁者若何？"子路对曰："知者使人知，仁者使人爱己。"子曰："可谓士矣。"子贡入，子曰："赐，知者若何？仁者若何？"子贡对曰："知者知人，仁者爱人。"子曰："可谓士君子矣。"颜渊入，子曰："回，知者若何？仁者若何？"颜渊对曰："知者自知，仁者自爱。"子曰："可谓明君子矣。"

也,而后人敬诸。"(西汉·扬雄《法言·君子》①)宋代理学家张载说:"以爱己之心爱人,则尽仁。"(北宋·张载《正蒙·中正》)基督教要求"爱人如自己"也意味着要自爱。古希腊哲学家亚里士多德说"一切与友情相关的事物,都是从自身推广到他人","一个人首要是他自己的朋友"②。"自古以来就把推己及人,己所不欲勿施于人当作友爱的最高准则"。③德裔美籍哲学家弗洛姆主张,自爱是爱他人的基础。他认为,对自己的生活、幸福、成长以及自由的肯定是爱的艺术的基础。而马克思也曾经指出:"最抽象的因而也是最古老的爱的形式是自爱,对自己个人存在的爱。"④

善待自我就要学会自尊、自爱、自主、自律,最基本的要求就是自爱。而自爱者,方能为人所爱。自爱并不等于自私。自爱是人的一种基本美德,自私是损人利己的社会关系在人的头脑中的反映。

自爱最基本的要求是"贵生"。据世界卫生组织和国际预防自杀协会联合发布的报告称,全球每年有100多万人死于自杀,多于战争和凶杀致死人数的总和。而相当于这一数字20倍的人尝试过自杀或有自杀的意念。有自杀倾向之人往往认为,生命是自己的,自杀是自己的权利。但基督教主张,人是上帝创造的,生命属于上帝,人没有权利终止自己的生命。而儒家经典《孝经》曰:"身体发肤,受之父母,不敢毁伤,孝之始也。"

善待自我,既要自爱,又要自知。老子曰:"知人者智,自知者明。"(《道德经》第三十三章)。古希腊人把"认识你自己"作为箴言刻在戴尔菲阿波罗神庙庙墙上警示世人。苏格拉底主张"美德就是知识",他从"认识你自己",推导出"自知其无知"等著名论断。而鲁迅先生也非常推崇"人贵有自知之明"。

---

① 2018年5月28日,习近平在中国科学院第十九次院士大会、中国工程院第十四次院士大会上的讲话中指出:"古人说:'人必其自爱也,而后人爱诸;人必其自敬也,而后人敬诸。'希望广大院士善养浩然正气,培育和践行社会主义核心价值观,坚守院士称号学术性、荣誉性的本质,传播真理、传播真知,崇德向善、见贤思齐,言为士则、行为世范,提携后学、甘当人梯,在全社会树立良好道德风尚。要发挥院士制度凝才聚智的导向性作用,不拘一格降人才,使院士制度成为引导我国科技创新人才健康成长的强大正能量!"
② 苗力田编:《亚里士多德选集》(伦理学卷),中国人民大学出版社1999年版,第214页。
③ 苗力田编:《亚里士多德选集》(伦理学卷),中国人民大学出版社1999年版,第215页。
④ 《马克思恩格斯全集》第四十卷,人民出版社1982年版,第87页。

三、友善是和平与发展的纽带

在社会主义核心价值观系列中，"友善"被解读为公民个体层面的价值准则和要求，其着眼点是个人或者说个体之间的道德关系与价值诉求。但个人与集体、个体与群体的区分具有相对性，在一定的意义上可将国家内部的社会实体、团体乃至整个国家和全人类看作个体主体的延伸或扩展，友善作为促进和平发展的精神纽带首先延伸到团结包括台湾同胞在内的全体中华儿女同心共圆中华民族伟大复兴的中国梦，进而延伸到发展中国与周边国家以及世界各国的友好关系，让各国人民感受到中国梦是和平、发展、合作、共赢之梦，与世界各国人民的美好梦想相通。而随着经济全球化进程的深入发展和我国对外开放的不断扩大，随着"我国日益走近世界舞台中央"①、共建"一带一路"的倡议从理念转化实践和越来越多的中国公民走出国门而成为"世界公民"，也需要将友善这一公民个人层面的价值准则和要求延伸至广阔的舞台，人力发展对外的友好交往，树立走向世界的中国公民的文明友善的良好形象，以"民心相通"助力高质量共建"一带一路"，推动构建人类命运共同体，与各国人民同心协力，建设持久和平、普遍安全、共同繁荣、开放包容、清洁美丽的世界，共同创造人类的美好未来！

1. 携手两岸同胞共圆中国梦

实现中华民族伟大复兴是包括台湾同胞在内的海内外中华儿女共同的梦想，友善作为促进和平与发展的精神纽带，助推海峡两岸同胞携手共圆民族复兴的伟大梦想。

台湾自古以来就是中国领土不可分割的一部分，海峡两岸同胞同根同源、同文同种，是血脉相连的共同体，同属中华民族大家庭。"1840 年鸦片战争之后，西方列强入侵，中国陷入内忧外患、山河破碎的悲惨境地，台湾更是被外族侵占长达半个世纪②。为战胜外来侵略、争取民族解放、实现国家统一，中华

---

① 《中国共产党第十九次全国代表大会文件汇编》，人民出版社 2017 年版，第 9 页。
② 1895 年，日本帝国主义强迫清政府签订《马关条约》，割占台湾岛及澎湖列岛，台湾从此进入长达 50 年之久的日殖时代。日本帝国主义对台湾同胞的残暴统治，给台湾同胞带来难以弥补的伤痛，更给整个中华民族造成巨大的伤痛（此注为引者所加）。

儿女前仆后继，进行了可歌可泣的斗争。台湾同胞在这场斗争中做出了重要贡献。1945 年，中国人民同世界各国人民一道，取得了中国人民抗日战争暨世界反法西斯战争的伟大胜利，台湾随之光复，重回祖国怀抱。其后不久，由于中国内战延续和外部势力干涉，海峡两岸陷入长期政治对立的特殊状态。1949 年以来，中国共产党、中国政府、中国人民始终把解决台湾问题、实现祖国完全统一作为矢志不渝的历史任务。我们团结台湾同胞，推动台海形势从紧张对峙走向缓和改善、进而走上和平发展道路，两岸关系不断取得突破性进展。"① 我们秉持求同存异精神，推动两岸双方在一个中国原则基础上达成了"海峡两岸同属一个中国，共同努力谋求国家统一"的"九二共识"②。中国共产党、中国政府"把握两岸关系发展时代变化，提出和平解决台湾问题的政策主张和'一国两制'科学构想，确立了'和平统一、一国两制'基本方针，进而形成了坚持'一国两制'和推进祖国统一基本方略。"③

2005 年 3 月中华人民共和国十届全国人大三次会议通过的《反分裂国家法》是一部关于海峡两岸关系的法律。《反分裂国家法》的主要内容是鼓励两岸交流合作、促进和平发展与和平统一，但同时也首次明确提出了在三种情况下中国大陆可用"非和平手段"处理台湾问题的底线（如"台独"分裂势力以任何名义、任何方式造成台湾从中国分裂出去的事实，或者发生将会导致台湾从中国分裂出去的重大事变，或者和平统一的可能性完全丧失，国家得采取非和平方式及其他必要措施，捍卫国家主权和领土完整）。应时任中共中央总书记胡锦涛邀请，中国国民党主席连战率国民党大陆访问团于 2005 年 4 月 26 日至 5 月 3 日访问大陆，实现了时隔 60 年的国共两党领导人的历史性握手。2008 年中国国民党主席马英九在台湾地区领导人选举中胜出，2012 年获得连任。在马英九任内海峡两岸双方在坚持"九二共识"、反对"台独"的政治基础上，建构

---

① 习近平：《为实现民族伟大复兴、推进祖国和平统一而共同奋斗——在〈告台湾同胞书〉发表 40 周年纪念会上的讲话》，《人民日报》2019 年 1 月 3 日。

② "九二共识"是指 1992 年在解决两岸事务性商谈中，海峡两岸关系协会与台湾的海峡交流基金会就如何表明坚持一个中国原则的态度问题，所达成的以口头方式表达"海峡两岸均坚持一个中国原则"的共识。"九二共识"的缘起是为两岸协商寻求双方共同的政治基础。1992 年 10 月底至 12 月初，海协会与海基会在香港举行会谈，会谈后又通过数次函电往来达成了"海峡两岸均坚持一个中国的原则"的共识，后被称为"九二共识"。"九二共识"的核心内涵是"两岸同属一个中国，共同努力谋求国家统一"。

③ 习近平：《为实现民族伟大复兴、推进祖国和平统一而共同奋斗——在〈告台湾同胞书〉发表 40 周年纪念会上的讲话》，《人民日报》2019 年 1 月 3 日。

两岸交流合作制度框架,扩大和深化了各领域的交流合作,开辟了两岸关系和平发展的正确道路,推动着两岸友善交流,增进了两岸同胞福祉。中共十八大进一步对台释出善意,指出:"两岸双方应恪守反对'台独'、坚持'九二共识'的共同立场,增进维护一个中国框架的共同认知,在此基础上求同存异。对台湾任何政党,只要不主张'台独'、认同一个中国,我们都愿意同他们交往、对话、合作。"①中共十八大以后,中共中央总书记习近平在分别会见连战一行和宋楚瑜一行时明确阐述了"两岸一家亲""共圆中华民族伟大复兴的中国梦"等思想理念。他强调说,"兄弟齐心,其利断金",我们的血脉里流动的都是中华民族的血,我们精神上坚守的都是中华民族的魂,"熨平心里创伤需要亲情,解决现实问题需要真情"②,"我们要积极创造条件,扩大两岸社会各界各阶层的接触面,面对面沟通,心与心交流,不断增进理解,接近心理距离"③。实现中华民族伟大复兴,需要两岸同胞共同努力,应该登高望远,看到时代发展、民族振兴的大趋势,看到两岸关系和平发展已经成为中华民族伟大复兴的重要组成部分,摆脱不合时宜的旧观念束缚,明确振兴中华的共同奋斗目标,携手构建两岸命运共同体,推动两岸关系和平发展、同心共圆中华民族伟大复兴的中国梦。

2015年11月7日下午,习近平与马英九在新加坡香格里拉酒店会面,就推进两岸关系和平发展交换意见。这是1949年以来两岸领导人的首次直接会面。双方会面使用的是"两岸领导人"的身份和名义,友善地互称"先生"。在数百名中外媒体记者的瞩目下,两岸领导人实现了跨越66年时空的历史性握手。

"习马会"上,两岸领导人对两岸关系的政策主张阐述不乏共同点和相互呼应之处。两岸领导人都强调要坚持"九二共识",反对"台独",保持两岸关系正确发展方向;两岸领导人都视致力于中华民族伟大复兴为两岸的共同使命;两岸领导人都认为,双方应该相互尊重彼此的选择,彼此不同的发展道路和社会制度不应成为干扰两岸交流合作、伤害同胞感情的因素。这三个共同点,实际上构成了两岸关系最大公约数的主要内涵,由此也明确了巩固和发展两岸关系的基础。"习马会"发出了台海事务作为中国内部事务,应当由两岸中国人共同解决的信号。从1993年"汪辜会谈",到2005年中国国民党主席连战访问大陆的"和平之旅",再到此次两岸领导人直接会面,表明两岸关系的发展虽出现

---

① 《中国共产党第十九次全国代表大会文件汇编》,人民出版社2012年版,第41页。
② 《习近平谈治国理政》第1卷,外文出版社2018年版,第238页。
③ 《习近平谈治国理政》第1卷,外文出版社2018年版,第242—243页。

波折，但和平发展、友善互动是人心所向、大势所趋。

"习马会"开辟了两岸良性互动的新空间。大陆方面表示，对于台湾方面建立两岸热线的呼吁，大陆方面积极予以回应，双方两岸事务主管部门负责人之间有望建立起沟通热线，从而推动两岸高层交往机制化、日常化。对于台湾涉外活动问题，在不造成"两个中国""一中一台"的前提下，大陆愿意通过务实协商，做出合情合理的安排。同时，大陆方面欢迎台湾同胞积极参与"一带一路"建设，欢迎台湾以适当方式加入亚投行。这些主张不仅有助于提振台湾经济，增进两岸的民心交流，也有助于两岸关系进一步向命运共同体演变。这次历史性的会面，表明两岸关系和平发展是两岸同胞的共同心愿，在两岸关系发展中写下了历史性的一页。

近年来，经历台湾地方公职人员"九合一"选举和台湾地区领导人选举后，台湾政局几度发生重大变化，海峡两岸关系面临极为复杂的局面。

2017年10月18日，习近平在中共十九大报告中指出："解决台湾问题、实现祖国完全统一，是全体中华儿女共同愿望，是中华民族根本利益所在。必须继续坚持'和平统一、一国两制'方针，推动两岸关系和平发展，推进祖国和平统一进程。一个中国原则是两岸关系的政治基础。体现一个中国原则的"九二共识"明确界定了两岸关系的根本性质，是确保两岸关系和平发展的关键。承认'九二共识'的历史事实，认同两岸同属一个中国，两岸双方就能开展对话，协商解决两岸同胞关心的问题，台湾任何政党和团体同大陆交往也不会存在障碍……　我们坚决维护国家主权和领土完整，绝不容忍国家分裂的历史悲剧重演。一切分裂祖国的活动都必将遭到全体中国人坚决反对。我们有坚定的意志、充分的信心、足够的能力挫败任何形式的'台独'分裂图谋。我们绝不允许任何人、任何组织、任何政党、在任何时候、以任何形式、把任何一块中国领土从中国分裂出去！"[①]2019年1月2日，习近平在《告台湾同胞书》发表40周年纪念会上的讲话中指出，"两岸长期存在的政治分歧问题是影响两岸关系行稳致远的总根子"，"两岸双方应该本着对民族、对后世负责的态度，凝聚智慧，发挥创意，聚同化异，争取早日解决政治对立，实现台海持久和平，达成国家统一愿景，让我们的子孙后代在祥和、安宁、繁荣、尊严的共同家园

---

① 《中国共产党第十九次全国代表大会文件汇编》，人民出版社2017年版，第45—46页。

中生活成长"①。习近平强调："台湾问题因民族弱乱而产生，必将随着民族复兴而终结！""要探索'两制'台湾方案，丰富和平统一实践。"②统一是历史大势，是正道。"台独"是历史逆流，是绝路。"广大台湾同胞具有光荣的爱国主义传统，是我们的骨肉天亲。我们愿意以最大诚意、尽最大努力争取和平统一的前景，因为以和平方式实现统一，对两岸同胞和全民族最有利。我们不承诺放弃使用武力，保留采取一切必要措施的选项，针对的是外部势力干涉和极少数'台独'分裂分子及其分裂活动，绝非针对台湾同胞。两岸同胞要共谋和平、共护和平、共享和平。"③新时代是中华民族大发展大作为的时代，也是两岸同胞大发展大作为的时代。前进道路不可能一帆风顺，但只要我们和衷共济、共同奋斗，就一定能够共创中华民族伟大复兴美好未来，就一定能够完成祖国统一大业！

2. 弘扬"亲仁善邻"的历史传统

"邻"的本义是指古代的一种居民组织，有"五家为邻，五邻为里"之说，后引申为住处靠近的人家即"邻居"以及（包括在陆地、海域、河流等在内的）领土交界的国家即"邻国"。亲仁善邻，是中国自古以来的传统。"亲仁善邻"语出《左传·隐公六年》，其曰："亲仁善邻，国之宝也。"④"亲仁善邻"中的"邻"既指邻居、邻里，也指邻邦、邻国以及道德和心理上的友邻、知己。古人云："德不孤，必有邻。""相知无远近，万里尚为邻。""海内存知己，天涯若比邻。"

中华民族是热爱和平的睦邻友善的民族，中国人的血脉中没有称王称霸、穷兵黩武的基因。古代中国在处理民族和国家关系上"贵和重人"，主张"远人不服则修文德以来之"（《论语·季氏》），曾有昭君出塞和亲、文成公主远嫁吐蕃、玄奘西游取经、鉴真东渡日本、郑和七下西洋等流芳百世的善邻故事。正因为我们祖先有这样的胸怀与气度，我们民族和国家在历史上才能"保合诸夏，协和万邦"，创造辉煌灿烂的中华文明。中华民族不惧战而又慎战的品格历久

---

① 习近平：《为实现民族伟大复兴、推进祖国和平统一而共同奋斗——在〈告台湾同胞书〉发表40周年纪念会上的讲话》，《人民日报》2019年1月3日。
② 习近平：《为实现民族伟大复兴、推进祖国和平统一而共同奋斗——在〈告台湾同胞书〉发表40周年纪念会上的讲话》，《人民日报》2019年1月3日。
③ 习近平：《为实现民族伟大复兴、推进祖国和平统一而共同奋斗——在〈告台湾同胞书〉发表40周年纪念会上的讲话》，《人民日报》2019年1月3日。
④ 《左传·隐公六年》："往岁，郑伯请成于陈，陈侯不许。五父谏曰：'亲仁善邻，国之宝也，君其许郑。'"

弥坚。"止戈为武""自古知兵非好战"成为历代兵家的格言。习近平指出："有着5000多年历史的中华文明，始终崇尚和平，和平、和睦、和谐的追求深深植根于中华民族的精神世界之中，深深溶化在中国人民的血脉之中。中国自古就提出了'国虽大，好战必灭'的箴言。'以和为贵'、'和而不同'、'化干戈为玉帛'、'国泰民安'、'睦邻友邦'、'天下太平'、'天下大同'等理念世代相传。"[①]所以，英国哲学家罗素说："如果世界上有'骄傲到不肯打仗'的民族，那么这个民族就是中国。中国人天生的态度就是宽容和友好，以礼相待并希望得到回报。"中国兵家代表人物、以著《孙子兵法》闻名于世的"兵圣"孙武就反对穷兵黩武，强调"伐谋""伐交"，即使不得已而"伐兵"也要兴"仁义之师"。

【延伸阅读】"止戈为武"的由来

"止戈为武"出自儒家经典之一的《左传》。据《左传·宣公十二年》记载：楚庄王十七年（公元前597年），晋、楚两国在郑国的邲城（今河南郑州东）进行一场决战，楚国打败中原的强敌——晋国，取得了辉煌的战绩，将士们欣喜若狂。楚国大夫潘党曰："君盍筑武军，而收晋尸以为京观。臣闻克敌必示子孙，以无忘武功。"楚庄王答道："非尔所知也。夫文，止戈为武。"这句话的意思是说，潘党劝楚庄王把战死的晋国军人的尸体堆积起来，筑成一座大"骷髅台"（叫作"京观"），作为战争胜利的纪念物，留给子孙后代看，不要忘记楚国的威风并借以炫耀楚国的武力，以威慑诸侯。楚庄王不赞成这种做法，他说："战争不是为了宣扬武功，而是为了禁止强暴，给百姓带来安定的生活。从文字组成上讲，这个'武'字是由'止'和'戈'两个字组成的，止息兵戈才是真正的武功！"楚庄王由此伸发出"武有七德"："夫武，禁暴、戢兵、保大、定功、安民、和众、丰财者也。"这就是说，武功应该具备七种德行：禁止强暴、消除战争、保持强大、巩固基业、安定百姓、团结民众、增加财富。他接着说，晋国的军卒执行国君命令而战死，他们也没有什么错。怎么可以用它们的尸体做京观呢？据记载，楚国的军队按照楚庄王的命令，到黄河边祭祀了河神，修筑了一座祖先宫室，很快就班师回国了。在后来对其他诸侯国的战争中，楚庄王"叛而伐之，服而舍之，德刑成矣。伐叛，刑也；柔服，德也。"楚庄王正是采取"德""刑"并用的政策取得了一个又一个的胜利，才使得各个诸侯国心悦诚

---

① 《习近平谈治国理政》第1卷，外文出版社2018年版，第265页。

服，"不战而屈人之兵"，成为"春秋五霸"之一。春秋末期周游列国的孔子曾称赞楚庄王之贤①。

3. 坚持与邻为善、以邻为伴

2014 年 9 月 19 日，国家主席习近平在新德里会见印度国大党主席索尼娅·甘地和前总理辛格时强调："当前，中国和印度都在致力于实现民族复兴，最珍惜的就是和平与发展，最需要的就是稳定友善的周边环境，更应该坚定信念，携手合作，共创未来。"②

自古以来，中国政府和民间都秉承"亲仁善邻"的友善理念。"亲仁善邻"的历史传统在当代中国的承续与光大体现为"与邻为善、以邻为伴"的周边外交方针。2013 年 10 月，习近平在周边外交工作座谈会上的讲话中指出："我国周边外交的基本方针，就是坚持与邻为善、以邻为伴，坚持睦邻、安邻、富邻，突出体现亲、诚、惠、容的理念。"③

"亲、诚、惠、容"周边外交理念这四字箴言，既是对过去儿十年中国奉行睦邻友好政策的总结，也体现出中国外交独特的思想底色和文化底蕴。

"亲"，就是"要坚持睦邻友好，守望相助；讲平等、重感情；常见面，多走动；多做得人心、暖人心的事，使周边国家对我们更友善、更亲近、更认同、更支持，增强亲和力、感召力、影响力"④。

"诚"，就是"要诚心诚意对待周边国家，争取更多朋友和伙伴"⑤；就是要坚持国家不分大小、强弱、贫富一律平等，在和平共处五项原则基础上全面发展同周边国家关系，坚持用自己的诚心诚意赢得周边国家的尊重、信任和支持。

"惠"，就是"要本着互惠互利的原则同周边国家开展合作，编织更加紧密的共同利益网络，把双方利益融合提升到更高水平，让我国发展更好地惠及周边，同时也使我国从周边国家共同发展中获得裨益和助力"。⑥

"容"，就是"要倡导包容的思想，强调亚太之大容得下大家共同发展，以

---

① "贤哉楚庄王，轻千乘之国，而重一言之信。"（《孔子家语·好生》）
② 《实现民族复兴最需要稳定友善的周边环境》，《中国青年报》2014 年 9 月 20 日。
③ 《习近平谈治国理政》第一卷，外文出版社 2018 年版，第 297 页。
④ 《习近平谈治国理政》第一卷，外文出版社 2018 年版，第 297 页。
⑤ 《习近平谈治国理政》第一卷，外文出版社 2018 年版，第 297 页。
⑥ 《习近平谈治国理政》第一卷，外文出版社 2018 年版，第 297 页。

更加开放的胸襟和更加积极的态度促进地区合作"①，更加主动、更加积极地回应周边国家的期待，共享机遇，共迎挑战，共创繁荣。

"亲、诚、惠、容"是相互联系、有机统一的外交新理念，更是相互照应、相得益彰的外交大方略，尽管着眼点是周边外交，但对全球多边外交同样具有重要的指引和规范意义。中共中央总书记习近平在中共十九大报告中指出："中国积极发展全球伙伴关系，扩大同各国的利益交汇点，推进大国协调和合作，构建总体稳定、均衡发展的大国关系框架，按照亲诚惠容理念和与邻为善、以邻为伴周边外交方针深化同周边国家关系，秉持正确义利观和真实亲诚理念加强同发展中国家团结合作。"②

中共十八大以来，以习近平同志为核心的党中央全面推进中国特色大国外交，形成全方位、多层次、立体化的外交布局，为我国发展营造了良好的外部条件。实施共建"一带一路"③倡议，发起创办亚洲基础设施投资银行，设立丝路基金，举办"一带一路"国际合作高峰论坛、亚太经合组织领导人非正式会议、二十国集团领导人杭州峰会、金砖国家领导人厦门会晤、亚信峰会。倡导构建人类命运共同体，促进全球治理体系变革。我国国际影响力、感召力、塑造力进一步提高，为世界和平与发展做出新的重大贡献。中共中央总书记习近平在中共十九大报告中指出："中国坚持对外开放的基本国策，坚持打开国门搞建设，积极促进'一带一路'国际合作，努力实现政策沟通、设施联通、贸易畅通、资金融通、民心相通，打造国际合作新平台，增添共同发展新动力。"④

2018 年 6 月，中共中央总书记、国家主席习近平在中央外事工作会议上的讲话中指出，党的十八大以来，我们深刻把握新时代中国和世界发展大势，在对外工作上进行一系列重大理论和实践创新，形成了新时代中国特色社会主义

---

① 《习近平谈治国理政》第一卷，外文出版社 2018 年版，第 297—298 页。
② 《中国共产党第十九次全国代表大会文件汇编》，人民出版社 2017 年版，第 48 页。
③ 2013 年 9 月和 10 月，中国国家主席习近平先后提出建设"丝绸之路经济带"和"21 世纪海上丝绸之路"的倡议（简称"一带一路"），得到国际社会的广泛关注和积极回应。
④ 《中国共产党第十九次全国代表大会文件汇编》，人民出版社 2017 年版，第 48 页。

外交思想，概括为 10 个方面[①]。习近平强调，从党的十九大到党的二十大，是实现"两个一百年"奋斗目标的历史交汇期，在中华民族伟大复兴历史进程中具有特殊重大意义。纵观人类历史，世界发展从来都是各种矛盾相互交织、相互作用的综合结果。我们要深入分析世界转型过渡期国际形势的演变规律，准确把握历史交汇期我国外部环境的基本特征，统筹谋划和推进对外工作。既要把握世界多极化加速推进的大势，又要重视大国关系深入调整的态势。既要把握经济全球化持续发展的大势，又要重视世界经济格局深刻演变的动向。既要把握国际环境总体稳定的大势，又要重视国际安全挑战错综复杂的局面。既要把握各种文明交流互鉴的大势，又要重视不同思想文化相互激荡的现实。

　　邻居可以选择，邻国不能选择。中国是世界上邻国最多的国家（中国现有20 个邻国，其中陆地相邻的国家就有 14 个），这些国家的总人口超过世界人口的三分之一。中国坚持在和平共处五项原则的基础上发展同所有周边国家的睦邻友好关系，在处理边界划分、领土争端、资源归属等有争议的问题时，我们主张当事方在不损害国家核心利益的前提下，通过和平谈判、互谅互让的方式解决争端；一时解决不了的，可在坚持"主权属我"的前提下，"搁置争议、共同开发"。中国致力通过友好谈判，和平解决同邻国的领土、领海、海洋权益争议。钓鱼岛及其附属岛屿自古以来就是中国固有领土。无论是史籍还是官方文件都证明，中国最早发现、最早开发钓鱼岛并拥有钓鱼岛主权，中国对此拥有充分的历史和法律依据。2012 年日本政府不顾中方严正交涉和坚决反对，执意实施所谓钓鱼岛"国有化"方案，这是对中国领土主权的严重侵犯。为此，中国政府不得不采取一系列措施，给予有力回击。近几年来，经过双方努力，中日关系呈现逐步改善的态势。中方坚持按照国际法的有关规定和《南海各方行为宣言》的精神，主张通过双边谈判解决领土主权和海洋划界争议，努力使南海成为和平之海、友谊之海、合作之海。2016 年中国挫败美日导演和菲律宾阿基诺政府主演的"南海仲裁案"闹剧，在菲律宾杜特尔特政府上台后中菲关系

[①]　坚持以维护党中央权威为统领加强党对外工作的集中统一领导，坚持以实现中华民族伟大复兴为使命推进中国特色大国外交，坚持以维护世界和平、促进共同发展为宗旨推动构建人类命运共同体，坚持以中国特色社会主义为根本增强战略自信，坚持以共商共建共享为原则推动"一带一路"建设，坚持以相互尊重、合作共赢为基础走和平发展道路，坚持以深化外交布局为依托打造全球伙伴关系，坚持以公平正义为理念引领全球治理体系改革，坚持以国家核心利益为底线维护国家主权、安全、发展利益，坚持以对外工作优良传统和时代特征相结合为方向塑造中国外交独特风范。我们要全面贯彻落实新时代中国特色社会主义外交思想，不断为实现中华民族伟大复兴的中国梦、推动构建人类命运共同体创造良好外部条件。

显著改善。2017 年中印"洞朗对峙事件"以和平的方式解决。中国坚持与邻为善、以邻为伴的周边外交方针经受了历史考验、赢得了世界热爱和平的国家和人民的广泛认同。

4. 中国梦与各国人民美好梦想相通

中国梦不仅给中国人民带来福祉，而且给世界人民带来福音，而友善是联通中国梦与各国人民美好梦想的精神纽带。中共十八大以后，习近平围绕什么是中国梦、怎样实现中国梦，提出了一系列新思想、新观点、新论述，使中国梦成为承载亿万海内外中华儿女伟大梦想的热门词汇和凝聚人心的主流话语，并引起了国际社会的广泛关注。习近平在中共十九大报告中指出："中国人民的梦想同各国人民的梦想息息相通，实现中国梦离不开和平的国际环境和稳定的国际秩序。"[①]

某些西方舆论称"中国梦是野心勃勃的代名词"，"中国梦的目标是称霸世界，将对亚太地区乃至世界的稳定构成威胁"。这是对中国梦的曲解和误读。近代以来，中华民族饱经沧桑，深知和平之珍贵、发展之重要。中华人民共和国成立后，中国政府在对外关系中首倡并正式确立和平共处五项原则，奉行独立自主的和平外交政策和防御性的国防政策，坚持反对霸权主义，维护世界和平，主张建立公正合理的国际政治经济新秩序。毛泽东时代中国政府就向全世界宣告：永远不争霸，永远不称霸，不首先使用核武器。改革开放以来，中国坚定不移走和平发展道路，成为维护地区与世界和平稳定的坚定力量。多年来，中国不仅积极参加联合国维和行动，还与世界各国通力合作，运用多边主义来解决各种国际矛盾和冲突，积极推动实现地区稳定和世界持久和平。中国政府同世界各国携手反对恐怖主义，在军控领域忠实履行各项国际义务，在联合国维和事业中承担起更多的责任，在朝鲜半岛无核化和伊朗核问题上坚持促谈促和。可见，中国梦给世界带来的是和平、是发展、是合作，是更多机遇，而不是威胁。

当今世界正在发生深刻复杂的变化，世界处于百年未有之大变局，而和平与发展仍然是时代主题。改革开放以来，中国人民聚精会神搞建设，取得了举世瞩目的成就，为世界经济发展做出了巨大贡献。特别是国际金融危机爆发以来，中国成为世界经济的稳定器和新引擎，贡献了近四分之一的全球经济增长

---

① 《中国共产党第十九次全国代表大会文件汇编》，人民出版社 2017 年版，第 20 页。

量，2010 年中国 GDP 规模超过日本，正式成为世界第二大经济体。中国人民用自己的实干诠释了"发展"这个人类的共同梦想。在全球化和信息化时代背景下，中国梦是中国的，也是世界的。2008 年北京奥运会"同一个世界，同一个梦想"（One World One Dream）的主题口号就是中国梦的世界意义的写照。

中共十八大庄严宣告："中国将继续高举和平、发展、合作、共赢的旗帜，坚定不移致力于维护世界和平、促进共同发展。"① 2013 年初，十八届中共中央政治局就坚定不移走和平发展道路举行第三次集体学习，中共中央总书记习近平主持学习并发表重要讲话。他说，中华民族是爱好和平的民族。消除战争，实现和平，是近代以后中国人民最迫切、最深厚的愿望。走和平发展道路，是中华民族优秀文化传统的传承和发展，也是中国人民从近代以后苦难遭遇中得出的必然结论。中国人民对战争带来的苦难有着刻骨铭心的记忆，对和平有着孜孜不倦的追求，十分珍惜和平安定的生活。"我们的和平发展道路来之不易，是新中国成立以来特别是改革开放以来，我们党经过艰辛探索和不断实践逐步形成的。我们党始终高举和平的旗帜，从来没有动摇过。"② 他强调："我们要坚持走和平发展道路，但决不能放弃我们的正当权益，决不能牺牲国家核心利益。任何外国不要指望我们会拿自己的核心利益做交易，不要指望我们会吞下损害我国主权、安全、发展利益的苦果。中国走和平发展道路，其他国家也都要走和平发展道路，只有各国都走和平发展道路，各国才能共同发展，国与国才能和平相处。"③

2013 年 3 月 22 日至 30 日，国家主席习近平偕夫人彭丽媛一行应邀对俄罗斯、坦桑尼亚、南非和刚果共和国进行国事访问并出席在南非德班举行的金砖国家领导人第五次会晤。这是一次"释梦之旅"。在非洲访问期间，习近平主席提出中非是"命运共同体"，"永远做可靠朋友和真诚伙伴""推动实现持久和平、共同繁荣的世界梦"。2013 年 3 月 25 日，习近平主席在坦桑尼亚达累斯萨拉姆发表题为《永远做可靠朋友和真诚伙伴》的演讲，在演讲中说到中国梦、非洲梦和世界梦的关系。他说，中国梦不仅是造福中国人民，而且要造福世界各国人民，"中非人民要加强团结合作、加强相互支持和帮助，努力实现我们各自的梦想。我们还要同国际社会一道，推动实现持久和平、共同繁荣的世界梦，

---

① 《中国共产党第十八次全国代表大会文件汇编》，人民出版社 2012 年版，第 44 页。
② 《习近平谈治国理政》第一卷，外文出版社 2018 年版，第 248 页。
③ 《习近平谈治国理政》第一卷，外文出版社 2018 年版，第 249 页。

为人类和平与发展的崇高事业作出新的更大的贡献！"①

2013 年 5 月 31 日至 6 月 6 日，中国国家主席习近平偕同夫人彭丽媛对特立尼达和多巴哥、哥斯达黎加、墨西哥三国进行国事访问，并于 6 月 7 日至 8 日在美国加利福尼亚州安纳伯格庄园同奥巴马总统会晤。这是中国领导人的又一次"释梦之旅"。出访前，习近平主席接受特多《快报》、哥斯达黎加《共和国报》、墨西哥《至上报》三家媒体的联合采访时指出："中国和拉美虽然远隔重洋，但我们的心是相通的。联结我们的不仅是深厚传统友谊、密切利益纽带，还有我们对美好梦想的共同追求。"②2013 年 6 月 7 日至 8 日，习近平主席与奥巴马总统在美国加利福尼亚州安纳伯格庄园举行会晤（媒体称之为"习奥会"），这是两个世界大国领导层换届后，国家元首之间首次面对面接触，备受世界瞩目。6 月 7 日习近平主席在与奥巴马总统的第一场会谈结束后回答记者问时说："中国梦跟美国梦是相通的"，"中国梦要实现国家富强、民族复兴、人民幸福，是和平、发展、合作、共赢的梦，与包括美国梦在内的世界各国人民的美好梦想相通"③。

中国梦与美国梦是相异相通的关系。中国梦和美国梦具有不同的国情背景。美国梦的概念由美国历史学家亚当斯 1931 年 5 月在其所著《美国的史诗》中明确提出。当时，美国还处在世界经济危机引发的大萧条时期，亚当斯却怀着乐观进取精神写道，这本书的主题是"让我们所有阶层的公民过上更好、更富裕和更幸福的生活的美国梦，这是我们迄今为止为世界的思想和福利作出的最伟大的贡献"。虽然把北美当作"希望之乡"的梦想早就存在，但有美国梦却是美国独立后逐渐形成和演绎的。1775 年 4 月 19 日莱克星顿的枪声标志着美国独立战争的开始；1776 年 7 月 4 日第二届大陆会议通过由托马斯·杰斐逊执笔起草、乔治·华盛顿等签署的《独立宣言》④，宣告了美利坚合众国的诞生。

---

① 《习近平关于实现中华民族伟大复兴的中国梦论述摘编》，中央文献出版社 2013 年版，第 69 页。
② 《习近平关于实现中华民族伟大复兴的中国梦论述摘编》，中央文献出版社 2013 年版，第 71 页。
③ 《习近平关于实现中华民族伟大复兴的中国梦论述摘编》，中央文献出版社 2013 年版，第 71 页。
④ 美国《独立宣言》(The Declaration of Independence)，1776 年 7 月 4 日由在费城举行的第二次大陆会议批准（这一天后被确认为美国独立纪念日）。宣言之原件由出席大陆会议的代表共同签署，并保存在美国华盛顿特区的国家档案与文件署。此宣言为美国最重要的立国文书之一。《独立宣言》由四部分组成：第一部分为前言，阐述了宣言的目的。第二部分高度概括了资产阶级启蒙思想家的政治哲学理论，即自然权利学说和主权在民思想。第三部分历数英国压迫北美殖民地人民的罪状，说明殖民地人民是在忍无可忍的情况下被迫拿起武器的，力陈起义与独立的合法性和正义性。宣言最后一部分，庄严宣告建立美利坚合众国。

美国三面环海，易守难攻，周边无强国威胁，具有独特的地理优势和地缘优势。自 19 世纪 70 年代以来，美国 GDP 就高居全球第一，其利用两次世界大战大大增强了综合国力，二战后美国倡导成立了联合国等国际组织，并成为联合国安理会五个常任理事国之一，同时美元成为世界货币。随着苏联解体，冷战结束，美国成为当今世界的唯一霸主，其在全球的科技、经济、政治、军事、娱乐等众多领域具有巨大影响力。虽然经过 2008 年国际金融危机的冲击实力有所削弱且债务缠身，但美国仍是世界上最强大的国家。所以，美国公民没有传统意义的国家安全之忧，可以专心做自己的个人奋斗的美梦。20 世纪 60 年代民权运动领袖马丁·路德·金把美国梦的价值源头追溯到由《独立宣言》所表达并载入美国宪法的追求自由和平等的核心价值观。尽管美国建国原则之一是"所有人生而平等"，美国也常常被看作机遇平等之乡，然而，美国梦的背后却有一部与不平等抗争的历史。欧洲移民取得的大片土地是屠杀数百万印第安人所获得的所谓"无主之地"，曾经在种植园高产农田的耕种者是从非洲劫掠来的黑奴，修建西进掘金铁路的劳动力是血泪交加的华工。

与强调个人奋斗的美国梦相比，中国梦是建立在爱国主义与集体主义基础上的国家富强梦、民族振兴梦和人民幸福梦。在中国，个人的前途命运与国家和民族的前途命运紧密相连。国家好，民族好，大家才会好。中华民族具有5000 年多的文明史，自古以来，中国周边的环境一直极为险恶，历史上与周边国家的战争时有发生，中华民族在近代更是遭受到资本主义列强的侵略和奴役。历史教训告诉我们，国家富强、民族振兴是中国人民安居乐业、生活幸福的前提和保障。

中国梦与美国梦确实具有"剪不断、理还乱"的复杂关系。美国梦与中国梦的连接是从 1784 年开始的。那时，美国刚刚获得独立，百废待兴，与在万里以外具有悠久历史的东方文明古国通商也是实现美国梦的需求。承载这次具有历史意义的通商之旅的是一艘原在海军服役的帆船，改装后被命名为"中国皇后号"（THE EMPRESS OF CHINA），含有对当时中国的皇室表示尊重之意。1784 年 2 月 22 日，"中国皇后号"从纽约出发开始了远航中国的征程。半年后，"中国皇后号"抵达广州。4 个月后，商船的货物全部脱手，船员们采办了茶叶、瓷器、丝绸、漆器、桂皮、玉桂和绣金像等中国商品，于 1785 年 5 月回到纽约，往返历时一年零两个月。带回美国的中国商品在纽约、费城等地大受欢迎，美国首任总统华盛顿专门开列清单购买了"中国皇后号"带回的一些商品，形成了美国历史上的第一次"中国热"。"中国皇后号"首航成功，让美国感到中美贸易确实有利可图。美国政府随即出台了保护对华贸易的税收和津贴等优惠政策。随着1804年美国"爱丽华号"商船来华，美国商人纷纷扬帆远航，驶向广州，对华贸易的兴隆给美国政府带来了巨额税收，缓解了独立初期的财政困难。以开拓中国市场为要务的美国远洋航海，促进了美国造船业和航运技术的发展，助推美国成为海洋强国。随着对中国的了解日益加深，逐渐发现中国是一个物产丰富却封闭而虚弱的国家，与其他西方列强一样，美国动了用强权打开中国市场的心念。在第一次鸦片战争中，美国表面上保持中立，实质上追随英国侵华。1844年，美国驻华公使乘清政府在第一次鸦片战争中失败之机逼迫清政府签订不平等的《中美望厦条约》。1856年，第二次鸦片战争爆发，美国驻华公使以从中为清政府与英法联军调停为名，伺机获得清军情报，并为英法侵略军出谋献策。1899年，美国提出"门户开放"政策，与其他侵华的西方国家达成"利益均沾"的协议，从中获取大量利益。1900年，"八国联军"侵华，美国是其中之一。

不过，从整个中国近代史上来看，在资本主义列强中美国对中国的侵略显得相对"温和"，尤其是在对待《辛丑条约》规定的"庚子赔款"问题上，美国出台了特殊的"友善"政策。美国国会于1908年通过一项法案，决定退回中国在1901年（庚子）为八国联军赔款的余额——换言之，即美国扣除在"义和团之乱"中所受的生命财产的实际损失和历年应有利息以后的额外赔款，并将其作为派遣留美学生的学杂费，主观上是为了长远的"在华利益"，客观上为中国培养了一大批人才，并且促成了清华大学的成立。在二战期间，中美建立起合作关系，美国向中国提供大量军用物资，并派陈纳德将军带领航空飞行大队赴华与中国军民并肩作战。1943年12月1日，中、美、英三国首脑在开罗会议中达成的共识以《开罗宣言》①的形式发表。1945年7月26日，中、美、英三国首脑联合发表《波茨坦公告》，随后苏联首脑斯大林也在这个文件上签字。《波茨坦公告》的主要内容是声明在战胜纳粹德国后致力战胜日本法西斯以及履行《开罗宣言》对战后日本的处理方式的决定。这个文件的第八条载明："开罗宣言之条件，必将实施：而日本之主权，必将限于本州、北海道、九州、四国及吾人所决定其他小岛之内。"

---

① 《开罗宣言》明确规定："日本所窃取于中国之领土，例如满洲、台湾、澎湖列岛等归还中国。"

日本投降后，美国政府在中国推行"扶蒋反共"政策的同时，希望成为国共双方矛盾的调解方，后因中国内战全面爆发和国民党政府败退台湾而终告失败。中华人民共和国成立后，以美国为首的西方国家对新中国采取政治上不承认、经济上封锁禁运、军事上包围威胁和外交上孤立的政策。1950年，美国发动侵朝战争，把战火烧到中朝边境威胁新中国的安全，并派遣第七舰队驶入台湾海峡，阻挠中国人民解放军解放台湾。中国人民组成抗美援朝保家卫国的志愿军开赴朝鲜、与朝鲜军民并肩作战，进行了一场艰苦卓绝的抗美援朝的战争。1953年7月，中美在板门店签订《朝鲜停战协定》，1954年12月，美国政府和台湾当局签订"共同防御条约"，正式确认了美台之间的互助同盟关系。此后，中美关系仍因两大阵营对抗、冷战和台湾问题及中国抗美援越而处于敌对状态。以后随着中苏关系破裂和国际格局的变化，中美紧张关系逐步缓和。1971年中美"乒乓外交"推动了尼克松总统1972年来华访问的"破冰之旅"①，双方于1972年2月28日发表的《中华人民共和国和美利坚合众国联合公报》(史称《上海公报》)促进了两国关系正常化的进程（史称"小球转动大球"）。经过多年的谈判，1978年12月16日发表了《中美建交联合公报》，宣告自1979年1月1日正式建交，从而结束了两国关系长达30年之久的非正常状态。② 1979年1月29日至2月5日，时任国务院副总理的邓小平应美国总统卡特的邀请，对美国进行正式友好访问，这是中华人民共和国成立后中国领导人首次访问美国。中美建交和邓小平访美，开辟了中美关系在各个领域积极发展的广阔前景，但此时美国国会通过并由美国总统签署生效的《与台湾关系法》，规定美国政府

---

① 1971年7月和10月，时任美国总统国家安全事务助理的基辛格，秘密访华，为尼克松总统访华做准备。

② 中美建交是在美国政府接受中方提出的"断交、废约和撤军"（即美国和台湾当局"断交"、只保持民间的交往；美国和台湾当局废除1954签署的"共同防御条约"；美国必须撤出在台湾地区的驻军）的"建交三原则"情况下取得的外交成果，是两国关系史上具有里程碑意义的大事，由此揭开了中美关系的新篇章，对国际形势和世界格局产生了重大而深远的影响。1978年12月，美国政府接受了中国政府提出的"建交三原则"，中美两国于1979年1月1日起正式建立外交关系。《中美建交联合公报》声明："美利坚合众国承认中华人民共和国政府是中国的唯一合法政府。在此范围内，美国人民将同台湾人民保持文化、商务和其他非官方关系"；"美利坚合众国政府承认中国的立场，即只有一个中国，台湾是中国的一部分。"自此，中美关系实现正常化。

将继续提供防卫性武器给台湾又给两国关系的发展蒙上了阴影。[1] 1981 年里根上台后，中美继续讨论此棘手问题，双方经过谈判，于 1982 年 8 月 17 日发表《中美联合公报》（"八一七公报"），美国政府承诺它"不寻求执行一项长期向台湾出售武器的政策，向台湾出售的武器在性能和数量上将不超过中美建交以来近几年供应的水平，准备逐步减少它对台湾的武器出售，并经过一段时间导致最后的解决"。但里根政府又委托时任"美国在台协会 (AIT) 台北办事处处长"李洁明向台湾当局领导人蒋经国转达了所谓"六项保证"[2]。"中美三个联合公报"成为中美关系发展的指导性文件。从尼克松访华到 20 世纪 80 年代，中美关系充满了玫瑰色，当时双方淡化意识形态和社会制度的差别，把共同战略利益放在主要位置上，被称为中美关系的"蜜月期"。1989 年以后，随着中美国内形势的变化和国际风云的变幻，中美关系进入起伏不定的动荡时期。1996 年的台海危机、1999 年美国轰炸中国驻南联盟使馆和 2001 年中美南海撞机事件曾使中美关系遭遇严重挫折。因中美两国之间的共同利益广泛而深远，所以在经历挫折之后又能峰回路转，柳暗花明。经双方努力，在克林顿总统第二任期达成了"致力于建立中美建设性战略伙伴关系"的共识并实现两国元首互访。2001年初小布什上台后，白宫对华政策明显表现出强烈的鹰派色彩。美国的战略重心开始出现了从欧洲向亚太地区转移的势头。"9·11"事件的发生使美国受到强烈震撼，非传统安全成为威胁美国国家安全的主要因素，美国的安全受到恐怖主义的严重挑战。小布什政府逐渐放弃执政之初的咄咄逼人的对华政策，通过加强彼此之间的反恐合作和应对国际金融危机等方面的合作使中美关系逐步改善。

在奥巴马政府初期中美关系开局较好，但随后却因多种因素影响而摩擦不

---

① 《与台湾关系法》公然声称："美国决定同中华人民共和国建立外交关系是基于台湾的前途将通过和平方式决定这样的期望为基础的；凡是企图以和平以外的方式来解决台湾问题的努力，都将会威胁西太平洋地区的和平与安全，引起美国的严重关注。"该法提出要向台湾提供所谓"防御性武器"，使之"保持抵御会危及台湾人民的安全或社会、经济制度的任何诉诸武力的行为或其他强制形式的能力"。

② 据李洁明的回忆，"六项保证"(Six Assurances) 当时写在没有任何美国官署字样及任何官方签名的纸上，是美国总统里根给蒋经国的私人信函。"六项保证"由已故美国外交官费浩伟撰写，内容包括："美国不会设下结束对台军售的日期；不会更动'与台湾关系法'的条款；不会在做出对台军售的决定之前与中国大陆协商；不会做台湾与中国大陆的调解人；不会改变对台湾'主权'的立场，也就是这个问题必须由中国人自己和平解决，美国不会压迫台湾和中国大陆谈判；美国也不会正式承认中国人对台湾的主权。"

断。美国制造"中国威胁论",高调宣称"重返亚洲"或"重返亚太"。①2011年时任美国国务卿的希拉里声称:"21世纪是美国的太平洋世纪。"此时,美国开始从外交、经济和军事合作等多个层次展开部署。从外交来看,美国一方面进一步密切其与日本、韩国、菲律宾和澳大利亚等传统盟友的关系;另一方面调整战略,修补和发展与越南、缅甸、印度等国的外交关系;美国在继续利用台湾问题牵制中国发展的同时,还在钓鱼岛、南海问题上插手和添乱,歪曲和攻击中国政府的立场和政策。从经济来看,奥巴马政府推动"跨太平洋伙伴关系(TPP)",②意欲在WTO和APEC之外,重建由美国主导的亚太经济合作体系。从军事来看,美国更是不遗余力。2012年1月,奥巴马会同国防部长帕内塔和参谋长联席会议主席邓普西一道在五角大楼举行记者会,公布了一份酝酿了已久的美国新军事战略报告——《维持美国的全球领导地位:21世纪国防的优先任务》。该报告宣称,美国将裁军50万,大幅削减全球范围内的军事存在,但唯独却要加强在亚太地区的军事力量,并进一步提升海空军作战能力。在2012年度香格里拉对话会上,美国国防部部长帕内塔提出"亚太再平衡战略",指出美国将在2020年前向亚太地区转移一批海军战舰,届时将60%的美国战舰部署在太平洋地区。在2013年度香格里拉对话会上,接替帕内塔担任美国国防部部长的哈格尔重申美国将坚持上届对话会上宣布的到2020年前将

---

① 二战期间美国是欧亚并重,二战后因美苏两大集团的冷战对峙,美国将战略重心放在欧洲。冷战结束后,随着欧洲威胁的解除,美国逐渐将重点从欧洲转移到亚太地区。自20世纪90年代中期以来,美国逐渐开始加强亚太的军事部署。随着小布什政府上台,中国原本将会遭遇美国更大的压力,但"9·11"事件的发生在一定程度改变了美国政府的战略抉择。国际恐怖主义威胁成为当时美国政府要处理的更为急迫的问题,美国打着反恐旗号接连发动了阿富汗战争和伊拉克战争。一些美国学者和政客抱怨美国因发动阿富汗战争和伊拉克战争而"忽视"了亚太,让中国趁机快速发展,成了美国"战略走神"的赢家,他们呼吁美国"重返亚洲"或"重返亚太",着力应对中国崛起的挑战。

② "跨太平洋伙伴关系协定"(Trans-Pacific Partnership Agreement,TPP),其前身是"跨太平洋战略经济伙伴关系协定"(Trans-Pacific Strategic Economic Partnership Agreement,P4),是由亚太经济合作组织成员中的新西兰、新加坡、智利和文莱发起,从2002年开始酝酿的一组多边关系的自由贸易协定,原名亚太自由贸易区,旨在促进亚太地区的贸易自由化。随后在美国的高调掺和下,参加TPP谈判的主体扩大到包括美国、日本、加拿大、澳大利亚、新加坡、文莱、智利、马来西亚、墨西哥、新西兰、秘鲁、越南在内的12个经济体。2015年10月5日晚,美国主导的TPP谈判达成基本协议,标志着由美国主导的亚太经济圈初步形成。2016年2月,奥巴马政府和参与TPP谈判的另外11个国家正式签署协定文本,但TPP仍需各国立法机构批准才能生效。2017年1月23日,秉持"美国优先"理念的特朗普签署了就任美国总统后的第一份行政命令,正式宣布美国退出"跨太平洋伙伴关系协定"(TPP)。在日本政府主导下,留下的11国将TPP更名为CPTTP,即"全面且先进的TPP"(Comprehensive Progressive Trans-Pacific Partnership)。

60％的海军军舰部署到太平洋地区的计划，并称在此基础上，美国还将把本土以外60％的空军力量部署到亚太地区。2013年4月，接替希拉里担任美国国务卿的克里在日本东京工业大学发表演讲，提出"太平洋之梦"。这既是美国外交新班底对未来四年亚太政策的阐述，也是对中国梦的回应。他声称，"为太平洋地区定义梦想"，"就是各个国家和人民打造一个共享未来的伙伴关系"，"将是把我们最强的价值观移植于安全、经济和社会合作"。2013年6月7日至8日，中华人民共和国主席习近平与美利坚合众国总统奥巴马在美国加利福尼亚州安纳伯格庄园举行会晤。"习奥会"就建设新型大国关系以及共同关心的国际和地区问题深入坦诚交换意见，达成了一些重要共识。习近平强调，面对经济全球化迅速发展和各国同舟共济的客观需求，中美应该可以走出一条不同于历史上大国冲突对抗的新路，构建新型大国关系；中美拥有广泛的共同利益和促进世界和平发展的共同责任；太平洋足够宽广，中美两国亦当拥有足够的智慧、勇气和耐心共同探索构建新型大国关系。2014年11月，奥巴马出席在北京举行的APEC会议并访问中国。习近平主席与奥巴马总统的瀛台夜话，谈古论今，为推进中美关系发展注入新的动力，堪称佳话。2015年9月，中国国家主席习近平访美并出席联合国系列峰会，他在华盛顿州当地政府和美国友好团体联合欢迎宴会上的演讲中回顾中美关系的历史，考察中国梦与美国梦的交集。他说，国家关系归根结底是人民之间的关系。中美两国虽然相距遥远，但两国人民友好交往源远流长。230多年前，美国商船"中国皇后号"跨洋过海首航中国。150年前，数以万计的中国工人同美国人民一起，铺设了横贯东西的美国太平洋铁路。70年前，中美作为第二次世界大战盟国并肩奋战，共同捍卫了世界和平和正义。在那场战争中，数以千计的美国将士为中国人民的正义事业献出了宝贵生命。我们不会忘记美国人民为中国人民抗击侵略、赢得自由和独立给予的道义支持和宝贵援助。中国人民一向钦佩美国人民的进取精神和创造精神。"我青年时代就读过《联邦党人文集》、托马斯·潘恩的《常识》等著作，也喜欢了解华盛顿、林肯、罗斯福等美国政治家的生平和思想，我还读过梭罗、惠特曼、马克·吐温、杰克·伦敦等人的作品。海明威《老人与海》对狂风和暴雨、巨浪和小船、老人和鲨鱼的描写给我留下了深刻印象。"他在演讲中指出，世界上本无"修昔底德陷阱"，但大国之间一再发生战略误判，就可能自己给自己造成"修昔底德陷阱"。同美方一道构建新型大国关系，实现双方不冲突不对抗、相互尊重、合作共赢，是中国外交政策优先方向。中美应坚定不移推进合作共赢。要合作就要照顾彼此利益和关切，寻求合作最大公约数。中美两国合作好了，可以成为世界稳定的压舱石、世界和平的助推器。他强调推进合作共赢，就要妥善有效管控分歧。"中美两国在一些问题上存在不同看法、存在分歧在所难免，关键是如何管控。最关键的是双方应该相互尊重、求同存异，采取建设性方式增进理解、扩大共识，努力把矛盾点转化为合作点。"①

近年来美国政府不顾中国政府的警告一再派海空力量侵犯中国南海主权，美国海军多次派军舰擅自进入中国南沙群岛有关岛礁邻近海域。中方依法对美方舰艇实施了监视、跟踪和警告，美国借南海问题无端抹黑中国国际形象，以所谓"航行自由"为借口，以种种手段炫耀武力，制造紧张局势。

2016 年 11 月 8 日，美国共和党总统候选人唐纳德·特朗普在美国总统大选中击败民主党候选人希拉里·克林顿，当选第 45 任、第 57 届美国总统。2016 年 11 月 14 日，国家主席习近平同美国当选总统特朗普通电话，祝贺他当选美国总统。应特朗普总统邀请，习近平主席 2017 年 4 月 6 日至 7 日在美国佛罗里达州海湖庄园同特朗普总统举行中美元首会晤。这次会晤是美国新政府就职以来中美元首首次面对面沟通。两国元首进行了超过 7 个小时的深入交流，就中美关系和共同关心的重大国际和地区问题交换意见，达成了多项重要共识。会晤为中美关系发展奠定了建设性基调，指明了双方共同努力的方向。中方重申了在台湾、涉藏、南海问题上的原则立场，希望美方在中美三个联合公报和一个中国政策基础上予以妥善处理，防止中美关系受到干扰。特朗普表示，我和美方团队非常荣幸在海湖庄园接待习近平主席和中国代表团。我同习近平主席谈得很好，建立了非凡的友谊。此次会晤取得重要成果，推动美中关系继续向前发展。2017 年 11 月 8 日至 10 日，应国家主席习近平邀请，美国总统特朗普对中国进行为期三天的国事访问。特朗普访华期间，中美两国领导人就共同关心的重大问题再次进行了沟通，加深相互了解，促进两国各领域交流与合作，为新时代中美关系发展描绘了蓝图。

"树欲静而风不止"（西汉·韩婴《韩诗外传》卷九），中美战略博弈渐成常态。特朗普政府让"亚太再平衡战略"换上了新了"印太战略"的新装②，即在

① 习近平：《在华盛顿州当地政府和美国友好团体联合欢迎宴会上的演讲》，《人民日报》2015 年 9 月 23 日。

② 2018 年 5 月 30 日，时任美国国防部长马蒂斯宣布：太平洋司令部更名为印度洋—太平洋司令部（印太司令部）。

印度洋—太平洋区域，采取包括政治（民主价值观）、外交（拉帮结派）、军事（军演、军售等）等综合手段，图谋遏制中国的崛起、削弱中国影响力，以维持和巩固美国的霸主地位。此外，近年来美国还频打"台湾牌"。特朗普就任美国总统后，一方面，多次重申恪守一个中国原则，另一方面又企图继续利用台湾问题牵制中国。2018 年以来中美贸易摩擦升级，中美双方就经贸问题开展多轮磋商，力图解决分歧，实现互利共赢。

中美作为共生于经济全球化和社会信息化时代的两个大国，一个是最大发展中国家，一个是最大发达国家，在众多领域都存在"你中有我，我中有你"的利益交汇和交集面，相互依存度日益加深。如果双方都能认真对待和尊重对方的核心利益，弘扬平等互信、包容互鉴、合作共赢的精神，可望走出一条前无古人、后启来者的新型大国关系之路，以造福两国人民和世界人民。美国前国务卿基辛格，在其论著《论中国》①中提出"中美关系不必也不应成为零和博弈"，"美国与中国之间的决定性竞争更可能是经济竞争、社会竞争，而不是军事竞争"。中美可以在相互竞争与合作的基础上"走向太平洋共同体"，"太平洋共同体概念能够缓解双方的担心。美国、中国和其他国家都属于这个地区，都参与这个地区的和平发展，这将使美国和中国成为共同事业的组成部分"②。

中国梦与美国梦虽然相异却具有相通性。正如首位两度进入美国政府内阁的华裔女性，同时也是美国政府内阁中的第一位亚裔女性赵小兰所指出的中国梦与美国梦有其相似之处，中美两国人民对美好生活的渴望都源自内心的向往，换句话说，中国梦与美国梦虽然景致不同、基础不一，但对两国人民的美好生活追求，对世界和谐与和平的向往是相近的，这也意味着，有着更为广阔的理解和相互欣赏的空间。

由于一些西方媒体的选择性报道，一些反华政客的"问题制造"，一些特殊利益集团的利己驱动，相当一部分美国人对中国带有偏见，没有充分了解到中国社会的发展进步，没有充分意识到中国发展给美国以至世界各国的发展带来的机会。伴随着更多、更广泛层面的接触与磨合，可以相信，美国人头脑里"模模糊糊的中国形象"将逐步清晰起来，两个追梦的民族间也将产生更多的敬

---

① 《论中国》是亨利·基辛格 2011 年出版的著作，包含了基辛格与中国几代领导人的对话实录，记录了包括尼克松访华和中美建交中的互动、三次台海危机、改革开放和邓小平访美等历史节点上的重要细节。

② ［美］亨利·基辛格著：《论中国》，胡利平等译：中信出版社 2012 年版，第 511、513、516 页。

意和好感，而"中国威胁论"就像曾经的"中国崩溃论"一样，将成为历史陈迹。

以友善为精神纽带的中国梦与世界梦的联通，还表现为中国积极引导应对气候变化国际合作，成为全球生态文明建设的重要参与者、贡献者、引领者。中国是《联合国气候变化框架公约》首批缔约方之一，为达成《巴黎气候变化协定》（以下简称《巴黎协定》）并推动协定生效和落实做出重大贡献。[①] 在美国总统特朗普 2017 年 6 月宣布退出《巴黎协定》之后，中国政府宣布将与有关各方加强合作，共同推动《巴黎协定》有效落实。习近平总书记在中共十九大报告指出，要"积极参与全球环境治理，落实减排承诺"[②]，要"坚持环境友好，合作应对气候变化，保护好人类赖以生存的地球家园"[③]。

友善联通中国梦与各国人民美好梦想，还包括引导中国大陆公民在出境游中做文明友善的"世界公民"。

传统意义上的公民是被限定在国内法律规范中享有权利和义务的自然人。在经济全球化趋势深入发展的当今世界，还应具有"世界公民"的意识。"世界公民"概念最早是由古希腊斯多亚学派的哲学家提出来的。德国古典哲学家康德曾发表《世界公民观点之下的普遍历史观念》。德国古典哲学家黑格尔则敏锐地发现了或者说天才地"猜测"到了人类社会在发展进程中所呈现出来的整体性联系。马克思主义创始人批判地继承德国古典哲学家的"世界历史"思想，创立了马克思主义的世界历史理论。马克思因从事无产阶级革命活动被多国驱逐，到处流亡，最后长期流亡伦敦，自称是"世界公民"。德国当代著名哲学家，法兰克福学派第二代领军人物哈贝马斯以基于主体际性的交往行为理论为基础，主张建立超越民族国家的"世界公民社会"。中国改革开放和现代化建设

① 《巴黎气候变化协定》（简称《巴黎协定》）2015 年 12 月 12 日在巴黎气候变化大会上通过，2016 年 4 月 22 日在纽约签署（中国国家主席习近平特使张高丽代表中国政府签署了这一协定）。该协定提出了 2020 年后全球应对气候变化、实现绿色低碳发展的蓝图和愿景，为实现 2100 年之前将全球平均气温较工业化前的水平升高幅度控制在 2 摄氏度范围之内做出安排。2015 年 11 月 30 日，中国国家主席习近平在气候变化巴黎大会开幕式上的讲话中系统地阐述了加强国际合作应对全球气候变化的主张，推动了《巴黎协定》的达成。中华人民共和国全国人大常委会于 2016 年 9 月 3 日批准中国加入《巴黎协定》，成为第 23 个完成批准协定的缔约方。《巴黎协定》于 2016 年 4 月 22 日至 2017 年 4 月 21 日开放签署，当不少于 55 个缔约方，且排放占全球温室气体总排放量至少达 55% 的缔约方签署批准时《巴黎协定》正式生效，成为在《联合国气候变化框架公约》下继《京都议定书》之后第二个具有法律约束力的协定。

② 《中国共产党第十九次全国代表大会文件汇编》，人民出版社 2017 年版，第 41 页。

③ 《中国共产党第十九次全国代表大会文件汇编》，人民出版社 2017 年版，第 47 页。

总设计师邓小平为自己能够成为"世界公民"而感到自豪。20世纪80年代初，邓小平已是世界上最具有影响力的政治家之一，当英国培格曼出版公司准备出版他的文集并请他写序言时，他这样写道："我荣幸地以中华民族一员的资格，而成为世界公民。"[①]联合国曾为具有世界眼光且表现突出的人颁发"世界公民"奖，国际影星安吉丽娜·朱丽，妮可·基德曼，俄罗斯老兵坦尼斯拉夫·彼得罗夫等先后获此殊荣。如今，人类进入了全球化时代，世界变成了"地球村"，各国各地区之间联系日益紧密，我们不仅应该成为合格的中国公民，也应该做合格的"世界公民"。作为"世界公民"，应具备全球视野，该关心世界大事，理解世界上不同地区、民族、国家之间和睦相处的重要意义，尊重不同国家、不同地区、不同民族的习俗和文化差异，出境旅游、求学，应知晓和遵守当地的法律，了解和尊重当地风俗习惯，懂得"入乡随俗"；对待来华观光、留学和工作的外国公民，应该礼貌待客，文明友善。

近年来，中国公民出境游热度持续攀升，虽然出境游客的文明素质正在逐步提升，但仍有少数游客的不文明行为引起诟病。例如，在公共场所随地吐痰、大声喧哗；在景区乱扔垃圾、乱写乱画；在飞机上大吵大闹，将滚烫的面条泼向飞机乘务员等。这些游客的不文明行为被媒体频频曝光，对中国人的形象产生负面影响。其实，在全世界各地的游客中，都有不文明的游客存在，并非中国游客特有。我国游客出境游中出现的诸多不文明行为，主要是近年来中国人出境游的数量庞大，尤其是第一次出境旅游者较多，他们中的有些人对旅游地的法律、习俗、文化可能知之不多，没有学会"入乡随俗"。这就需要加强本国旅行社和导游培训管理，严格行前教育，提升公民文明友善出游意识，落实领队和导游全程责任，切实把好组团关、落地关、行程关，努力让游客做到文明出行、文明通关、文明旅游。

随着法治中国建设步伐日趋加快，对包括在出境游中的不文明"陋习"的

---

① 《邓小平年谱》（一九七五——九九七）（下），中央文献出版社2004年版，第714页。

治理，将由单纯的道德的软约束转向德治与法治的双轮驱动①，这样有利于培育公民的文明友善精神，使文明友善旅游的理念内化于心、外践于行。

设立和颁发中华人民共和国"友谊勋章"也是当代中国友善精神的彰显。

2015年12月27日，十二届全国人大常委会第十八次会议通过了《中华人民共和国国家勋章和国家荣誉称号法》。根据该法的有关规定，设立中华人民共和国"友谊勋章"是中国国家对外最高荣誉勋章，授予在支持中国现代化建设、促进中外交流合作、维护世界和平中做出杰出贡献的外国友人，旨在通过树立中外友谊典范，向世界传递友谊和平、公平正义等基本理念，增进世界对中国发展的理解和认同。

中华人民共和国"友谊勋章"，章体以金色、蓝色为主色调，采用和平鸽、地球、握手、荷花等元素，章链采用中国结、万年青、牡丹花、玉璧、兰草等元素，整体采用花丝镶嵌、掐丝珐琅等传统工艺手工制作。设计制作象征中国人民同各国人民友好团结、友谊长存，祝愿世界各国共同繁荣发展。

2018年6月8日，中华人民共和国"友谊勋章"首次颁授仪式在人民大会堂金色大厅隆重举行，中国国家主席习近平向俄罗斯总统普京颁授首枚中华人民共和国"友谊勋章"。2019年4月28日，中国国家主席习近平又在人民大会堂中央大厅为哈萨克斯坦首任总统纳扎尔巴耶夫举行"友谊勋章"颁授仪式。

【媒体链接】习近平向普京颁授首枚中华人民共和国"友谊勋章"

（《人民日报》2018年6月9日，记者李伟红）

和平号角东方嘹亮，友谊传承绵延流长。中华人民共和国"友谊勋章"颁

---

① 2013年，"遵守旅游文明行为规范"被写入《中华人民共和国旅游法》。2014年，中央文明委下发《关于进一步加强文明旅游工作的意见》。依据《中华人民共和国旅游法》、中央文明委《关于进一步加强文明旅游工作的意见》及相关法律法规和规范性文件，原国家旅游局于2015年4月6日发布了《游客不文明行为记录管理暂行办法》。相对于2006年10月中央文明办和原国家旅游局联合发布的《中国公民国内旅游文明行为公约》和《中国公民出境旅游文明行为指南》，《游客不文明行为记录管理暂行办法》更为直截了当，引导性更强，因为办法明确界定了哪些行为属于游客的不文明行为。随着《游客不文明行为记录管理暂行办法》的发布实施，首批不文明行为记录的"黑名单"于2015年4月7日公布，大闹亚航、强行打开飞机应急舱门、攀爬红军雕塑照相这三起不文明事件的四个当事人"上榜"。2016年5月26日原国家旅游局办公室印发了修订的《国家旅游局关于旅游不文明行为记录管理暂行办法》，明确规定中国游客在境内外旅游过程中，如果发生扰乱航空器、车船或者其他公共交通工具秩序，破坏公共设施或生态环境，严重扰乱旅游秩序或违反旅游目的地社会风俗、民族生活习惯等九类行为，都将被明确记录在案，列入"旅游不文明行为记录"。

授仪式 8 日下午在人民大会堂金色大厅隆重举行。国家主席习近平向俄罗斯总统普京授予首枚"友谊勋章"。

中共中央政治局常委、中央书记处书记、党和国家功勋荣誉表彰工作委员会主任王沪宁，中共中央政治局常委、国务院副总理韩正出席授勋仪式。

人民大会堂金色大厅灯光璀璨，气氛热烈庄重。红色巨幅背景板上，金色的"友谊勋章"图案和中文、俄文书写的"中华人民共和国'友谊勋章'颁授仪式"字样格外醒目。背景板前，中俄国旗整齐排列。

17 时 55 分许，18 名威武的陆海空三军仪仗兵迈着铿锵有力的步伐进入会场，走上授勋台两侧伫立。授勋仪式开始。

伴随雄壮的出场礼乐，习近平和普京肩并肩步入金色大厅。全场观礼人员起立，行注目礼，现场响起热烈的掌声。

两国元首登上授勋台，全体肃立，奏唱中华人民共和国国歌。

在热烈的掌声中，习近平发表讲话。

习近平指出，中华人民共和国"友谊勋章"是中国国家对外最高荣誉勋章，授予在支持中国现代化建设、促进中外交流合作、维护世界和平中作出杰出贡献的外国友人。普京总统是具有世界影响的大国领袖，也是中国人民的老朋友、好朋友。正是得益于普京总统多年来的高度重视和亲自推动，中俄关系经受住国际风云变幻的考验，政治和战略互信不断深化，各领域务实合作得到长足发展，两国人民友谊不断深化。高水平的中俄关系造福了两国人民，堪称当今世界大国、邻国和谐共处的典范，为推动构建新型国际关系、构建人类命运共同体作出了重要贡献。

习近平强调，这枚沉甸甸的"友谊勋章"代表了中国人民对普京总统的崇高敬意，更象征着中国和俄罗斯两个伟大民族的深厚友谊。站在新起点上，我愿继续同普京总统一道，秉持睦邻友好、战略协作、合作共赢的精神，共同引领中俄关系迈向更加辉煌的未来。

随后，王沪宁宣读《国家主席授勋令》：根据《中华人民共和国国家勋章和国家荣誉称号法》，特将中华人民共和国"友谊勋章"授予俄罗斯联邦总统弗拉基米尔·弗拉基米罗维奇·普京，以表彰普京总统长期致力于推动中俄睦邻友好和全面战略协作伙伴关系发展以及为此作出的重要贡献。

在两名国旗手护送下，仪仗兵手捧中华人民共和国"友谊勋章"托盘行进到授勋台。金色的勋章熠熠生辉。

仪式号角响彻金色大厅，习近平郑重将勋章配挂在普京胸前。两国元首亲切握手。场内再次响起热烈的掌声。

军乐团演奏俄罗斯联邦国歌。

普京致答辞。普京表示，十分感谢习近平主席将首枚中华人民共和国"友谊勋章"颁授予我。我深感荣幸。这不仅是给予我个人的最高荣誉，更体现了俄中全面战略协作伙伴关系的高水平和中国人民对俄罗斯人民的深情厚谊。我们珍惜俄中全面战略协作伙伴关系。两国战略合作的坚实基础是两国元首之间的友谊和两国人民之间的感情。我将珍藏这枚意义非凡的勋章，并愿同习近平主席携手努力，共同致力于俄中繁荣昌盛。

......

第四章　传播友善正能量

"正能量"本是物理学名词，而"正能量"的流行源于英国心理学家理查德·怀斯曼（Richard Wiseman）的专著《正能量：Rip It Up》。[①]该著将人体或人类社会组织比作一个能量场，认为通过激发内在潜能，可以使人或组织展现出一个新的自我，从而更加自信、更加充满活力。所以，"正能量"引申为泛指健康乐观、向上向善的动力或潜能。友善作为中华民族的传统美德和人类共同的价值诉求，作为社会主义核心价值观的基础要素，作为构建和谐人际关系特别是道德关系的精神纽带，无疑具有巨大的"正能量"。而要发挥友善凝聚与传播社会正能量的动力作用，构筑实现中华民族伟大复兴的中国梦和构建人类命运共同体的厚重的精神底座，就要深入发掘并合理定位友善价值观的功能。

友善价值观具有多层次的复合功能，可从总体上分解为规范与调节功能、包容与凝聚功能、激励与创造功能等。

一、友善的规范与调节功能

人高于其他动物的地方，就在于其"能群"的"类特性"。战国末期著名思想家荀子说过："人有气、有生、有知，亦且有义，故最为天下贵也。力不若牛，走不若马，而牛马为用，何也？曰：人能群，彼不能群也。"（《荀子·王制》）"人之生，不能无群。"（《荀子·富国》）。而古希腊哲学家亚里士多德提出的"人是天生的政治动物"[②]的著名命题，伟大的革命导师马克思所说的人"不仅是一种合群的动物，而且是只有在社会中才能独立的动物"[③]"人的本质并不是单个

---

① [英]理查德·怀斯曼：《正能量：Rip It Up》，李磊译，湖南文艺出版社 2013 年版。
② 苗力田编：《亚里士多德全集》第九卷，中国人民大学出版社 1994 年版，第 4 页。
③ 《马克思恩格斯全集》第三十卷，人民出版社 1995 年版，第 25 页。

人所固有的抽象物，在其现实性上，它是一切社会关系的总和"①等至理名言则对人的"能群"性、社会性做了经典的概括。按照现代西方存在主义哲学家海德格尔的观点，我们对人的存在及其结构的揭示，必须以人的"此在"为起点。但对此在之"此"的探寻和追问，必须进入"此在"的"共在"结构，"此在"之"此"存在于"共在"，亦即人的共同存在、共同活动于社会公共领域。

古人云："欲知平直，则必准绳；欲知方圆，则必规矩。"(《吕氏春秋·自知》) 人的"能群"性、社会性决定了人的行为总是在一定的社会关系中发生的，必须与他人的"共在""共处"，这就需要一定的"规矩"来规范与调节。

1. "无规矩，不成方圆"

"无规矩，不成方圆"②语出《孟子·离娄上》。"离娄之明，公输子之巧，不以规矩，不成方圆。"这句古语很好地说明了规矩的重要性。《吕氏春秋》亦云："欲知平直，则必准绳；欲知方圆，则必规矩。"(《吕氏春秋·不苟论·自知》) 道德和法律规范是社会有序运转、人与人和谐相处的规矩，每一位现代社会公民都应当遵德守礼、遵纪守法。

道德作为在一定社会物质生活条件的基础上形成的一种社会意识形式、作为一种实践精神和行为规范，它一经产生就有其相对独立性和能动性，就以自身的特殊职能影响社会经济基础和整个社会生活，表现出巨大的能动作用。自古以来，友善就是中华民族所提倡的为人之道。随着市场经济的发展，人们从私人领域迈向公共领域意味着从熟人社会迈向陌生人社会，促进了现代公民社会的诞生。传统社会主要是基于血缘和地缘基础上的家庭生活和狭小范围的交往生活，其伦理关系有浓厚的重"情"特点，体现为熟人间的"亲情""友情""交情"。现代公民社会是建立在业缘关系和地缘关系以及网缘关系基础上的职业生活和其他社会生活，其伦理关系有显著的讲"理"特点，除了熟人间的"亲情""友情""交情"以外，更体现为陌生人间的"伦理""法理""公理"。

---

① 《马克思恩格斯选集》第一卷，人民出版社 2012 年版，第 135 页。
② "规""矩"来自木匠术语。"规"是木工用具，指的是圆规。木工干活会碰到打制圆窗、圆门、圆桌、圆凳等工作，古代工匠就已知道用"规"画圆了。"矩"也是木工用具，是指曲尺。所谓曲尺，并非弯曲之尺，而是一直一横成直角的尺，是木匠打制方形门窗、桌凳必备的角尺。没有"规"和"矩"，当然无法做成方形或圆形的产品。不过，"无规矩，不成方圆"这个俗语当然不再是木工专用，而变成了人们泛指任何事情若无一定规则，便难以成功的告诫用语了。"规"和"矩"合并成一个合成词"规矩"，可解作一定的法则、规则、标准，即规范，"方圆"也不特指方形圆形的物品，而泛指事物或事情了。

在现代陌生人社会中，人与人之间的联系主要不是基于血缘、亲缘和地缘等天然纽带，社会形态的转变对于人们的道德要求也发生了变化。在这种转变中，人们面临的重要问题是：如何既成为一位熟人圈的好人，又成为一位社会公共生活的合格乃至优秀的公民。友善的公共秩序中，人们不仅必须遵守社会制度和法律规章，更应该积极地参与公共事务，在公共生活中扮演主体性角色。构建友善的公共秩序本质要求培育公共精神，唤醒人们在公共领域的道德自觉。在公共生活领域，我们每个"此在"的个人都处在社会关系的"共在"网络之中，每时每刻都在处理着各种社会关系。友善是人对人的一种道德伦理态度，到底是与人为善，还是与人交恶，这不仅是个人品德问题，更是社会公德问题。与人为善，利人利己利社会，就会有助家庭和顺、邻里和睦、社会和谐；与人交恶，恶人恶己，则会导致家庭不和、邻里纷争、社会动乱。一座充溢友善氛围的城市，才是宜居城市；一个洋溢友善氛围的校园，才是和谐校园。所以，友善是维护良好社会秩序的伦理基础。

要保障友善价值观对于社会生活的有效引领，就必须建立友善的公共秩序。公共秩序决定了公民个人利益和公共利益的处置方式，友善的公共秩序强调个体利益与公共利益的协调统一。友善的公共秩序无疑是一种和谐的力量，在规范公共生活方式的同时，为公民权利和社会公益提供保护。在公共生活的领域，友善是公民行为的标准和准则，是公民行为是否应当、是否合理的"度"，它规定着公共生活中公民行为的"度"或界限。在友善的"度"或界限之内，公民任意使用公共产品是合理的且是被允许的；超出这个"度"或界限的行为将会受到限制和制裁。友善的一个重要功用正是制约和减少任性行为和意外事件的发生，让社会公民在公共生活中既平等地享受自由又自觉地保持节制。

友善的规范功能体现为友善的基本义务，有的学者把友善的基本义务划分为善益待人、和气待人、诚实待人、宽厚待人、平等待人五个方面[①]。时任中共中央政治局常委、全国政协主席的李瑞环指出："平等待人、诚恳待人、宽厚待人、依理待人四准则体现了中国人民的优秀品德，弘扬了中华民族的传统文化，对外有用，对内也适用。"[②]此外，"人与自然是生命共同体，人类必须尊重自然、顺应自然、保护自然。人类只有遵循自然规律才能有效防止在开发利用自然上

---

① 黄显中：《论友善》《伦理学研究》，2004 年第 4 期。
② 李瑞环：《学哲学 用哲学》（下），中国人民大学出版社 2005 年版，第 634 页。

走弯路，人类对大自然的伤害最终会伤及人类自身，这是无法抗拒的规律"①。随着工业化和城市化的推进，人与自然的矛盾凸显出来，走新型工业化、新型城镇化道路，建设资源节约型、环境友好型社会，推进生态文明建设提上日程，友善的规范功能与友善的基本义务不仅指善待人和社会，还要求善待自然。表明人与自然的关系进入当代伦理学视野，成为友善等道德规范调节的对象。

2. 春风化雨润心田

"春风杨柳万千条"（毛泽东诗词《七律·送瘟神》）。友善，就像和煦春风吹拂大地，带着清新愉悦的气息，柔和温润，孕育新的生命。上海城隍庙大门上有一副对联写道："做个好人心静神安魂梦稳，行些善事天知地鉴鬼神钦。"友善的心灵，友善的话语和笑容，让人如沐春风，神清气爽，友善的德行就像春风化雨丝丝渗进人的心田，使弱者感到关爱，使悲者感到振奋，有着感化人心的力量。社会发展所带来的矛盾和问题不可避免导致社会心态的波动，在市场经济运行过程之中，利益纷争和竞争压力不可避免带来人际关系的紧张。培育和践行友善价值观，无疑能为缓解社会矛盾、维护社会良序、促进社会和谐提供良好的价值导向。改革开放以来，我国经济发展取得了令人瞩目的成就，但由于我国经济机制以及各项制度尚在调整和完善之中，加之人们在天赋、能力、受教育程度等方面的差别，客观上造成了我国社会群体的分化。在这种背景下，社会心态在某些领域出现了失衡的现象。比如，仇富、仇官心理以及在贫富相对分化面前的浮躁情绪等。社会心态失衡的原因之一是社会群体之间相互通达与互助的不畅。大爱无疆，大爱至微。树立友善价值观，在公民个人层面倡导友善能够帮助人们以阳光心态看待其他公民，从积极的角度肯定他人、尊重他人的劳动与创造，形成"主体际性"人际关系。在群体层面，友善价值观能够让人们在群体之间传递友爱的信息，并且在实质层面予以相互帮助。友善价值观有助于建立良好人际关系。现代社会人际关系的紧张主要有两个方面的原因：一是社会的竞争压力，二是多元价值观所带来的差异性。市场经济中的竞争机制激发了公民的竞争意识，公民间的矛盾被放大、激化。友善在规范公共生活方式的同时，为公民权利和社会公益提供某种意义的保护。倡导友善可能改变公民看待他者的视角，引导人们把其他公民当作社会生活的伙伴，而

---

① 《中国共产党第十九次全国代表大会文件汇编》，人民出版社2017年版，第40页。

不是仅仅强调自我利益（私人利益）的最大化。和风化好雨，润物细无声。倡导友善有助于引导人们以开放、包容的心态对待公民间在生活方式、文化、观点等方面的差异，在社会生活中求同存异、求同化异；有助于人们用更多的理解填充你我他之间的沟壑，溶解隔阂，建立良好的人际关系，是人与人和谐相处的润滑剂。

二、友善的包容与凝聚功能

友善具有包容与凝聚功能。相对于规范与调节功能，包容与凝聚功能是友善价值观更深层次的功能，可谓"海纳百川，有容乃大"，看似无形胜有形。

1. 海纳百川，有容乃大

要修养友善的德性，就要有宽广的胸怀。如前所述，"海纳百川，有容乃大"这八个字出自清末政治家林则徐题书的自勉楹联："海纳百川，有容乃大；壁立千仞，无欲则刚。"[①] 寓意为要有像大海一样能容纳无数江河水的宽大胸襟和超常大气。

常言道，"量小失众友，大度集群朋"，"宰相肚里能撑船"。友善宽容是一种高贵的品质和莫大的美德。与人交往，多一些宽容与体谅，既能避免无意义的争端，又能拉近心与心之间的距离。没有友善宽容，就难以造就伟大的人格。

友善宽容是一种品格，更是一种涵养，在一定意义上也是成就伟业的主体性因素。翻开中华民族上下五千年的历史，透过风云变幻的画面，我们看到多少雄才大略的政治家，那些胸襟豁达的明君贤相，用宽容激起心灵的撞击，让对方在内疚之余，产生一种强烈的"立功赎罪"渴望，在行动上则用一种竭尽全力式的爆发力，对其事业的兴旺发达起到了推动作用。春秋战国时期的齐桓公，不记"一箭之仇"，拜管仲为相，依赖管仲推行的一系列富国强兵之策，成

---

① "海纳百川"之出处有《管子·形势解》中的"海不辞水，故能成其大；山不辞土，故能成其高"；《庄子·秋水》中的"天下之水莫大于海，万川纳之"；东汉许慎之《说文解字》中的"海，天池也，此纳百川者"；晋代袁宏《三国名臣序赞》中的"形器不存，方寸海纳"。李周翰注："方寸之心，如海之纳百川也，其言包含广也。""有容乃大"出自《尚书·君陈》："有容，德乃大。"道光十九年（1839年）林则徐奉旨以钦差大臣身份到广州查禁鸦片，在其厅堂内挂此联，借以表明为人为官之肚量、为国为民之心迹。进入21世纪福州市决定以林则徐的名言"海纳百川，有容乃大"来表达福州市的城市精神。

就霸业，成为春秋五霸之首。楚国历史上著名的在"绝缨会"上酒后调戏楚王宠妃许姬的唐狡，深感楚庄王的宽容，为楚庄王伐郑舍命相报，建立大功。可以说，齐桓公能够成就霸业，楚庄王能够问鼎中原都同他们那种宽容大度有关。唐太宗李世民之所以能够开创了中国历史上有名的"贞观之治"，其重要原因之一是李世民不计前仇大胆重用敢于犯颜直谏的魏征而虚心纳谏。[①]

朱德元帅曾有诗云："开心常见胆，破腹任人钻，腹中天地宽，常有渡人船。"一个人有了如此宽广、豁达的心境，遇事就能"拿得起，放得下"，就有常人难以企及的内在力量和大智慧。自从井冈山会师之后，朱德就成为人民军队偶像级的人物，从担任军长到出任总司令，各个时期都能与毛泽东配合得相当默契，故毛泽东对他赞誉有加。在长征途中，面对张国焘分裂党、分裂红军的活动，朱德身陷逆境，仍坚持原则，耐心做说服教育工作，团结红四方面军广大指战员，同张国焘的分裂活动进行坚决斗争，为实现红军三大主力在西北的大会师做出了重大贡献。毛泽东评价朱德在这场斗争中是"临大节而不辱"，"度量大如海，意志坚如钢"。

纵观历史和现在、国际和国内、网上和网下，许多偏见、敌视和摩擦乃至流血纷争，究其根源除了不可调和的根本利益对立和冲突以外，往往是起因于缺乏理解、包容和妥协。1688 年"光荣革命"[②]后英国议会通过了《宽容法》。而美国历史学者亨德里克·威廉·房龙 1925 年出版的《宽容》是一本流传很广的著作。作者自认为这本书是回顾了历史上"宽容"这种美德被作践与被尊重的历史，提及了许多著名的历史人物与宽容的关联，进而提倡弘扬宽容精神。作品较为充分地展现了作者文学性的历史叙述和自己对人类命运的特有关切。

1993 年在芝加哥召开的第二次世界宗教会议发表的《全球伦理宣言》，强

① 在唐高祖李渊执掌朝政时，魏征原是太子李建成的主要谋士，他曾向太子李建成建议谋划除掉李世民。李世民在经历"玄武门之变"后追查李建成余党时，魏征被抓。按当时的惯例，理当治其灭门之罪甚至株连九族。李世民并没有这样做，他在审问魏征时问道："你为什么为李建成出谋划策，与我作对？"魏征态度坦然并无惧色地说："人各为其主，可惜李建成不听我的劝告，否则今日胜负成败尚未可知！"李世民见他刚直，是个难得的人才，便不计前仇，不仅没有给他治罪，而且加以重用，任命他为谏议大夫。魏征任谏议大夫后，经常对唐太宗提出切中时弊的批评与建议，其中许多意见还很尖锐激烈，魏征从而成为我国历史上一位对贞观之治起过重要作用的大唐名臣。魏征死时，唐太宗痛哭流涕地说："以铜为镜，可以正衣冠；以古为镜，可以知兴替；以人为镜，可以明得失。朕常宝此三镜，以防己过。今魏征殂逝，遂亡一镜矣！"
② "光荣革命"是指 1688 年英国资产阶级和新贵族发动的推翻詹姆斯二世的统治、防止天主教复辟的非暴力政变。这次政变实质上是资产阶级新贵族和部分大土地所有者之间所达成的政治妥协。此后，英国逐渐建立起君主立宪制，发展为一度被称为"日不落帝国"的资本主义强国。

调人类应"献身于一种共同的全球伦理，更好地相互理解，以及有益于社会的、有助于和平的、对地球友好的生活方式"，要"坚持一种宽容的文化和一种诚信的生活"。而南非历史上第一位黑人总统纳尔逊·曼德拉①之所以受到世人如此尊敬、爱戴和推崇，不仅在于他为反对种族隔离制度，争取自由、民主、平等不懈奋斗而不惜在铁窗里度过 27 个春秋，而且在于他出狱后他以非暴力方式，结束了世界上最黑暗的种族隔离制度，让南非走上了种族和解的道路，以宽容感动世界。他说："当我走出囚室、迈过通往自由的监狱大门时，我已经清楚，自己若不能把悲痛与怨恨留在身后，那么我其实仍在狱中。"所以，要做到友善宽容，就要摒弃零和游戏和你输我赢的旧思维，树立包容他者的开放、共享、共赢的新理念，创造友善宽容的环境，在友善宽容的环境下包容者实际上也是受益者。

【媒体连接】曼德拉用宽容感动世界 精神财富如开采不尽的金矿

（原载 2013 年 12 月 6 日《钱江晚报》，2013 年 12 月 7 日新华网全文转载）

曼德拉是公认的伟大政治家，他的杰出，不仅在于他以非暴力方式创建了新南非，还在于他把和解和宽容的精神传播于非洲和世界各地。

曼德拉给世界留下了精神财富，犹如一个开采不尽的金矿。南非资深媒体人皮埃特·马雷说，如果去"挖掘"，可以从中得出一些宝贵启示。

因反对种族隔离入狱 27 年 愿为民主自由理想而死

曼德拉 1944 年加入非洲国民大会，开始投身政治。这一政党反对种族隔离制度，争取不分肤色、种族的同等权利。之后不久，他建立非洲国大青年联盟。

当时，南非国民党执政，制订一系列种族主义法律和法令，使种族隔离和种族歧视系统化、制度化，当局镇压黑人权利运动，引发黑人强烈不满。

在非国大的一次会议上，曼德拉发表题为《自由之路无坦途》的讲演："治疗我们（南非人）伤痛的时代到了，弥合我们裂痕的时机到了，这个时代应由我们建立。"

不少人评价，这次演讲是对种族主义政权的"宣战书"。

然而，1964 年，曼德拉却因反对种族隔离政策被判处终身监禁，直至 1990 年获释。

---

① 纳尔逊·罗利赫拉赫拉·曼德拉（Nelson Rolihlahla Mandela，1918 年 7 月 18 日—2013 年 12 月 5 日），是南非首位黑人总统，被尊称为"南非国父"。

1990 年 2 月 11 日，告别了 27 年牢狱生涯，曼德拉在开普敦市政厅前大广场上发表了著名的"出狱演讲"。

"我们通往自由之路是不可逆转的，我们不能让恐惧挡住道路，非种族化、团结民主的南非的普选权是和平及种族和谐的唯一途径。"曼德拉说："我想引用一段我在 1964 年受审时说过的话。这段话在当时是正确的，在今天依然正确：'我为反对白人统治而斗争，也为反对黑人统治而斗争。我珍视有一个民主和自由社会的理想，在这个社会里，人人和睦相处，机会均等。我为这个理想而活着，并希望实现这个理想。但是如果需要，我也准备为这个理想而死。'"

就职典礼上向白人看守致敬　用宽容和解征服世界

当曼德拉以胜利者的姿态走出监狱大门，外界担心一场"复仇"不可避免时，曼德拉选择用宽容与和解征服世界。他告诉一些激进的黑人组织，现在不是要把白人赶入大海，而是把你们的武器扔进大海。

后来提起出狱当天的心情时，曼德拉说："当我走出囚室、迈过通往自由的监狱大门时，我已经清楚，自己若不能把悲痛与怨恨留在身后，那么我其实仍在狱中。"

出狱后，曼德拉致力于推动种族和解，他的信念是："压迫者和被压迫者一样需要获得解放。"

在那些对立情绪一触即燃的日子中，在黑人们怒吼要复仇的日子里，曼德拉给全世界上了一课，演绎了什么叫作"文明的宽恕"。正如南非大主教、诺贝尔和平奖得主图图所说，曼德拉是象征和解的全球偶像。

1993 年，曼德拉与时任南非总统德克勒克同获诺贝尔和平奖。1994 年 5 月，南非举行历史上首次不分种族的全民选举，曼德拉成为南非首位黑人总统。

就职典礼上，曼德拉邀请了 3 位看押过他的白人看守出席，并恭敬地向他们致敬。曼德拉的宽宏大度让世人肃然起敬。

"仁爱和宽恕是打开南非未来之门的钥匙，仇恨只能让南非继续堕落"，曼德拉对此诠释道。

借助橄榄球化解民族对立情绪　巅峰时刻悄然"裸退"

比起拳击和足球，曼德拉起初并不喜欢橄榄球，因为在种族隔离时代的南非，橄榄球是白人专属运动，是他发自心底所痛恨的东西。但随着对橄榄球理解的加深，曼德拉对南非的理解也在加深，也认识到橄榄球积极的一面。于是，曼德拉选择了借助橄榄球来化解民族对立情绪。

1995 年英式橄榄球世界杯赛成为南非体坛和政坛的一座里程碑。

世界杯前夕，曼德拉亲自接见南非橄榄球队队长，激励球队打出好成绩。每场比赛前，这支白人球员占绝对多数的国家队高唱原本只属于黑人的新国歌《天佑南非》，并最终奇迹般地打入决赛。更令人震撼的是，决赛那天，曼德拉没有身着西装或者民族服饰，而是穿一件曾象征种族隔离的墨绿色橄榄球国家队球衣进场。他的这个举动，向白人发出了无声却震撼的政治声音，彻底征服了白人的心。当南非队最后夺冠，整个南非，黑人和白人在一起狂欢，第一次拥有了共同的荣誉感。

1999 年，曼德拉选择在事业如日中天之际悄然"裸退"，"让"出总统宝座，从此再也不干预政务。这不仅使南非人惊讶，也让世界不解。曼德拉对此解释说："曼德拉之后，还有后来人。我们有很多有能力的年轻人。"

2010 年南非世界杯足球赛的闭幕式上，曼德拉出现在了现场，尽管只有短短几分钟，但是他的到来让整个世界感动。而世界杯的成功举办，也给南非的国家形象塑造带来新的力量。

友善宽容是身心健康的心理基础，此谓"心旷神怡"。[①] 古人云，体壮曰健，心怡曰康。世界卫生组织也认为健康是身体上、精神上和社会适应上的完好状态。这就是说，健康既包括身体健康，也包括心理健康。身体健康是心理健康的物质基础，心理健康是身体健康的精神支柱。身体状况的改变可能带来相应的心理问题，生理上的缺陷、疾病，特别是痼疾，往往会使人产生紧张、焦躁、忧虑、抑郁等不良情绪，导致各种不正常的心理状态，这种不正常的心理状态又影响人的身体健康。故《"健康中国 2030"规划纲要》[②] 将"促进心理健康"纳入"塑造自主自律的健康行为"的任务之一，并对加强心理健康服务提出了明确要求。

---

① "心旷神怡"出自南宋·范仲淹《岳阳楼记》："登斯楼也，则有心旷神怡，宠辱皆忘，把酒临风，其喜洋洋者矣。"

② 2016 年 10 月，中共中央、国务院发布了《"健康中国 2030"规划纲要》（以下简称《纲要》）。《纲要》是中华人民共和国成立以来首次在国家层面提出的健康领域中长期战略规划，也是我国积极参与全球健康治理、履行我国对联合国"2030 可持续发展议程"承诺的重要举措。《纲要》提出，到 2030 年，促进全民健康的制度体系更加完善，健康领域发展更加协调，健康生活方式得到普及，健康服务质量和健康保障水平不断提高，健康产业繁荣发展，基本实现健康公平，主要健康指标进入高收入国家行列，人均预期寿命较 2015 年的 76.34 岁继续增长，达到 79 岁。到 2050 年，建成与社会主义现代化国家相适应的健康国家。

　　现代心理学研究的成果表明，心胸开阔有益于身心健康。因为人与人相处，磕磕碰碰总是难免的，如果你一味计较，就会时常烦恼。大量事实证明，过于苛求别人或苛求自己的人，必定处于紧张的心理状态之中。由于内心的矛盾冲突或情绪危机难以解脱，极易导致机体内分泌功能失调，引起体内一系列劣性生理化学变化，造成血压升高、心跳加快、消化液分泌减少、胃肠功能紊乱等问题，并可伴有头昏脑涨、失眠多梦、乏力倦怠、食欲不振、心烦意乱等症候。紧张心理的刺激会影响内分泌功能，而内分泌功能的改变又会反过来增加人的紧张心理，形成恶性循环，贻害身心健康。有的过激者甚至失去理智而酿成祸端，造成严重后果。而一旦宽恕别人之后，心理上便会经过一次巨大的转变和净化过程，使人际关系出现新的转机，诸多忧愁烦闷得以避免或消除。可以说友善宽容是维持心理健康的"维生素"。友善宽容既是善待他人，也是善待自己。

【媒体链接】张瑞敏：海尔是海

（人民网·经济·企业动向：《张瑞敏：海尔是海》，2000 年 12 月 29 日）

　　海尔应像海，唯有海能以博大的胸怀纳百川而不嫌其细流；容污浊且能净化为碧水。正如此，才有滚滚长江、浊浊黄河、涓涓细流，不惜百折千回，争先恐后，投奔而来。汇成碧波浩渺、万世不竭、无与伦比的壮观！

　　一旦汇入海的大家庭中，每一分子便紧紧地凝聚在一起，不分彼此形成一个团结的整体，随着海的号令执着而又坚定不移地冲向同一个目标，即使粉身碎骨也在所不辞。因此，才有了大海摧枯拉朽的神奇。

　　而大海最被人类称道的是年复一年默默地做着无尽的奉献，袒露无私的胸怀。正因其"生而不有，为而不恃"不求索取，其自身也得到了永恒的存在。这种存在又为海中的一切提供了生生不息赖以生存的环境和条件。

　　海尔应像海，因为海尔确立了海一样宏伟的目标，就应敞开海一样的胸怀。不仅要广揽五湖四海有用之才，而且应具备海那样的自净能力，使这种氛围里的每一个人的素质都得到提高和升华。海尔人都应是能者，而不应有冗者、庸者。因为，海尔的发展需要各种各样的人才来支撑和保证。

　　要把所有的海尔人凝聚在一起，才能迸发出海一样的力量，这就是靠一种精神，一种我们一贯倡导的"敬业报国，追求卓越"的企业精神。同心干，不论你我，比贡献，不唯文凭。把许许多多的不可思议和不可能都在我们手中变为现实和可能，那么海尔巨浪就能冲过一切障碍，滚滚向前！

我们还应像大海为社会、为人类做出应有的奉献。只要我们对社会和人类的爱"真诚到永远"，社会也会承认我们到永远，海尔将像海一样得到永恒的存在，而生活于其间的每一个人都将在为企业创一流效益、为社会做卓越贡献的同时得到丰厚的回报。海尔将和整个社会融为一个整体。

海尔是海。

2. 看似无形胜有形

友善美德不是一种偶然的情绪，而是一种稳固的道德修养。友善构成爱国的基础，敬业的前提，诚信的土壤。在这种联系之中，公民之间真诚相待，建立互爱互信的伦理秩序。友善的伦理秩序强调个体利益与公共利益的协调，是一种和谐的力量、合作的力量、团结的力量。有一首歌国人耳熟能详，许多人都爱唱，叫《团结就是力量》，"团结就是力量，团结就是力量，这力量是铁，这力量是钢；比铁还硬，比钢还强……"

友善给出的是美好心灵的供词，体现的是高贵的人格修养，溢出的是蓬勃的朝气和睿智的阳光。通过倡导人与人、人与社会、人与自然友善共处的关系，唱响新时代的正气歌，形成齐心向上、奋发有为的社会合力，营造共建小康、共同富裕的良好氛围，开创整个社会和谐大同的新局面。友善，在人们遇到困难的时刻，尤显弥足珍贵。向处于困境中的人们伸出援助之手，发扬友爱互助的精神，人间就会充满美好的真情。这些年来，我国广大人民群众开展了各种互帮、互爱、互助活动，如"希望工程""送温暖""志愿者活动日"等，使中华民族传统美德在新的历史条件下发扬光大，体现了社会主义大家庭和谐的人际关系，产生了巨大的亲和力和凝聚力。

唯厚可以载物，唯宽可以容人。在成功的人际交往中，包容是必不可少的，人与人之间多一份真诚和宽容，就多一份快乐和温暖。宽容是大海，能容下江河，也能容下小溪；能容下竞游的百舸，也能容下一叶扁舟。面对他人的一些小的过失、缺点，宜设身处地给予体谅和包容，并诚心诚意地进行提醒和帮助。

在现代社会交往中，友善是每一个公民能否顺利进入公共社会、成功地与别人打交道、开展社会合作的一个基本伦理条件，也是现代公民不可或缺的道德品质。对于友善的义务，每个公民未必都做出明确的承诺，但公民既生活于共同体中就等于以默认的形式承认需要遵守公共领域的伦理秩序。正是公民对友善义务的共同承担，才使公共生活中分散的陌生人能够整合为一个伦理实体，既维护自己对公共产品的适当消费，又为其他公民对公共产品的适当消费提供认同和支持。这有助于增进公民情感，改良社会风气，凝聚社会力量，维护社会稳定。

【延伸阅读】《将相和》

《将相和》这个故事出自司马迁的《史记·廉颇蔺相如列传》。由"完璧归赵""渑池之会"和"负荆请罪"3个小故事组成。每个故事都有矛盾的发生、发展和结局，有相对的独立性，但又紧密联系，合起来构成《将相和》这一完整的系列故事。

廉颇是赵国的一名杰出的将军。赵惠文王十六年，廉颇作为赵国将领率兵攻打齐国，大败齐军，攻占了阳晋，于是被封为上卿，凭借勇猛善战在各诸侯国闻名。蔺相如也是赵国人。他是赵国宦官头目缪贤的门客。

赵惠文王的时候，赵国得到了楚国的和氏璧。秦昭王知道这件事以后，就派人给赵王送信，表示愿意用十五座城邑来换取和氏璧。赵王与大将军廉颇以及各位大臣商议：如果把和氏璧给秦国，秦国的城邑恐怕得不到，只能是白白地受骗；如果不给秦国和氏璧，则担心秦国会出兵攻打赵国。赵王和群臣都拿不定主意，寻求可派去回复秦国的人，又没有找到。

宦官头目缪贤说："我的门客蔺相如可以出使。"赵王问："您根据什么知道他可以呢？"缪贤回答说："我曾经犯过罪，私下打算逃亡到燕国去。我的门客蔺相如阻止我说：'您凭什么知道燕王会收容您呢？'我告诉他，我曾跟从大王在我国边境与燕王相会，燕王私下握着我的手说'愿意和你交个朋友'，我就凭这个知道他了，所以打算去他那里。蔺相如对我说：'如今赵国强，燕国弱，您又受赵王宠幸，所以燕王想要和您结交。现在您要从赵国逃奔到燕国，燕王害怕赵国，这种形势下燕王必定不敢收留您，反而还会把您捆绑起来送回赵国。您不如赤身伏在斧质上请罪，这样也许侥幸能够免罪。'臣听从了他的意见，大王也开恩赦免了我。我私下认为蔺相如是个勇士，有智谋，应该是可以出使的。"

于是赵王召见蔺相如，问他："秦王打算用十五座城换我的和氏璧，能不能给他？"相如说："秦国强，赵国弱，不能不答应他。"赵王说："得了我的璧，不给我城邑，怎么办？"相如说："秦王请求用城换璧，而赵国（如果）不答应，赵国理亏；赵国给了璧，而秦国不给赵国城邑的话，那就是秦国理亏。比较这两个计策，宁可答应给秦国璧，使它承担理亏的责任。"赵王问："可以派谁去呢？"相如说："如果大王实在无人可派，臣愿捧护和氏璧出使秦国。城邑归属赵国了，就把璧留给秦国；城邑不给赵国，请让我把璧完好无缺地带回赵国。"赵王于是就派蔺相如带着和氏璧西行入秦。

秦王坐在章台宫接见相如，相如捧璧献给秦王。秦王非常高兴，把璧传给妃嫔及左右侍从看，群臣高呼"万岁"。相如看出秦王没有要把城邑给赵国的意思，就走上前说："璧上有斑痕，请让我指给大王看。"秦王把璧交给相如，相如持璧退后几步站定，背靠着柱子，怒发冲冠，对秦王说："大王想要得到和氏璧，派人送信给赵王，赵王召集所有大臣商议，大家都说：'秦国贪婪，倚仗它强大，想用空话得到和氏璧，给我们的城邑恐怕得不到。'打算不将和氏璧给秦国。我认为平民之间的交往尚且不相互欺骗，何况是大国之间的交往呢！况且为了一块璧的缘故惹得强大的秦国不高兴，也是不应该的。于是赵王斋戒了五天，派我捧璧，在朝廷上将国书交给我。为什么要这样呢？是尊重大国的威望而修饰礼仪表示敬意呀。现在我来到秦国，大王却在一般的宫殿接见我，礼节十分傲慢；得到璧后又将它传给妃嫔们看，以此来戏弄我。我看大王无意补偿给赵国十五座城邑，所以又把璧取回来。大王如果一定要逼迫我，我的头现在就与和氏璧一起撞碎在柱子上！"

相如手持璧玉，斜视着柱子，就要向柱子上撞去。秦王怕他真把璧撞碎，就婉言道歉，坚决请求他不要以璧击柱，并唤来负责的官吏察看地图，指明要把从这里到那里的十五座城划归赵国。

相如估计秦王只不过以欺诈的手段假装给赵国城邑，实际上赵国是不可能得到这些城邑的，他就对秦王说："和氏璧是天下公认的宝物，赵王敬畏大王，不敢不献出来。赵王送璧的时候，斋戒了五天。现在大王也应斋戒五天，在朝堂上安设'九宾'的礼节，我才敢献上和氏璧。"秦王估量此事，终究不能强夺，就答应斋戒五天，把相如安置在广成宾馆里住宿。

相如估计秦王虽然答应斋戒，也必定违背信约，不给赵国城邑，就派他的随从穿着粗麻布衣服，怀揣和氏璧，从小路逃走，把璧送回赵国。

秦王斋戒五天后，就在朝廷上设了"九宾"的礼仪，延请赵国使者蔺相如。相如来到后，对秦王说："秦国自从穆公以来的二十多位君主，不曾有一个是坚守约定的。我实在是怕被大王欺骗而对不起赵国，所以派人带着璧回去，从小路已经到达赵国了。再说秦国强大而赵国弱小，大王派一个使臣到赵国，赵国会立刻捧着璧送来。现在凭借秦国的强大，先割十五座城给赵国，赵国怎么敢留下和氏璧而得罪大王呢？我知道欺骗大王的罪过应该处死，我请求受汤镬之刑。希望大王和大臣们仔细考虑商议这件事。"

秦王和群臣面面相觑，发出无可奈何的声音。侍从中有人想要拉相如离开朝堂加以处置。秦王说："现在杀了蔺相如，终究还是得不到和氏璧，反而断绝了秦、赵两国的友好关系。不如趁此好好款待他，让他回赵国去。赵王难道会为了一块璧的缘故而欺骗秦国吗？"终于在朝廷上接见相如，完成礼节后，让他回赵国去了。相如回国之后，赵王认为他是个贤能的大夫，出使到诸侯国家能不受欺辱，就任命他做上大夫。（这以后）秦国也没有把那些城邑给赵国，赵国至终也没有把璧给秦国。

后来，秦军攻打赵国，攻下了石城。第二年秦军再次攻赵，杀了赵国两万人。秦王派使臣告诉赵王，打算与赵王和好，在西河外渑池相会。赵王害怕秦国，不想去。廉颇、蔺相如商量说："大王如果不去，显得赵国既软弱又怯懦胆小。"赵王于是前往赴会，相如随行。廉颇送到边境，和赵王辞别说："大王这次出行，估计一路行程和会见的礼节完毕，直到回国，不会超过三十天。如果大王三十天还没回来，就请允许我立太子为王，以便断绝秦国的念头。"赵王同意廉颇的建议，就和秦王在渑池会见。

秦王喝酒喝到酒兴正浓时说："我私下里听说赵王喜好音乐，请赵王弹弹瑟吧！"赵王不好推，就弹起瑟来。秦国的史官走上前来写道："某年某月某日，秦王与赵王会盟饮酒，让赵王弹瑟。"蔺相如走向前去说："赵王私下听说秦王善于演奏秦地的乐曲，请允许我献盆缻给秦王，借此互相娱乐吧！"秦王发怒，不答应。这时相如向前递上瓦缶，趁势跪下请求秦王敲击演奏。秦王不肯击缶。相如说："在这五步之内，我要把自己颈项里的血溅在大王身上！"秦王身边的侍从要杀相如，相如瞪着眼睛呵斥他们，他们都退却了。于是秦王很不高兴，只好为赵王敲了一下瓦缶。相如回头召赵国史官写道："某年某月某日，秦王为赵王击缶。"秦国的众臣说："请赵王用赵国的十五座城给秦王献礼。"蔺相如也说："请把秦国的都城咸阳送给赵王献礼。"直到酒宴结束，秦王始终未能占赵国的上风。赵国也部署了大批军队来防备秦国，秦军也不敢有什么举动。

渑池之会结束后，回到赵国，由于蔺相如功劳大，被封为上卿，位在廉颇之上。廉颇说："我是赵国的大将，有攻城野战的大功，而蔺相如只凭言词立下功劳，他的职位却在我之上。况且相如本来是卑贱的人，我感到羞耻，不甘心自己的职位在他之下！"于是廉颇扬言："我遇见相如，一定要羞辱他。"相如听到这些话后，不肯和他碰面，每逢上朝时常常推说有病，其实是他不愿与廉颇将军发生争执。过了些时候，蔺相如出门，远远看见廉颇，就掉转车子避开他。

于是蔺相如的门客就一齐规谏说："我们离开亲人来侍奉您，不过是因为仰慕您的高尚品德和才干啊。现在您的职位不在廉颇之下，廉将军口出恶言，您却害怕他，躲避他，怕得太过分了。就是普通人对这种情况也感到羞耻，更何况是将相呢！我们没有才能，请允许我们告辞离开吧！"蔺相如坚决挽留他们，说："你们看廉将军与秦王相比哪个厉害？"门客回答说："廉将军不如秦王厉害。"相如说："以秦王那样的威势，我蔺相如却敢在秦国的朝廷上呵斥他，羞辱他的群臣。相如虽然才能低下，难道害怕廉将军吗？但是我想到，强大的秦国不敢轻易对赵国用兵的原因，只是因为有我们两个人在啊！现在如果两虎相斗，势必不能共存。我之所以这样做，是以国家之急为先而以私仇为后啊！"

这话很快传到廉颇那里，廉颇感到非常惭愧，他脱去上衣，露出上身，背着荆条，由宾客引导到蔺相如家的门前请罪，说："我这个粗陋卑贱的人，想不到将军宽容我到这样的地步啊！"两人终于和好，成为生死与共的朋友。

概而言之，《将相和》说的是出身卑微的蔺相如自荐携璧赴秦，临危不惧，斥责秦王，完璧归赵。在渑池之宴，又智斗秦王，使得赵王安然回国。蔺相如因功被赵王封为上卿，老将廉颇自恃功高，心里不服，在大街上挡住蔺相如人马的过道，有意羞辱蔺相如，蔺相如命主动避开。后来，廉颇得知相如以国事为重，不与他争斗，深感惭愧，于是负荆请罪，将相和睦。

蔺相如智勇双全，才华出众，连续立功，拜为上卿理所当然，是众望所归。当廉颇轻视和有意为难蔺相如时，他没有以牙还牙，而是以大局为重，宽容为怀，机智地退避，并借门客传话道出友善的心声，获得了廉颇的理解和道歉，赢得了尊严和口碑。蔺相如临危不惧、足智多谋、虚怀若谷、高风亮节，廉颇明辨是非、知错就改，写就了流传后世的"将相和"的千古佳话。

三、友善的激励与创造功能

在汉语中，一撇一捺为人，二人为从，三人为众。俗话说"众人拾柴火焰高"，但也有反例，"一个和尚挑水喝，两个和尚抬水喝，三个和尚没水喝"。可见，"人多力量大"是有条件的，这就要求团队成员友善相处、凝心聚力、团结协作。故常言道："人心齐，泰山移。"友善是能激励人们积极向上的正能量，它能促进人们团结一心，共同奋进，汇聚起推动社会文明进步的强大力量。这便是友善的激励与创造功能。弘扬友善价值观，常怀友善之心，多行友善之举，不仅能够营造良好的人际关系，为社会和谐增添正能量，甚至会创造奇迹。

1. 赠人玫瑰于有余香

古人云，"祸因恶积，福缘善庆"（南北朝·周兴嗣《千字文》）；"积善之家，必有余庆；积不善之家，必有余殃"（《周易·坤·文言》）。友善之人，成人达己，成己为人，在传播善意的同时收获喜悦与温情，正如印度古谚所言："赠人玫瑰之手，经久犹有余香。"曾子云："人而好善，福虽未至，祸其远矣；人而不好善，祸虽未至，福其远矣。"（汉·徐干《中论·修本》）意思是：人如果乐于为善，福虽还没有到来，但与祸的距离却已经很远了；人如果不乐于为善，灾祸虽然还没有到来，但与福的距离却非常远了。心存友善，就会光明磊落，乐于敞开心扉，常有轻松之感。现实生活中，有的人往往为一些微不足道的琐事而生气、恼怒，甚至暴跳如雷。而医学研究表明，这种恶劣情绪实际上是对身心健康的最大摧残。美国加利福尼亚大学伯克莱分校的一项研究表明，不友善的人经常发怒，其健康出现问题的概率要比普通人高。研究小组组长约翰·斯沃茨博格教授提出两个建议：第一，试着找出发怒的根源，并采取措施改变导致发怒的境况；尝试一下放松治疗或用思考来使身体安静下来。第二，参加"怒气管理课程"，学会调节心情和脾气，学会友善。

人生在世，要学会分享给予，乐于扶贫帮困。

有一则著名的故事，说的是一个贫穷的小男孩为了攒够学费正挨家挨户地推销商品，劳累了一整天感到十分饥饿，他摸遍全身，只有一块钱。怎么办？他决定向下一户人家讨口饭吃。当一位女孩打开房门，看到他很饥饿的样子，就拿了一大杯牛奶给他。当小男孩想付给她一块钱表示感谢的时候，女孩回答道："不用，妈妈教导我们，施以爱心，不图回报。"多年之后，那位已长大了的女孩得了一种罕见的重病，当地的医生对此束手无策。最后，她被转到大城市医治，由专家会诊治疗，而当年的那个小男孩如今已是大名鼎鼎的霍华德·凯利医生了，他参与了医治方案的制订。当看到病历上所写的病人的来历时，他一眼就认出了病人就是那位曾帮助过他的恩人便代付了医药费，凯利医生让友人把医药费通知单送到女孩手中，女孩很害怕，因为她确信治病的费用将会花去她的全部家当。而当她翻开医药费通知单的时候，却惊讶地看到上面赫然写着："医药费＝一满杯牛奶。霍华德·凯利医生。"

这是友善获得的意外回报。

【延伸阅读】邓小平与"希望工程"

少年儿童是祖国的花朵，是民族的未来和希望。关爱少年儿童就是关注祖国和人类的明天。"希望工程"是团中央、中国青少年发展基金会（简称"中国青基会"）以救助贫困地区失学少年儿童为目的，于1989年发起的一项公益事业。其宗旨是建设希望小学，资助贫困地区失学儿童重返校园，改善农村办学条件。1990年9月5日，邓小平欣然提笔，为这项造福子孙、利国利民的事业题名，这让基金会的工作人员激动不已。1992年4月15日，邓小平为希望工程的题名在《人民日报》上发表，由此也揭开了"希望工程百万爱心行动"的序幕。

1992年6月和10月，邓小平让家人以"一个老共产党员"的名义，向希望工程捐款五千元①。中国青基会经过认真的讨论，决定将这5000元捐款用于邓小平早期工作、战斗过的广西百色。

5000元捐款最终用于周标亮当时就读的百色市平果县希望小学（该小学是广西开办的第一所希望小学），包括周标亮②在内的25名贫困失学儿童成为受益者。

周标亮的人生从此发生了转折。周标亮说："有一天，我的班主任找到我说，你很幸运，你得到了邓爷爷的资助，你可以继续上学了。当时，我简直不敢相信自己的耳朵……"

从平果县希望小学毕业后，周标亮考上平果二中，又升入百色地区田东民

---

① 1992年6月10日，中国青基会（中国青少年发展基金会的简称）的捐款接待室来了两位军人，他们拿出3000元人民币，但不留捐款人姓名。工作人员一再称按规定必须留下捐款人的名字，为后人留下一份责任与爱心的清单。两位军人说，如果一定要留姓名，就写"一个老共产党员"吧。同年10月6日，两位军人再次来到中国青基会，以同样的方式捐款2000元。后经中国青基会多方了解，才知道这位"老共产党员"就是敬爱的邓小平同志。

② 周标亮，女，壮族，现任百色市平果县教育局副局长。1981年9月出生于广西壮族自治区平果县凤梧乡。1992年，一场意外的大火把她家烧个精光，周标亮因此辍学。一天，老师突然来到她家，告诉她可以重新到学校读书了。而且，她的学费来自邓小平给希望工程的捐款，她有幸成了邓小平资助的25名失学儿童之一。

族师范专科学校，并在学校里光荣地加入了中国共产党。2000 年 7 月，她从田东民族师范专科学校毕业后，按照她的愿望，又回到她当年就读的平果县希望小学任教。2000 年 9 月 15 日，周标亮被希望工程选为"希望之星"，荣任 2000 年悉尼奥运会我国两名形象大使之一，到澳大利亚与来自 180 多个国家和地区的青少年代表联欢。

不仅邓小平本人亲力亲为向希望工程捐款，他的家人也心系希望工程。1994 年 6 月，邓小平的女儿邓榕向希望工程捐款 1.5 万元，救助 50 名沂蒙山区失学的贫困儿童。2002 年 5 月 15 日，邓小平原警卫秘书张宝忠又亲赴广西平果县希望小学，送去邓小平夫人卓琳捐出的 5000 元捐款以及中央军委办公厅全体官兵的 105967.9 元捐款。

正是因为邓小平的大力支持，希望工程很快引起公众的高度关注，20 多年来社会各界纷纷解囊，港澳台同胞、海外侨胞也给予热情援助。"希望工程"是一座历史的丰碑。截至 2013 年，希望工程累计募集捐款 97.57 亿元人民币，资助农村家庭经济困难学生逾 495 万名，建设希望小学 18335 所。现在希望工程已成为我国社会参与最广泛、最具影响力的公益品牌，中国青基会也从一个简单的慈善募捐机构变为服务于中国青少年的公益平台。

在 2004 年邓小平诞辰 100 周年之际，遵照邓小平的嘱托，家人把他生前的全部稿费 140 多万元捐献出来，设立中国青少年科技创新奖励基金，由共青团中央负责基金的管理组织工作。

2015 年，中国青基会成立"小平基金"，用于资助青少年科技项目。

【延伸阅读】朱镕基登上 2014 胡润慈善榜

慈善事业是社会文明进步的重要标志，是改善民生、造福社会的崇高事业，慈心善举能造就友善互助的人际关系。慈善活动是一种以人为本、展现人文关爱、为善修德、扶贫济困，共建人类和谐幸福家园的友善活动，弘扬慈善精神、投身慈善事业是培育和践行友善价值观题中之义。

2014 年 10 月，国务院前总理朱镕基登上了"2014 胡润慈善榜"①。胡润研究院称，朱镕基"自 2013 年以来，共捐赠善款 2398 万元"。胡润慈善榜还特别指出，以政治人物身份登上榜单的国务院原总理朱镕基是一位"特色慈善家"。实际上，朱镕基亦非首次登上慈善榜。2014 年 1 月，北师大中国公益研究院发布的"中国捐赠百杰榜"，朱镕基在 2013 年因捐赠 2000 万成立实事助学基金会而入围榜单。

朱镕基的这些钱从何而来？来源于朱镕基退休后出书所得的版税。众所周知，朱镕基在卸任过后，除了安度晚年之外，就是著书立说。他的著作《朱镕基讲话实录》和《朱镕基上海讲话实录》一经问世，便洛阳纸贵，成了风行一时的畅销书，正因为著作畅销，朱镕基才有了捐款的可能。

朱镕基的书有一个特点，完全是根据讲话记录或现场录音、录像资料整理，内容非常精彩，可读性很强。朱镕基著作的出版发行，每次都掀起一股"朱镕基热"。人民出版社社长黄书元曾笑称，朱镕基是一名"超级畅销书作者"，每套书的销售都在一百万套（本）以上。2009 年 9 月，《朱镕基答记者问》一书出版后，朱镕基就向身边的工作人员明确表示："版税全部用于公益，一分钱不留。"

据朱镕基著作编辑组的成员、人民出版社重点项目部主任鲁静陈述，朱镕基在人民出版社出书，流程和版税都按照普通标准执行。到目前已经出了三套共六本书，即《朱镕基答记者问》《朱镕基讲话实录》（四卷本）和《朱镕基上海讲话实录》，出书版税按照朱镕基的指示，直接由出版社转入"实事助学基金会"。

实事助学基金会成立于 2013 年 9 月，由朱镕基发起设立。实事助学基金会理事长朱燕在接受新京报记者采访时说，在开始讨论资金资助方向时，有人提议设立中国经济学奖，也有人提议在大学设立优秀学生奖学金等。酝酿基金会名称时，有人提议叫"朱镕基基金会"或"励志基金会"等名字。朱镕基却笑着说："就叫实事助学基金会，我就这么点儿能力，就为贫困地区的孩子们做点实事吧。""朱总理讲，近来多次从电视中看到贫困地区的孩子生活很困难，看

---

① 胡润 (Rupert Hoogewerf)，1970 年出生于卢森堡，英国注册会计师，著名的《胡润百富》创刊人。1993 年毕业于英国杜伦大学 (Durham University)，曾留学中国学习汉语，留学日本学习日语，通晓德语、法语、卢森堡语、葡萄牙语等七种语言。在会计师行业拥有七年安达信伦敦和上海的工作经验。胡润研究院又称"胡润百富"，是胡润成立的专门研究编排百富榜的机构，被广泛认可为追踪记录中国企业家群体变化及慈善排名的权威机构之一。1999 年推出中国第一份财富排行榜"百富榜"，2004 年首创"胡润慈善榜"，此后又相继推出一系列具有重要影响的排行榜。

到他们在那样艰苦的条件下学习、生活，营养缺乏，让人心酸流泪。我们还是要'雪中送炭'，把资金用于资助贫困地区的教育，让贫困地区的孩子每天能喝上一杯牛奶，吃上一个鸡蛋。"朱蕤介绍，目前，教育部已经实施的义务教育营养餐工程，覆盖了所有的国家级贫困县。基金会选择助学项目就考虑在教育部营养餐工程没有覆盖到的省级贫困县，挑选一些贫困学生多的学校实施助学项目，尽一点微薄之力。

基金会的首个助学项目于 2013 年 9 月在湖南省湘西土家族苗族自治州启动，资助三所农村义务教育学校的 700 多名学生，为学生改善营养，对食堂等相关设施进行改造，并设立特困学生的救助基金。

朱镕基年幼时与母亲相依为命，9 岁多时，染病已久的母亲辞世，朱镕基成了孤儿。据后来抚养他的伯父朱学方老人回忆，家庭不幸，加上当时兵荒马乱的时代背景，使得朱镕基少年早熟，他从小就发奋努力，且养成了处世深沉稳重的性格。有媒体称，或许正是由于幼年的苦难经历，加上此后求学的颠沛流离，使朱镕基感同身受，同情弱者贫者，反感仗势欺人，痛恨贪官污吏，他的清正廉洁有目共睹。曾经的"铁面宰相"成了慈善家，这是一华丽的转身。

2. "这是爱的奉献"

友善是人与人之间、人与社会之间的爱的循环，是成己达人的道德力量，具有显著的创造功能。无论是志愿服务还是公益活动，我们会自觉或不自觉地融入充满爱心的接力。

友善的创造功能诚然不是直接创造物质财富，而是表现为创造精神财富、道德财富。物质贫乏不是社会主义，精神空虚也不是社会主义。我们要继续锲而不舍、一以贯之抓好社会主义精神文明建设，培育和践行包括友善在内的社会主义核心价值观，以强大的精神力量、丰润的道德滋养，谱写新时代坚持和发展中国特色社会主义的新篇章。

友善，在人们遇到困难的时刻，更显其弥足珍贵。对处于困境中的人们伸出援助之手，发扬友爱互助的精神，人间就会充满美好的真情。如同著名歌手韦唯在中央电视台 1989 年春节联欢晚会上深情演唱的《爱的奉献》[①]：

[①] 《爱的奉献》是韦唯演唱的一首歌曲，由黄奇石填词，刘诗召作曲。1989 年，韦唯在中央电视台春节联欢晚会上演唱了这首歌。这首歌曲凭借其浅显易懂的歌词、舒缓温馨的旋律以及高尚大气的主题而广为流传，这首歌曲不仅脍炙人口，更成为爱心公益歌曲的代表作。

这是心的呼唤，

这是爱的奉献，

这是人间的春风，

这是生命的源泉。

再没有心的沙漠，

再没有爱的荒原，

死神也望而却步，

幸福之花处处开遍。

啊，只要人人都献出一点爱，

世界将变成美好的人间；

……

"请让我来帮助你，就像帮助我自己。请让我去关心你，就像关心我自己，这世界，会变得更美丽。"这是中国内地流行女歌手程琳当年唱的《熊猫咪咪》这首歌中的几句歌词，当时是唱给濒危的野生大熊猫的，其实也挺适合比喻人与人之间的友善关系。友善即为"投我以木桃，报之以琼瑶"①般的友好往来，它能引发和维系人们心灵深处的相互感应。

一点一滴显爱心，一枝一叶总关情。一滴水，可以折射太阳的光辉；一盏灯，可以为黑暗中的行人照亮道路。他人是你的环境，你也是他人的环境，崇德向善，人人都是一滴水②，人人都是一盏灯，将友善投射到他人身上，自己也能收获一份友善，人与人之间的友善又铸造了周边环境的友善，如此良性循环，友善成就一种爱的力量，在自己与他人、社会之间创造一种友善氛围，千万人的友善互助所聚集的道德正能量是幸福的源泉。正如美国著名作家马克·吐温所说，善良的、忠心的、心里充满着爱的人不断地给人间带来幸福。

【延伸阅读】寻找"微尘"

2004 年 12 月 31 日，一对中年夫妇受朋友委托，为印度洋海啸灾难受灾难民捐款 5 万元，留下了"微尘"的化名。而在青岛市红十字会的捐款记录中，

---

① 《诗经·大雅·抑》"投我以桃，报之以李"之句，后世"投桃报李"便成了成语，比喻人与人之间友善的相互赠答，善友善报，礼尚往来。

② 2012 年 3 月 3 日，山东济宁供电公司举行开展"弘扬雷锋精神，爱心光明服务"启动仪式，宣布成立"'一滴水'青年志愿者服务队"，号召广大青年员工从我做起，从自身做起，向雷锋同志学习，人人争做雷锋式的"一滴水"，推动公司青年志愿服务活动向规范化、常态化发展。

这个化名"微尘"的市民曾经为抗击非典、支援新疆喀什地震灾区、救治白血病儿童等多次社会公益活动捐款近20万元。这位热心公益事业、化名"微尘"的好心人，多次捐款且数额较大，却一直未曾露面。于是，青岛媒体于2005年1月初发起了寻找"微尘"的行动，连续几天的报道引起强烈反响。化名"微尘"的捐款人与媒体记者电话联系说：永远都不会公开露面，心甘情愿做一粒"微尘"，希望"微尘"成为青岛公益事业的一个符号。

寻找"微尘"的过程，越来越多的市民认识了"微尘"、走进了"微尘"，"微尘"凝聚起了更多的爱心，"微尘"从初期的一幅"个体素描"演变成青岛公益事业的品牌。2005年1月6日起，青岛市红十字会通过《青岛早报》向社会征集"微尘"公益商标标识和宣传用语，市民通过发短信、网络、寄信等形式投稿，共收到设计方案50余份。经专家初选的8幅作品又向社会公开征集投票评选，共有550余市民通过发短信、网络、寄信等形式投票，选出"微尘"标识。随后，中央电视台《文明中国》栏目对"微尘"进行了专题报道，《人民日报》、新华社、中央电视台等媒体给予大篇幅的宣传报道。中宣部把"微尘"作为第四个"公民道德宣传日"重大典型。至此，"微尘"已提升为一个热心公益的爱心团体、关心他人的精神符号、诠释爱心的公益品牌。"微尘"被评选为2005年"全国十大社会公益之星"，并荣获中华慈善奖，接着又入选"2006感动中国十大人物"（"他来自人群，像一粒尘土，微薄、微细、微乎其微，寻找不到，又随处可见。他自认渺小，却塑造了伟大，这不是一个人的名字，这是一座城市的良心。"这是"2006年感动中国十大人物""微尘"获奖的颁奖词）。2008年，"微尘"正式成为青岛市第一个经国家商标局注册的公益商标，并发行"微尘"银行卡，成立了"微尘"车友会、"微尘"合唱团、"微尘"基金等公益社团。当年，在汶川大地震发生后的抗震救灾过程中，青岛市民以"微尘"名义的捐款捐物就达2.97亿元。

2009年，根据真实事迹创作的公益电影《寻找微尘》在全国公映，倪萍、唐国强、王玉梅、赵保乐、陈好、林永健等一批著名的青岛籍演员，甘做"微尘"，不计片酬，艺术化地再现"微尘"事迹，真情演绎了众多"微尘"扶贫救困、互助友爱、乐善好施的美德，传颂"微尘"的友善精神。该片荣获2009年"五个一工程奖"，是建国六十周年重点献礼影片。《寻找微尘》剧组荣获"2009感动青岛十大人物"群体奖。

【媒体链接】有种品质叫友善 铁汉柔情让世界感动

（《体坛报·体育大周末》2011 年第 4 期，作者：陈雪琦）

"赛场上全力争胜，赛场下大家都可以是朋友。"

——高峰

谁说竞技场上只有刀光剑影，除了残酷和残忍，便没有一丝温情？当身高 1 米 67 的中国选手高峰把右腿缠有绷带的对手抱起来，小心翼翼地将怀抱中的对手放到了其教练身边时，全场惊呆了！这一幕温情虽然过去了很长时间，却一直为人津津乐道。而高峰也成为了"感动亚洲"的人。广州亚运会中国代表团团长段世杰表示，高峰体现了中国运动员良好的精神风貌。近日，高峰在国际奥委会所在地瑞士洛桑获得国际公平竞赛委员会和国际体育记者协会共同评选的 2010 年度"世界公平竞赛奖"，这是中国运动员首次获得该项殊荣。

那一刻他感动了全亚洲

竞技场上"不是你死就是我活"，高峰却颠覆了这个真理。

2009 年 11 月 23 日，在广州亚运会男子自由式摔跤 60 公斤级铜牌争夺战中，中国选手高峰和伊朗选手扎林科拉伊站在了赛场两侧。不幸的是，第一局交战中，红方扎林科拉伊右腿膝盖下方被撞伤，现场医生立即进行了紧急处理，并为其扎上了绷带。第二局比赛，缠上绑带的扎林科拉伊重新上场，对手的突然受伤也让中国队明确了接下来的战术。在比赛进行中，裁判曾两次中断比赛，因为扎林科拉伊两次在极为被动的情况下用牙咬住了高峰的胳膊。

然而，当比分 1∶4、比赛即将结束时，扎林科拉伊歪倒在地上、蜷缩着受伤的右腿，表情十分痛苦。在高峰和现场裁判搀扶之下，扎林科拉伊站了起来。裁判举起高峰的手臂，宣布他获胜，扎林科拉伊的额头开始冒汗，已经坚持不住了，只见他蜷缩着受伤的右腿，神情有点不那么自然，大屏幕也显示了这一刻，随后扎林科拉伊再次痛苦倒地。

见到这一幕，高峰走到扎林科拉伊的身边，将对手抱起，送回到他教练的身边，看台上顿时爆发出热烈掌声。抱起对手时，刚经历了比赛的高峰满头汗水。看上去，扎林科拉伊明显要比高峰强壮，且身高也有优势。

队医对扎林科拉伊治疗的时候，高峰也没有离开，而是一直关心着对手的伤势。最后，又是他将扎林科拉伊抱上了担架，目送着他离开赛场。面对记者的采访，这位平时带着 500 度近视眼镜的小伙子儒雅又憨厚地说："我们是对手，更是朋友。"赛后，扎林科拉伊接受了紧急治疗，伤情得到处置。在混合区里，他面对记者向高峰表示感谢。而他的教练也向高峰竖起大拇指，"他是一个真正的男子汉！"

听到对手的赞扬，高峰很坦然："换了谁都会这样做的。我们是东道主，更应该让客人感受到我们的热情。"对手不代表对立，在亚运赛场上，运动员之间是对手亦是朋友。那一刻，让此前还是"剑拔弩张"的赛场气氛顿时变得温情起来；那一幕，也让人们体会到竞技体育的别样魅力。

以德报怨练摔跤先做人

"没想那么多，就是觉得他受伤了，站起来都很困难。因为我也受过伤，感同身受吧。"比赛时，伊朗选手扎林科拉伊在技不如人时还咬了高峰，对这种"以德报怨"，高峰却有着自己的解读。"其实摔跤比赛中这种身体接触，包括违反规则的侵犯挺普遍的，我不会记恨或者报复对手。赛场上全力争胜，赛场下大家都可以是朋友。"这个憨厚善良的24岁小伙子，一直都没有觉得自己做了多了不起的事，即使赛后各大媒体的争相报道把他推到了"体育道德模范"的高度。"从刚一接触摔跤开始，队伍和教练就告诉我们，要练摔跤先学会做人。"

……

高峰的铁汉柔情传递了友善，感动了亚洲，也感动了世界。2010年1月27日，高峰在国际奥委会所在地瑞士洛桑获得国际公平竞赛委员会和国际体育记者协会共同评选的2010年度"世界公平竞赛奖"，这是中国运动员首次获得该项殊荣。"世界公平竞赛奖"创立于1965年，由国际公平竞赛委员会和国际体育记者协会根据提名组织年度评选。国际体育记者协会主席梅罗先生对"世界公平竞赛奖"创办45年来有了第一位中国获奖运动员表示祝贺。应邀出席颁奖仪式的中国体育新闻工作者协会主席张海峰接受采访时表示，高峰获奖是国际体育界和新闻界对中国运动员在赛场上良好道德风尚的高度认可。在追求"更快、更高、更强"的竞技赛场上，冠军是运动员们梦寐以求的。但在金牌之外，还有一种精神力量让我们泪流满面，那就是人性光辉。体育比赛赋予了人类更多的内涵，除了追求"更快、更高、更强"外，还有很多东西值得推崇。高峰的善举传递了正能量，让世人慨叹：今日之中国，作为高水平的体育竞技大国，更高在精神境界上！

第五章　建设友善精神家园

友善价值观的弘扬要做到知行统一。"知者行之始，行者知之成。"（明·王阳明《传习录·陆澄录》）友善价值观的培育和践行过程，实质上是增强公民对友善价值理念和准则的认知认同达到"内化于心"并转化为道德理想和道德实践实现"外化于行"的过程。要达成知行统一，就要努力通过教育引导、舆论宣传、文化熏陶、实践养成、制度保障等，使友善价值观内化为人们的精神追求，外化为人们的自觉行动。

一、构建友善生态链

友善价值观的培育任重而道远，要紧密结合培育和践行社会主义核心价值观，以善育与德育的互融、善人与善制的链接、法治与善治的契合构建友善生态链，在全社会形成崇德向善、见贤思齐的浓厚氛围。

1. 善育与德育的互融

法国启蒙思想家、哲学家让·雅克·卢梭说，植物的形成由于栽培，人的形成由于教育。而任何一种核心价值观在全社会的确立，都是一个思想教育与社会孕育相互促进的过程，都是一个内化与外化相辅相成的过程。强化教育引导，是培育和践行友善价值观的基础工作。

中华民族素有尊师重教的优良传统。"人之初，性本善。性相近，习相远。苟不教，性乃迁。教之道，贵以专。"这是中国古代启蒙读物《三字经》的开篇句，代代中国人口耳相传。《三字经》中还有"养不教，父之过。教不严，师之惰……玉不琢，不成器。人不学，不知义"等脍炙人口的佳句。这些佳句突出了教育的重要意义，包含了立德树人的教育理念。友善价值观的培育是育人育德的工作,善育与德育是相互交融的。德育的目标是培养有道德的善人(好人),即古人所说的"立人以善,成善以教"(北宋·《李觏集》卷十三),也就是现在所说的"立德树人"。我国伟大的人民教育家陶行知说过:"道德是做人的根本。根本一坏,纵然你有一些学问和本领,也无甚用处。否则,没有道德的人,学问和本领愈大,就能为非作恶愈大。"① 邓小平强调要"教育全国人民做到有理想、有道德、有文化、有纪律"②。习近平指出:"'德者,本也。'蔡元培先生说过:'若无德,则虽体魄智力发达,适足助其为恶。'"③

教育是一个过程,贯穿人的生命始终。在人的成长过程中,要受到家庭教育、学校教育和社会教育等方面的影响。现代社会绝大多数人成长最重要的阶段在学校,学校教育是青少年接受教育的主要途径,但家庭教育、社会教育也不可或缺。"要完善学校、家庭、社会三结合的教育网络,引导广大家庭和社会各方面主动配合学校教育,以良好的家庭氛围和社会风气巩固学校教育成果,形成家庭、社会与学校携手育人的强大合力。"④

包括友善在内的社会主义核心价值观培育属于德育的范畴。1957 年 2 月,毛泽东在《关于正确处理人民内部矛盾的问题》讲话中明确提出:"我们的教育方针,应该使受教育者在德育、智育、体育几方面都得到发展,成为有社会主义觉悟的有文化的劳动者。"⑤ 中共十八大报告明确提出要"要全面贯彻党的教育方针","把立德树人作为教育的根本任务,培养德智体美全面发展的社会主义建设者和接班人。"⑥ 中共十九大报告再次强调"要全面贯彻党的教育方针,落实立德树人根本任务","培养德智体美全面发展的社会主义建设者和接班人"。⑦ 2018 年 9 月 10 日,习近平在全国教育大会上进一步提出,培养德智体美劳全面发展的社会主义建设者和接班人,引导学生成为有大爱大德大情怀的人。2019 年 3 月 18 日,习近平在学校思想政治理论课教师座谈会上的讲话中强调,办好思想政治理论课,最根本的是要全面贯彻党的教育方针,解决好培养什么人、怎样培养人、为谁培养人这个根本问题。新时代贯彻党的教育方

---

① 《陶行知全集》,湖南教育出版社,1985 年版,第 471 页。
② 《邓小平文选》第三卷,人民出版社 1993 年版,第 110 页。
③ 《习近平谈治国理政》第一卷,外文出版社 2018 年版,第 172 页。
④ 《关于培育和践行社会主义核心价值观的意见》,人民出版社 2013 年版,第 7 页。
⑤ 《毛泽东文集》第七卷,人民出版社 1999 年版,第 226 页。
⑥ 《中国共产党第十八次全国代表大会文件汇编》,人民出版社 2012 年版,第 32 页。
⑦ 《中国共产党第十九次全国代表大会文件汇编》,人民出版社 2017 年版,第 37 页。

针，要坚持马克思主义指导地位，贯彻新时代中国特色社会主义思想，坚持社会主义办学方向，落实立德树人的根本任务，坚持教育为人民服务、为中国共产党治国理政服务、为巩固和发展中国特色社会主义制度服务、为改革开放和社会主义现代化建设服务，扎根中国大地办教育，同生产劳动和社会实践相结合，加快推进教育现代化、建设教育强国、办好人民满意的教育，努力培养担当民族复兴大任的时代新人，培养德智体美劳全面发展的社会主义建设者和接班人。他强调，思想政治理论课是落实立德树人根本任务的关键课程。青少年阶段是人生的"拔节孕穗期"，最需要精心引导和栽培。我们办中国特色社会主义教育，就是要理直气壮开好思政课，用新时代中国特色社会主义思想铸魂育人，引导学生增强中国特色社会主义道路自信、理论自信、制度自信、文化自信，厚植爱国主义情怀，把爱国情、强国志、报国行自觉融入坚持和发展中国特色社会主义事业、建设社会主义现代化强国、实现中华民族伟大复兴的奋斗之中。

"少成若天性，习惯如自然。"（东汉·班固《汉书·贾谊传》）家庭是人生的第一个课堂，父母是孩子的第一任老师。家庭教育涉及诸多方面，但最重要的是品德教育，是如何做人的教育。"广大家庭都要重言传、重身教，教知识、育品德，身体力行、耳濡目染，帮助孩子扣好人生的第一粒扣子，迈好人生的第一个台阶。"[①]青少年正处在价值观形成和确立的时期，抓好这一时期的价值观养成十分重要。"这就像穿衣服扣扣子一样，如果第一粒扣子扣错了，剩余的扣子都会扣错。人生的扣子从一开始就要扣好。"[②]培育和践行友善价值观事关青少年扣好人生的第一粒扣子，要从家庭做起，从娃娃抓起，从学校抓起。学校要落实立德树人根本任务，适应青少年身心特点和成长规律，深化未成年人思想道德建设和大学生思想政治教育，构建大中小学有效衔接的德育课程体系和教材体系，创新中小学德育课和高校思想政治理论课教育教学。要以培养德智体美劳全面发展的社会主义建设者和接班人、培养担当民族复兴大任的时代新人为着眼点，构建全程育人、全员育人和全面育人的"三全育人"机制，把社会主义核心价值观教育融入国民教育全过程，贯穿于启蒙教育、基础教育、职业教育、高等教育、继续教育等各个层次，渗透到思想道德教育、文化知识教育、社会实践教育各环节，体现到教材编写、课堂教学、校风学风建设之中，落实

---

① 《习近平谈治国理政》第二卷，外文出版社 2017 年版，第 355 页。
② 《习近平谈治国理政》第一卷，外文出版社 2018 年版，第 172 页。

到教育教学和管理服务各环节，覆盖到所有学校和受教育者，形成课堂教学、社会实践、校园文化多位一体的协同育人机制，努力营造教书育人、管理育人、服务育人的良好氛围和工作格局。

教育特别是德育的关键是教师。教师是立教之本、兴教之源。要加强师德师风建设，培养高素质教师队伍。教育是塑造人类灵魂的伟大事业，教师通常被誉为"人类灵魂的工程师"。教师作为人类灵魂的工程师，不仅是学生知识的传授者，更是学生健康成长的指导者和引路人。"师者，所以传道授业解惑也。"（唐·韩愈《师说》）教师的首要职责是"传道"，而传道者要先明道信道。古人云："以善先人者谓之教。"（《荀子·修身》）教师是"善思想"的传播者，更应该是"善文化"的践行者。要让友善的种子植根于校园，教师要身体力行，自觉崇德修身，以善立德、以善育人、以善育善、善育善成。要引导广大教师秉持"学为人师，行为世范"的理念，自觉增强教书育人的责任感和荣誉感，不忘初心、牢记使命，潜心育人，做学生爱戴、家长放心、党和人民满意的好老师。邓小平说过："教师要成为学生的朋友，与学生的家庭联系，互相配合，共同做好教育学生的工作。"[1]2014年5月30日，习近平在北京市海淀区民族小学主持召开座谈会时要求，"学校要把德育放在更加重要的位置，全面加强校风、师德建设，坚持教书育人"[2]。2014年9月9日，习近平在北京师范大学考察时强调，百年大计，教育为本，教育大计，教师为本。国家繁荣、民族振兴、教育发展，需要我们大力培养造就一支师德高尚、业务精湛、结构合理、充满活力的高素质专业化教师队伍，需要涌现一大批好老师。广大教师要做有理想信念、有道德情操、有扎实知识、有仁爱之心的"四有"好老师，努力为发展具有中国特色、世界水平的现代教育，培养社会主义事业建设者和接班人做出更大贡献。他在谈到"做好老师，要有仁爱之心"时指出："爱是教育的灵魂，没有爱就没有教育。好老师要用爱培育爱、激发爱、传播爱，通过真情、真心、真诚拉近同学生的距离，滋润学生的心田。"[3]2018年5月2日，习近平在北京大学考察时强调，要坚持教育者先受教育，让教师更好担当起学生健康成长指导者和引路人的责任。要抓好师德师风建设，引导教师把教书育人和自我修养结合起来，做到以德立身、以德立学、以德施教。2018年9月10日，习近平

---

① 《邓小平文选》第二卷，人民出版社1994年版，第54页。

② 《习近平谈治国理政》第一卷，外文出版社2018年版，第184页。

③ 《习近平在北京师范大学考察》，《人民日报》2014年9月10日。

在全国教育大会上的讲话中指出，教师是人类灵魂的工程师，是人类文明的传承者，承载着传播知识、传播思想、传播真理，塑造灵魂、塑造生命、塑造新人的时代重任。全党全社会要弘扬尊师重教的社会风尚，努力提高教师政治地位、社会地位、职业地位，让广大教师享有应有的社会声望，在教书育人岗位上为党和人民事业做出新的更大的贡献。2019 年 3 月 18 日，习近平在学校思政课教师座谈会上的讲话中对思政课教师进一步提出了"六点要求"，这就是政治要强、情怀要深、思维要新、视野要广、自律要严、人格要正。①

　　教育自然离不开"灌输"，友善价值观的培育，既要有必要的思想灌输，更需要和风细雨、润物无声的渗透艺术。要根据青少年的特点和成长规律，努力做到因材施教、因时制宜、循循善诱、春风化雨，让受教育者通过耳濡目染受到潜移默化的影响。要注重改进教育方法，提高价值观教育的"思想性、理论性和亲和力、针对性"②。人是有感情和有理性的社会化动物，要找寻道德情感的交集和沐浴理性之光的烛照，达到"以情动人，以理服人"。无论是家庭教育、学校教育还是社会教育，都应该采取寓教于乐、乐学乐教的方式方法，让友善在耳濡目染、潜移默化中成为人们的一种道德自觉和行为习惯。要善于以身边

---

① 习近平强调，办好思想政治理论课关键在教师，关键在发挥教师的积极性、主动性、创造性。思政课教师，要给学生心灵埋下真善美的种子，引导学生扣好人生第一粒扣子。第一，政治要强，让有信仰的人讲信仰，善于从政治上看问题，在大是大非面前保持政治清醒。第二，情怀要深，保持家国情怀，心里装着国家和民族，在党和人民的伟大实践中关注时代、关注社会，汲取养分、丰富思想。第三，思维要新，学会辩证唯物主义和历史唯物主义，创新课堂教学，给学生深刻的学习体验，引导学生树立正确的理想信念、学会正确的思维方法。第四，视野要广，有知识视野、国际视野、历史视野，通过生动、深入、具体的纵横比较，把一些道理讲明白、讲清楚。第五，自律要严，做到课上课下一致、网上网下一致，自觉弘扬主旋律，积极传递正能量。第六，人格要正。有人格，才有吸引力。亲其师，才能信其道。要有堂堂正正的人格，用高尚的人格感染学生、赢得学生，用真理的力量感召学生，以深厚的理论功底赢得学生，自觉做为学为人的表率，做让学生喜爱的人。

② 习近平强调，推动思想政治理论课改革创新，要不断增强思政课的思想性、理论性和亲和力、针对性。要坚持政治性和学理性相统一，以透彻的学理分析回应学生，以彻底的思想理论说服学生，用真理的强大力量引导学生。要坚持价值性和知识性相统一，寓价值观引导于知识传授之中。要坚持建设性和批判性相统一，传导主流意识形态，直面各种错误观点和思潮。要坚持理论性和实践性相统一，用科学理论培养人，重视思政课的实践性，把思政小课堂同社会大课堂结合起来，教育引导学生立鸿鹄志，做奋斗者。要坚持统一性和多样性相统一，落实教学目标、课程设置、教材使用、教学管理等方面的统一要求，又因地制宜、因时制宜、因材施教。要坚持主导性和主体性相统一，思政课教学离不开教师的主导，同时要加大对学生的认知规律和接受特点的研究，发挥学生主体性作用。要坚持灌输性和启发性相统一，注重启发性教育，引导学生发现问题、分析问题、思考问题，在不断启发中让学生水到渠成得出结论。要坚持显性教育和隐性教育相统一，挖掘其他课程和教学方式中蕴含的思想政治教育资源，实现全员全程全方位育人。

事教育身边人，深入浅出、情理交融，还要引导人们注重自我教育、自我修养、自我完善。

培育和践行友善价值观既要强化教育引导，也要发挥舆论宣传的引领作用。舆论宣传是广义的德育工作的重要推手，要牢牢坚持把握舆论导向，坚持正面宣传为主，健全社会舆情引导机制，唱响主旋律、传播正能量，营造崇德向善、见贤思齐的社会氛围。

友善价值观的弘扬，友善氛围的营造，离不开民众对友善价值观的认知认同。"知之愈明，则行之愈笃。"（南宋·朱熹《朱子语类》）要通过强化教育引导和舆论宣传使社会主义核心价值观深入人心，达到家喻户晓、人人皆知。

要把社会主义核心价值观贯穿到日常形势宣传、成就宣传、主题宣传、热点引导和舆论监督中，主流媒体要充分发挥传播社会主流价值的主渠道作用，不断巩固壮大积极健康、向上向善的主流思想舆论。要充分发挥党报党刊、广播电台和电视台等传统主流媒体的舆论引导力，善于借助新媒体 ① 的传播优势，把握自新媒体的传播特点，利用好社交网络平台，为弘扬社会主义核心价值观营造良好的舆论环境。

随着信息技术的快速发展和新媒体的广泛应用，信息传播进入自媒体（We Media）时代，个人随时可以利用新媒体，如博客、微博、微信、贴吧、论坛 / BBS（电子广告牌）等，向特定或非特定的群体传播各类信息。自媒体具有交互性、开放性、虚拟性、超时空性、个性化、私人化、普及化等特征，要关注新媒体的善用和影响。

当今时代，以信息技术为核心的新一轮科技革命正在孕育兴起，互联网日益成为创新驱动发展的先导力量，深刻改变着人们的生产生活，有力推动着社会发展。习近平指出："互联网是一个社会信息大平台，亿万网民在上面获得信息、交流信息，这会对他们的求知途径、思维方式、价值观念产生重要影响，特别是会对他们对国家、对社会、对工作、对人生的看法产生重要影响。" ② 据中国互联网络信息中心 2018 年 8 月在北京发布的第 42 次《中国互联网络发展

---

① 新媒体是通过互联网、宽带局域网、无线通信网等渠道以及电脑、手机等终端向用户提供文字、图片、视频、音频、语音、数据服务、连线游戏、远程教育等集成信息和娱乐服务的新的媒体形态，具有大众性、即时性、快捷性、交互性等特点和优点。近年来，以互联网特别是移动互联网为代表的新媒体迅猛发展，深刻改变着舆论生成方式和传播方式，改变着媒体格局和舆论生态，其影响力与日俱增。

② 《习近平谈治国理政》第二卷，外文出版社 2017 年版，第 335 页。

状况统计报告》显示，截至 2018 年 6 月 30 日，中国网民达到 8.02 亿，其中手机网民为 7.88 亿，互联网普及率达到 57.7%，网民中使用手机上网的人群占比达 98.3%。

互联网是一把双刃剑，用得好，它是阿里巴巴的宝库；用不好，它是潘多拉的魔盒。网络空间是亿万民众共享的精神家园，网络空间天朗气清、生态良好，符合广大人民根本利益。要积极引导网络舆论，加强网络道德自律，深化网络生态综合治理，形成党委领导、政府管理、企业履责、社会监督、网民自律等多主体参与，经济、法律、技术、伦理等多手段结合的综合治网体系，维护网络安全。要推进网络依法有序规范运行，推进依法办网、依法上网、依法管网，确保网络生活在法治轨道上健康运行。要反对网络暴力，倡导网络文明、网络友善，坚持文明上网、友善用网，决不能让互联网成为传播有害信息、造谣生事的平台。要"加强网络内容建设，做强网上正面宣传，培育积极健康、向上向善的网络文化，用社会主义核心价值观和人类优秀文明成果滋养人心、滋养社会，做到正能量充沛、主旋律高昂，为广大网民特别是青少年营造一个风清气正的网络空间"①。要适应互联网传播特点，做好"微"字文章，充分运用微信、微博、微视频、微电影和手机客户端等形式，拓展社会主义核心价值观网上传播平台，构建网上网下同心圆。要善用现代化的技术手段和规范化的管理方法，在社会主义核心价值观传播的各个环节，建立成熟的运行机制，如主体参与机制、受众自我约束机制、分众传播机制、动态监督机制、成效评价与反馈机制，努力使互联网成为真实便捷的知识库、温暖可靠的朋友圈、文明友善的舆论场。

人总是在一定的文化环境熏陶中成长起来的，核心价值观是文化的内核和灵魂，培育和践行友善价值观必须注重文化熏陶，打造友善精神家园。"一切文化产品、文化服务和文化活动，都要弘扬社会主义核心价值观，传递积极人生追求、高尚思想境界和健康生活情趣。"②要将弘扬友善价值观融入校园文化建设，要采取有效措施控制暴力文化的传播，预防和遏制"校园欺凌""校园暴力"。要将弘扬友善价值观融入乡贤文化、企业文化、社区文化建设。要挖掘和传承中华优秀传统文化蕴含的友善基因，发掘和珍视革命文化、红色文化中包含的友善资源，借鉴包括西方文化在内的其他文明的友善理念，博采众长，综

---

① 《习近平谈治国理政》第二卷，外文出版社 2017 年版，第 337 页。
② 《关于培育和践行社会主义核心价值观的意见》，人民出版社 2013 年版，第 13—14 页。

合创新，坚持"不忘本来、吸收外来、面向未来，更好构筑中国精神、中国价值、中国力量，为人民提供精神指引"①。

文化包括人类的多方面的活动及精神成果，文学艺术是文化的重要表现形式。"文人之笔，劝善惩恶也。"（东汉·王充《论衡·佚文》）"鲁迅先生说，要改造国人的精神世界，首推文艺。"②文艺作品不仅具有愉悦功能、审美功能、认知功能，而且具有教化功能、引领功能，是核心价值观的重要载体和传播媒介。要发挥各种文艺形式和文化样式的作用，用社会主义核心价值观引领文艺作品创作，通过精彩故事、鲜活语言、丰满人物传递真善美。

2014年10月15日，习近平在文艺工作座谈会上的讲话中强调，文艺是铸造灵魂的工程，承担着以文化人、以文育人的职责。"追求真善美是文艺的永恒价值。艺术的最高境界就是让人动心，让人们的灵魂经受洗礼，让人们发现自然的美、生活的美、心灵的美。"③2016年11月30日，习近平在中国文联十大、中国作协九大开幕式上的讲话中进一步指出，对文艺来讲，思想和价值观念是灵魂，一切表现形式都是表达一定思想和价值观念的载体。"社会主义核心价值观是当代中国精神的集中体现，是凝聚中国力量的思想道德基础。广大文艺工作者要把培育和弘扬社会主义核心价值观作为根本任务，坚定不移用中国人独特的思想、情感、审美去创作属于这个时代、又有鲜明中国风格的优秀作品。"④"要用有筋骨、有道德、有温度的作品，鼓舞人们在黑暗面前不气馁、在困难面前不低头，用理性之光、正义之光、善良之光照亮生活。"⑤2019年3月4日，习近平在看望参加全国政协十三届二次会议的文艺界社科界委员并参加联组会时强调，一个国家、一个民族不能没有灵魂。文化文艺工作、哲学社会科学工作就属于培根铸魂的工作，在党和国家全局工作中居于十分重要的地位，在新时代坚持和发展中国特色社会主义中具有十分重要的作用。希望大家立足中国现实，植根中国大地，把当代中国发展进步和当代中国人精彩生活表现好展示好，把中国精神、中国价值、中国力量阐释好。要坚持用明德引领风尚。文化文艺工作者、哲学社会科学工作者都肩负着启迪思想、陶冶情操、温润心灵的重要职责，承担着以文化人、以文育人、以文培元的使命。

---

① 《中国共产党第十九次全国代表大会文件汇编》，人民出版社2017年版，第19页。
② 《习近平总书记在文艺工作座谈会上的重要讲话学习读本》，学习出版社2015年版，第7页。
③ 《习近平关于社会主义文化建设论述摘编》，中央文献出版社2017年版，第166页。
④ 《习近平谈治国理政》第二卷，外文出版社2017年版，第351页。
⑤ 《习近平关于社会主义文化建设论述摘编》，中央文献出版社2017年版，第180页。

2. 善人与善制的链接

友善既是重要的价值理念和个人美德，更是普适的价值准则和道德规范。友善价值观的培育和践行既需要教育引导、舆论宣传、文化熏陶，更需要依赖有效的制度保障。培育和弘扬友善核心价值观需要推进制度建设与体制机制创新，营造适宜的制度环境，实现"善人"与"善制"的链接。

开展社会主义核心价值观宣传教育旨在"积极引导人们讲道德、尊道德、守道德，追求高尚的道德理想，不断夯实中国特色社会主义的思想道德基础"[①]。如果说讲道德、尊道德、守道德的人是道德意义上的"好人"或者说"善人"，那么好的制度安排就是"善制"，而"善制"是管根本、管全局、管长远的。邓小平指出，"制度好可以使坏人无法任意横行，制度不好可以使好人无法充分做好事，甚至会走向反面"，因而"制度问题更带有根本性、全局性、稳定性和长期性"[②]。习近平强调："改革开放 40 年的实践启示我们：制度是关系党和国家事业发展的根本性、全局性、稳定性、长期性问题。"[③]当代中国的改革乃是以立"善制"、行"善治"为导向的制度变迁与制度创新。制度的"善"或"好"的问题属于"制度正义"或"制度伦理"问题。20 世纪美国著名哲学家、伦理学家约翰·罗尔斯指出："正义是社会制度的首要价值，正像真理是思想体系的首要价值一样。"[④]

制度是人们组织化、规范化、秩序化的活动规则和行为准则。好的制度也有一个由不成熟到逐步成熟的演进过程，所以对制度的"善"要持历史主义态度。当代中国的社会转型是以立"善制"、行"善治"为价值取向的制度变迁与制度创新。"我们建立的社会主义制度是个好制度，必须坚持。"[⑤]只有社会主义才能救中国，只有中国特色社会主义才能发展中国。但社会主义制度优越性的充分发挥是一个长期的历史过程，我们要坚定中国特色社会主义制度自信，并在全面深化改革中完善和发展中国特色社会主义制度，推进国家治理体系和治理能力现代化。

"明者因时而变，知者随事而制。"（西汉·桓宽《盐铁论·忧边第十二》）要以改革创新精神补齐制度短板，增强制度建设的前瞻性、预防性和原创性，着

① 《习近平谈治国理政》第一卷，外文出版社 2018 年版，第 163 页。
② 《邓小平文选》第二卷，人民出版社 1994 年版，第 333 页。
③ 习近平：《在庆祝改革开放 40 周年大会的讲话》，《人民日报》2018 年 12 月 19 日。
④ （美）约翰·罗尔斯著：《正义论》，何怀宏等译，中国社会科学出版社 1988 年版，第 1 页。
⑤ 《邓小平文选》第三卷，人民出版社 1993 年版，第 116 页。

力解决制度缺失问题。要紧密联系各地各行业实际，将社会主义核心价值观融入市民公约、村规民约、学生守则、行业规范、职业规则、团体章程的制定和修订，建立和完善一些具体的礼仪制度，使之成为人们日常工作生活的基本规范和遵循。要努力将成熟的经验规范化、分散的制度系统化，搞好配套衔接，做到彼此呼应，增强整体功能，形成系统完备、科学规范、运行有效的制度体系，厚植制度优势。

要通过善人与善制的链接破解"劣币驱逐良币"的道德困境，"不能让好心人寒心"，不能让"英雄流血又流泪"。一方面，要保护践行友善美德的个人正当权益不受侵害，对损人利己、恩将仇报等失德行为要有制度约束和惩处机制，另一方面，要通过政策保障和制度规范相衔接褒奖善行义举，"形成好人好报、恩将德报的正向效应"。①

要形成好人好报、恩将德报的正向效应，党和国家各项政策制度从设计制定到实施执行都要体现正确的价值导向，使经济、政治、文化、社会、生态等各方面政策制度都有利于社会主义核心价值观的培育和践行。中共十八届三中全会把"完善和发展中国特色社会主义制度、推进国家治理体系和治理能力现代化"确定为全面深化改革的总目标，表明以"善制"谋"善治"的理念提升到了顶层设计层面。2015年12月14日，中共中央政治局会议审议通过的《关于建立健全党和国家功勋荣誉表彰制度的意见》对党和国家功勋荣誉表彰制度做了整体设计和规范化安排，为做好功勋荣誉表彰工作提供了基本依据和遵循。党和国家功勋荣誉表彰制度是国家激励奖赏的一种制度性安排，建立健全党和国家功勋荣誉表彰制度，是完善和发展中国特色社会主义制度、推进国家治理体系和治理能力现代化的必然要求，是培育和弘扬社会主义核心价值观、增强中国特色社会主义事业凝聚力和感召力的重要手段。此外，近年来中央和地方文明办相继出台的《帮扶生活困难道德模范实施办法》，一些省市出台的《奖励和保护见义勇为人员条例》被称作破解"扶不扶"难题的"好人法"，彰显了以"善制"呵护"善人"和"善行"的良苦用心。2017年10月18日，习近平在中共十九大报告中强调："必须坚持和完善中国特色社会主义制度，不断推进国家治理体系和治理能力现代化，坚决破除一切不合时宜的思想观念和体制机制弊端，突破利益固化的藩篱，吸收人类文明有益成果，构建系统完备、科学规

---

① 《关于培育和践行社会主义核心价值观的意见》，人民出版社2013年版，第10页。

范、运行有效的制度体系，充分发挥我国社会主义制度优越性。"①为新时代坚持和发展中国特色社会主义，立善制、图善治指明了方向。

要强化公共政策的价值目标，制定经济社会政策和重大改革措施，出台与人们生产生活和现实利益密切相关的具体政策措施，要充分体现公平正义和社会责任，注重政策目标和价值导向有机统一，注重经济效益和社会效益有机统一，形成有利于培育和弘扬社会主义核心价值观的良好政策导向和利益引导机制。要完善政策评估和纠偏机制，防止具体政策措施与社会主义核心价值观相背离，实现公共政策和道德建设良性互动。

【媒体链接】新华时评：让愿意救人的好人能成功救人

（转引自《南方日报》2016 年 1 月 13 日，新华社记者欧甸丘）

深圳市法制办日前公布《深圳经济特区院前医疗急救条例（征求意见稿）》，规定现场施救者对伤病员实施善意、无偿的紧急救护行为受法律保护，造成被救护者民事损害的，其责任可予以免除。深圳市法制办指出，此举是为了倡导自救互救，使事发现场的"第一目击者"实施紧急救助行为时无后顾之忧。

没有谁会愿意面对急危重伤病人员无动于衷。但近年来救人反被讹的新闻偶有出现，让有的目击者不敢救人、不愿救人。深圳拟通过地方立法规定善意、无偿的紧急救护免责，让愿意做好事的人敢于做好事，有利于解决"不敢救"的问题，赢得网民点赞。

鼓励现场目击者积极施救，无疑将为急危重伤病员带来更多生的希望。面对突发事故或疾病，实施急救的最佳时间大多是病发后 5 分钟至 10 分钟，在此期间及时急救可使伤残、死亡率减至最低。不过当下多数城市都面临院前医疗急救资源配置总体严重不足、院前急救网络建设存在盲区、交通拥堵等状况，使得医院救护人员很难在急救"黄金时间"赶到现场开展救治。因此，现场自发急救的重要性凸显，可以创造进一步抢救的有利条件。

当给予善意、无偿的紧急救护行为以法律保护后，急救知识和急救水平就成了急救成功与否的关键，普及提高急救知识和技能就得紧紧跟上。据不完全统计，发达国家和地区医疗的急救培训普及率比较高，医疗急救培训使医疗意外所造成风险几率大大降低。而目前国内的医疗急救培训普及尚在初级阶段，

---

① 《中国共产党第十九次全国代表大会文件汇编》，人民出版社 2017 年版，第 17 页。

成为制约院前急救成功率的瓶颈。

随着城市人口数量继续增长、老龄化趋势明显，各种突发事件、意外事故有可能增加。有关部门应当注重组织、鼓励更多的人员学习急救知识技能，提高普通市民的急救水平。学校、商场等人群密集场所单位、从事高危作业及易发生灾害事故的企事业单位，也应当组织员工参加急救知识培训。多管齐下，长期坚持，才能让愿意救人的好人能成功地救人。

诚然，仅仅有好的制度还不够，还必须有好的执行。习近平指出："制度的生命力在执行，有了制度没有严格执行就会形成'破窗效应'。"[①]要增强制度执行力，制度执行到人到事，做到用制度管权管事管人，以抓铁有痕、踏石留印的韧劲抓好制度的落实。"要坚持制度面前人人平等、执行制度没有例外，不留'暗门'、不开'天窗'，坚决维护制度的严肃性和权威性，坚决纠正有令不行、有禁不止的行为，使制度成为硬约束而不是'橡皮筋'。"[②]

【延伸阅读】"破窗效应"

"破窗效应"是一个犯罪心理学中概念。美国斯坦福大学心理学家菲利普·辛巴杜于1969年进行了一项实验，他找来两辆一模一样的汽车，把其中的一辆停在加州帕洛阿尔托的中产阶级社区，而另一辆停在相对杂乱的纽约布朗克斯区。他把停在布朗克斯的那辆车的车牌摘掉，把顶棚打开，结果当天就被偷走了。而放在帕洛阿尔托的那一辆，一个星期也无人理睬。后来，辛巴杜用锤子把那辆车的玻璃敲了个大洞。结果呢，仅仅过了几个小时，它就不见了。以这项实验为基础，由政治学家詹姆士·威尔逊和犯罪学家乔治·凯林提出了一个"破窗效应"理论，认为如果环境中的不良现象被放任，就会对人们的心理造成暗示性或诱导性影响，会诱使人们仿效，甚至变本加厉，犯罪就会滋生、猖獗。

简言之，一扇窗户被打破，如果不及时修复，很快就会有更多的窗户被打破，这就是制度执行中的"破窗效应"。"破窗效应"折射的是制度严格执行的极端重要性，制度执行要严防"破窗效应"，而严防"破窗效应"的关键在于把

[①] 《习近平关于全面依法治国论述摘编》，中央文献出版社2015年版，第72页。

[②] 《习近平关于党风廉政建设和反腐败斗争论述摘编》，中央文献出版社、中国方正出版社2015年版，第131页。

好制度执行关。对触犯制度的"破窗"探路者要依法依制及时处理，使之真正起到警示作用；严防"破窗效应"还必须及时修补"破窗"。习近平指出："我们的制度不少，可以说基本形成，但不要让它们形同虚设，成为'稻草人'，形成'破窗效应'……所以，我说一分部署还要九分落实。制定制度很重要，更重要的是抓落实，九分气力要花在这上面。"[1]

对制度执行构成严峻挑战的还有"潜规则"。潜规则盛行，制度就会成为摆设。

所谓"潜规则"，是相对于明规则而言的，是指在正式规定的各种规则之外潜存的不成文、不公开，在一定范围内被人们暗中认可并实际遵从的隐性规则。

"浇风易渐，淳化难归。"（唐·王勃《上刘右相书》）潜规则大行其道不仅会使制度失却实效，而且可能使社会陷入由两套规则体系所造成的混乱无序当中，造成人格分裂和形成虚伪人格，使失去真诚友善。2014年5月9日，习近平在参加河南省兰考县委常委班子专题民主生活会时的讲话中指出，这些年，一些潜规则侵入党内，并逐渐流行起来，有的人甚至以深谙其道为荣，必须引起我们的高度警觉。"潜规则看起来无影无踪，却又无处不在，听起来悖情悖理，却可畅通无阻，成为腐蚀党员和干部、败坏党的风气的沉疴毒瘤。如果任其大行其道，我们的党风、政风、社会风气又谈何好转？破除潜规则，根本之策是强化明规则，以正压邪，让潜规则在党内以及社会上失去土壤、失去通道、失去市场。"[2]2016年1月12日，习近平在十八届中共中央纪委六次全会上的讲话中强调要"立'明规矩'、破'潜规则'"[3]，通过体制机制改革和制度创新促进社会生态不断改善。

3. 法治与善治的契合

"善治"是21世纪政治学和公共管理理论的重要范畴之一。根据俞可平考证，"善治"概念主要有三个基本的来源：首先，来自中国传统的政治语汇，在这种情境下，"善治"与"善政"两个概念并无本质区别。例如，董仲舒在《对

---

[1] 《习近平关于党风廉政建设和反腐败斗争论述摘编》，中央文献出版社、中国方正出版社2015年版，第128—129页。

[2] 《习近平关于党风廉政建设和反腐败斗争论述摘编》，中央文献出版社、中国方正出版社2015年版，第45页。

[3] 《习近平谈治国理政》第二卷，外文出版社2017年版，第168页。

贤良策》中写道："当更化而不更化，虽有大贤不能善治也。故汉得天下以来，常欲善治而至今不可善治者，失之于当更化而不更化也。"因而，在这种语境下，善治即善政，指好的政府及相应的治理手段。其次，源自新的治理理论和对英文 good governance 的翻译。在这一情境下，新的治理理论更加强调社会管理的民主化、治理主体多元化。再次，来自俞可平的新概括，其主要内涵是实现公共利益最大化的治理过程。他指出，善治既是对中国传统的善政概念的借用，更是对当代西方 good governance 的借鉴，力图将中西含义结合起来。这一概念对传统的超越在于，它不局限于好政府，而着眼于整个社会的好的治理，是公共利益的最大化，而不是政府利益或某个集团利益的最大化。对西方的超越在于，在中国语境中，善政仍然是实现善治的关键，其价值取向是建设人民满意的服务型政府和实现人民对美好生活的向往。

古人云："徒善不足以为政，徒法不能以自行。"（《孟子·离娄上》）善治与法治是紧密相关的。法治，就是用法律的准绳去衡量、规范、引导社会生活。无论是东方还是西方早在古代就有学者提出过关于"法治"的论述。中国战国末期的思想家荀子说过："法者，治之端也。"（《荀子·君道》）而古希腊哲学家亚里士多德则有这样的名言——"法治应包含两重意义：已成立的法律获得普遍的服从，而大家所服从的法律又应该本身是制定得良好的法律。"[①] 也就是说，法治的基本要求是"良法善治"。

法治是人类文明的重要成果之一，从"罗马规则"到英国《大宪章》和影响美国历史的《五月花号公约》，从古罗马《十二铜表法》到近代的《法国民法典》，皆蕴含了法治文明和法治精神。一个现代国家，必须是一个法治国家；国家治理体系和治理能力要实现现代化必须推进法治化。在中国传统的礼法社会里，亲缘关系是社会成员联系的纽带，相对于道德而言法律处于辅助地位，在迈向建成社会主义现代化强国的新时代，契约关系是社会成员交往的依据，法治具有基础性、保障性作用，宜将传统熟人之间的仁爱与尊德守礼推进到包括善待陌生人在内的全体社会成员的友善相处与尊德守法。

【延伸阅读】"罗马规则"

"罗马规则"被西方视为制度设计的典范。一块烙好的饼，如何公平地分

---

① ［古希腊］亚里士多德著：《政治学》，吴寿彭译，商务印书馆 1997 年版，第 199 页。

配给每个人呢？古罗马人的做法是立规则。美国著名财经专栏作家约翰·斯蒂尔·戈登曾经在《美国传统》杂志上发表过一篇文章，通过分面包的传说回溯了西方保证公平分配规则的起源。据说，在古罗马军队中，士兵每天定量得到一块面包充当全天的口粮，而这块面包是从更大块的面包上切割下来的。一开始，切割面包与分配面包的任务是由类似班长这样的长官一人担任，于是，长官往往切下最大的一块留给自己，然后按照关系亲疏决定切下面包的大小。由于分配不公平造成军队内部矛盾重重，甚至产生内讧。正如戈登所言，"罗马人不仅具有军事天才，还具有法律的天才"。为了防止因争夺食物产生的争斗，罗马人制定了一个好的规章："当两个士兵拿到了一块面包后，规则要求一个士兵来分割，而另一个士兵首先出来选择属于他的一半。"可以设想，在这种规则下，分切面包的士兵出于自利，只能最大限度地追求平均分配。写到这里，戈登很激动，称赞说："这是自律法的完美例证！"德国著名法学家鲁道夫·耶林有一句名言："罗马曾经三次征服世界，第一次以武力，第二次以宗教，第三次则以法律。"

法治的精髓和要旨对于世界各国国家和社会治理具有普遍意义。中国厉行法治，需要积极吸收世界优秀法治文明成果，借鉴国外法治有益经验，但决不能照搬西方法律制度和法治模式，必须坚定不移地走中国特色社会主义法治道路。

在国家和社会治理问题上，中国古代很早就产生了德治思想，并形成了德治传统。中华传统文化提倡德治并不意味着不重视法律，而是主张明德慎罚、德主刑辅。中国历史上某些盛世的形成有一个共同的基本特征，那就是德法同治——以道德引导民心、导民向善，以法律规制社会、调整行为。不过，从总体上来看，诚如邓小平所说："旧中国留给我们的，封建专制传统比较多，民主法制传统很少。"[①] 民国初年，孙中山领导制定的《中华民国临时约法》在军阀混战中形同具文。所以，新加坡前总理李光耀先生说过："在中国治理的问题上，主要是缺少法治。"[②]

新中国成立初期制定了《中华人民共和国婚姻法》《中华人民共和国土地改革法》等社会治理法律。1954 年 9 月，第一届全国人大一次会议通过的《中华

---

① 《邓小平文选》第二卷，人民出版社 1994 年版，第 332 页。
② （新）李光耀口述，（美）格德厄姆·艾利森等编，蒋宗强译：《李光耀论中国与世界》，中信出版社 2013 年版，第 12 页。

人民共和国宪法》是我国第一部社会主义类型的宪法。"五四宪法"确立了社会主义宪法的基本理念和政权体系，规定了公民的基本权利义务，在中国民主政治和法治建设史上写下了光辉的一页。"回首新中国法治建设进程，有成功的经验，也有深刻的教训。特别是'文化大革命'十年内乱，使法制遭到严重破坏，付出了沉重的代价。"①1978 年 12 月 13 日，邓小平在中央工作会议闭幕会上的讲话中指出，为了保障人民民主，必须加强法制，必须使民主制度化、法律化，"做到有法可依，有法必依，执法必严，违法必究"②。1992 年初，邓小平在南方谈话中再一次强调："还是要靠法制，搞法制靠得住些。"③1997 年 10 月，中共十五大以邓小平理论为指导，在总结历史经验，特别是改革开放以来的民主法制建设经验的基础上，提出了依法治国，建设社会主义法治国家的历史任务。1999 年 3 月，九届全国人大二次会议通过的宪法修正案规定："中华人民共和国实行依法治国，建设社会主义法治国家。"2012 年 11 月，中共十八大强调，法治是治国理政的基本方式，要全面推进依法治国，推进科学立法、严格执法、公正司法、全民守法，"提高领导干部运用法治思维和法治方式深化改革、推动发展、化解矛盾、维护稳定能力"④。

　　中共十八大之后，习近平把依法治国纳入"四个全面"战略布局，就法治问题高密度发表重要讲话，强调以宪法为统帅，坚持依法治国、依法执政、依法行政共同推进，法治国家、法治政府、法治社会一体建设，推进科学立法、严格执法、公正司法⑤、全民守法，促进国家治理体系和治理能力现代化。2014 年 10 月召开的中共十八届四中全会是中国共产党历史上第一次以依法治国为主题的中央全会，全会通过的《中共中央关于全面推进依法治国若干重大问题的决定》(以下简称《决定》)立足我国社会主义法治建设实际，直面我国法治建设领域的突出问题，明确提出了全面推进依法治国的指导思想、总体目标、基本原则，提出了关于依法治国的一系列新观点、新举措，回答了党的领导和依法治国关系等一系列重大理论和实践问题，对全面推进依法治国做出了全面部

① 政论专题片《法治中国》第一集："奉法者强"【解说词】，《人民日报》2017 年 8 月 19 日。
② 《邓小平文选》第二卷，人民出版社 1994 年版，第 146—147 页。
③ 《邓小平文选》第三卷，人民出版社 1993 年版，第 379 页。
④ 《中国共产党第十八次全国代表大会文件汇编》，人民出版社 2012 年版，第 26 页。
⑤ 公正是法治的生命线，司法公正是维护社会公平正义的最后一道防线。英国哲学家弗朗西斯·培根说："一次不公正的审判，其恶果甚至超过十次犯罪。因为犯罪虽是无视法律——好比污染了水流，而不公正的审判则毁坏法律——好比污染了水源。"习近平曾多次引用培根的名言说明司法公正的重要意义。

署，回应了人民呼声和社会关切，是加快建设社会主义法治国家的纲领性文件。《决定》把"坚持依法治国和以德治国相结合"作为实现全面推进依法治国总目标所坚持的基本原则之一，指明"国家和社会治理需要法律和道德共同发挥作用。必须坚持一手抓法治、一手抓德治，大力弘扬社会主义核心价值观，弘扬中华传统美德，培育社会公德、职业道德、家庭美德、个人品德，既重视发挥法律的规范作用，又重视发挥道德的教化作用，以法治体现道德理念、强化法律对道德建设的促进作用，以道德滋养法治精神、强化道德对法治文化的支撑作用，实现法律和道德相辅相成、法治和德治相得益彰"①。《决定》强调："法律是治国之重器，良法是善治之前提。"②

2016年12月9日，习近平在主持十八届中共中央政治局第三十七次集体学习的讲话中指出，法律是成文的道德，道德是内心的法律。法律和道德都具有规范社会行为、调节社会关系、维护社会秩序的作用，在国家治理中都有其重要地位和功能。法安天下，德润人心。人民信仰法律，是因为正义能够被伸张，善良能够被弘扬，百姓的生活能够在法律的保障下更加幸福安康。法律有效实施有赖于道德支持，道德践行也离不开法律约束。法治和德治不可分离、不可偏废，国家治理需要法律和道德协同发力。坚持依法治国和以德治国相结合，就要重视发挥道德的教化作用，提高全社会文明程度，为全面依法治国创造良好人文环境。要在道德体系中体现法治要求，发挥道德对法治的滋养作用，努力使道德体系同社会主义法律规范相衔接、相协调、相促进。"要把道德要求贯彻到法治建设中。以法治承载道德理念，道德才有可靠制度支撑。法律法规要树立鲜明道德导向，弘扬美德义行，立法、执法、司法都要体现社会主义道德要求，都要把社会主义核心价值观贯穿其中，使社会主义法治成为良法善治。"③根据习近平的重要论述，2016年12月，中共中央办公厅、国务院办公厅印发《关于进一步把社会主义核心价值观融入法治建设的指导意见》，强调要将社会主义核心价值观融入法治国家、法治政府、法治社会建设全过程，融入科学立法、严格执法、公正司法、全民守法各环节，以法治体现道德理念、强化法律对道德建设的促进作用，推动社会主义核心价值观更加深入人心，使社会

① 《中国共产党第十八届中央委员会第四次全体会议文件汇编》，人民出版社2014年版，第24—25页。
② 《中国共产党第十八届中央委员会第四次全体会议文件汇编》，人民出版社2014年版，第26页。
③ 《习近平谈治国理政》第二卷，外文出版社2017年版，第134页。

主义核心价值观和社会主义法治建设相互促进、相得益彰，以良法善治为社会文明建设保驾护航。2017年10月，习近平在中共十九大报告中将"明确全面深化改革总目标是完善和发展中国特色社会主义制度、推进国家治理体系和治理能力现代化；明确全面推进依法治国总目标是建设中国特色社会主义法治体系、建设社会主义法治国家"作为重要内容纳入新时代中国特色社会主义思想体系，并将"坚持全面依法治国"列入新时代坚持和发展中国特色社会主义的基本方略，强调要"推进科学立法、民主立法、依法立法，以良法促进发展、保障善治"。①

法律法规是推广社会主流价值的重要保证，要强化"德""法"互依、互补、互济，善于运用法律法规和公共政策向社会传导正确价值取向，把社会主义核心价值观融入法治建设，推进核心价值观由"软性要求"向"硬性规范"转变。中共中央办公厅印发的《关于培育和践行社会主义核心价值观的意见》强调："把社会主义核心价值观贯彻到依法治国、依法执政、依法行政实践中，落实到立法、执法、司法、普法和依法治理各个方面，用法律的权威来增强人们培育和践行社会主义核心价值观的自觉性。"②其中，首要的任务是提高立法质量，立善法。正如宋代改革家王安石所言："立善法于天下，则天下治；立善法于一国，则一国治。"（北宋·王安石《周公》）习近平在论述立法问题时指出："人民群众对立法的期盼，已经不是有没有，而是好不好、管用不管用、能不能解决实际问题；不是什么法都能治国，不是什么法都能治好国；越是强调法治，越是要提高立法质量。"③《中共中央关于全面推进依法治国若干重大问题的决定》指出："建设中国特色社会主义法治体系，必须坚持立法先行，发挥立法的引领和推动作用，抓住提高立法质量这个关键。要恪守以民为本、立法为民理念，贯彻社会主义核心价值观，使每一项立法都符合宪法精神、反映人民意志、得到人民拥护。要把公正、公平、公开原则贯穿立法全过程，完善立法体制机制，坚持立改废释并举，增强法律法规的及时性、系统性、针对性、有效性。"④

"以良法促进发展、保障善治"，就要按照中共中央办公厅印发的《关于培育和践行社会主义核心价值观的意见》的要求，"注重把社会主义核心价值观相

---

① 《中国共产党第十九次全国代表大会文件汇编》，人民出版社2017年版，第16页、31页。
② 《关于培育和践行社会主义核心价值观的意见》，人民出版社2013年版，第9—10页。
③ 《习近平关于全面依法治国论述摘编》，中央文献出版社2015年版，第43页。
④ 《中国共产党第十八届中央委员会第四次全体会议文件汇编》，人民出版社2014年版，第26页。

关要求上升为具体法律规定，充分发挥法律的规范、引导、保障、促进作用，形成有利于培育和践行社会主义核心价值观的良好法治环境"①。

《中华人民共和国慈善法》的制定和实施就是"以良法促善治"的范例。

慈善事业的繁荣发展、慈善精神的传承和弘扬是社会文明进步的重要标志，是培养公民高尚思想道德情操的重要载体，与培育和践行社会主义核心价值观高度契合。2016年3月十二届全国人大四次会议通过的《中华人民共和国慈善法》（自2016年9月1日起正式实施）是我国社会领域的重要法律和慈善制度建设的基础性、综合性法律，依据慈善法的规定，2016年9月5日是首个"中华慈善日"②。

我国慈善法的立法探索历经10余年，可谓"十年磨一剑"。在慈善法草案起草过程中，全国人大多次召开征求意见会，广泛征集各界意见，政府相关部门、学界、慈善组织等多方参与。全国人大常委会首次审议后又公开向全社会征求意见，并接受全国人大代表的审议和听取全国政协委员的意见，充分体现了民主立法、科学立法的法治精神，为出台一部既符合国情、又顺应民意的慈善良法奠定了基础。

《中华人民共和国慈善法》共12章112条，第一章，总则，第一条写道："为了发展慈善事业，弘扬慈善文化，规范慈善活动，保护慈善组织、捐赠人、志愿者、受益人等慈善活动参与者的合法权益，促进社会进步，共享发展成果，制定本法。"③这就鲜明地指出了慈善法的立法宗旨。慈善法不仅是保护慈善活动参与者的合法权益、保障和动员社会力量积极参与慈善事业和规范慈善活动的善法，同时也明确了政府在管理慈善事务和促进慈善事业发展方面的责任。它不仅立足我国国情和社会发展实践，而且注重借鉴国外慈善法先进经验，较好地体现了以"善法护善"的规制性与指引性、警示性与激励性。慈善法的实施，标志着我国进入了依法兴善和依法治善的新时代。

通过科学立法保护英雄的名誉，既是道德对法律的引导，也是法律对道德的支撑。2018年4月25日，十三届全国人大常委会第二次会议通过的《中华人民共和国英雄烈士保护法》（自2018年5月1日起施行），明确保护英烈的责

---

① 《关于培育和践行社会主义核心价值观的意见》，人民出版社2013年版，第10页。
② 为纪念在1997年9月5日逝世的世界著名的天主教慈善工作者特里萨修女，联合国将每年9月5日定为"国际慈善日"。《中华人民共和国慈善法》规定9月5日为"中华慈善日"，便于和"国际慈善日"相协同。
③ 《中华人民共和国慈善法》，法律出版社2016年版，第3页。

任主体，强化英烈事迹和精神宣传教育，依法惩治亵渎英烈的行为，乃尊法扬善之举。《中华人民共和国英雄烈士保护法》的实施必将推动形成捍卫英烈、学习英烈的良好社会氛围，让英烈精神融入国家血脉和民族灵魂。司法机关已依法办理了涉及侵害邱少云等英雄人物名誉、荣誉的民事案件，给肆意诋毁、诽谤英雄的行为敲响了警钟。

《中共中央关于全面推进依法治国若干重大问题的决定》提出"加强重点领域立法""编纂民法典"等重要任务。2017 年 3 月，第十二届全国人大第五次会议通过《中华人民共和国民法总则》（自 2017 年 10 月 1 日起施行）（以下简称《民法总则》）。它是民法典的总则编，规定了民事活动的基本原则和一般规定，在民法典中起统领性作用。由此，完成了编纂民法典任务的第一步。友善价值观有助于我们深入发掘民法外在规则体系背后的民法原理。对此，中国青年政治学院法学院副教授、法学博士王雷在《友善价值观在我国〈民法总则〉中的具体体现》一文中做了具体分析。

【媒体链接】友善价值观在我国《民法总则》中的具体体现

（中国网·观点中国·观点库：友善价值观在我国《民法总则》中的具体体现，作者：王雷，2017 年 5 月 18 日）

体系化是民法典的生命。民法典的体系包括内在体系和外在体系，内在体系是由民法的基本原则构成的价值体系，外在体系是民法典的编纂结构等形式逻辑体系。2017 年 3 月 15 日通过、2017 年 10 月 1 日起施行的《中华人民共和国民法总则》（以下简称《民法总则》）所确立的民法典内在体系从形式到内容上都体现出丰富的"中国元素"。

友善价值观丰富了民法内在价值体系的内容

民法的基本原则表达了民法上最重要的价值取向，是构建民法的内在实质体系的重要依据。大陆法系其他国家和地区多将民法基本原则停留于纯粹学理通说层面。我国《民法总则》延续了《民法通则》的立法经验，继续将民法的基本原则立法化，使得民法的基本价值取向从纯粹民法学问题中的价值判断问题上升为民法问题中的价值判断问题。《民法总则》明确规定了平等、自愿、公平、诚信、公序良俗、绿色等六大基本原则，这些基本原则也是平等、自由、公正、诚信、文明、和谐等社会主义核心价值观的体现。理解我国《民法总则》乃至民法典的内在价值体系不应当单纯停留在对民法基本原则的解读，还应该重视《民法总则》的立法宗旨条款。

《民法总则》第1条开宗明义将"弘扬社会主义核心价值观"作为民法的重要立法宗旨之一，社会主义核心价值观也就成为确立我国民法内在价值体系的又一重要依据。不同社会主义核心价值观在我国民法总则和民法典分则中有不同的体现方式。

在《民法总则》草案三次公开征求意见过程中，笔者都曾书面建议应将友善和睦明确规定为民法的基本原则之一，在立法上可与诚实信用原则合并表述："民事主体行使民事权利、履行民事义务以及从事其他民事活动应当遵循诚实信用、友善和睦原则。"友善和睦体现了我国民法典处理人与人之间关系的立法哲学，是社会主义友善核心价值观的民法体现。互尊互信、宽容礼让、团结互助的友善待人之道应成为民法典内在价值体系的重要内容。友善和睦原则也构成对以自愿原则为核心的民法个体主义方法论的必要补充，避免在市场经济生活和伦理家庭生活领域造就"无公德的个人"。虽然《民法总则》未基于友善价值观将友善和睦原则上升民法的基本原则，但作为"弘扬社会主义核心价值观"应有之义的"友善"也理应成为我国民法内在价值体系的重要内容。

友善价值观有助于我们深入发掘民法外在规则体系背后的民法原理

从民法具体规则层面看，友善价值观有助于我们更深入理解《民法总则》相关具体制度背后的深层民法原理，在理解民法相应具体规则"是什么"的同时，更加深刻理解其"为什么"。

第一，《民法总则》第2条规定了民法的调整对象，应该对该条做目的性限缩解释，从民法调整的平等主体之间人身关系和财产关系中排除纯粹的情谊关系，将纯粹的情谊关系交由友善道德调整，而不应该课加给纯粹情谊关系的当事人"友善义务"。当然，纯粹情谊关系中的施惠者也应负担必要的注意义务，以有利于引导施惠者"好心办好事""好事办到底"，从而助力人际和睦友好。施惠者未尽到必要的注意义务给受惠者带来损害时，纯粹的情谊关系就会转化为受民法调整的民事法律关系。

第二，被宣告失踪人的财产代管人的财产代管行为具有无偿无私利他性质，对财产代管人基于一般过失给失踪人带来的财产损失，失踪人应该负担容忍义务，只有当财产代管人因故意或者重大过失造成失踪人财产损失时，财产代管人方须承担赔偿责任，《民法总则》第43条第3款之规定也体现了立法者基于友善价值观对财产代管人的宽容。

第三，见义勇为等自愿实施的紧急救助行为属于广义的情谊行为，是友善价值观的民法体现。《民法总则》第183条规定对见义勇为行为中救助者所受损害的救济，以期减少"英雄流血又流泪"的情形，消除救助者的后顾之忧，鼓励其无私利他、救危济困。

第四，《民法总则》第184条规定见义勇为等自愿实施紧急救助行为造成受助人损害的，救助人不承担民事责任，这体现了立法者基于友善价值观对救助人的宽容，立法的宽容有助于进一步激发见义勇为、崇德向善、匡扶正义、友善和睦的善行义举。

综上可见，友善价值观不仅丰富了我国民法典的内在价值体系，还具体化为一系列民法规则。友善价值观也丰富了民法的调整方法，在自由为主、强制为辅的民法调整方法之外提供了必要引导、鼓励和宽容等更多样化的调整方法，进一步增强了民法典的道德底蕴，传承了中华民族隆礼重法的优良传统。

（本成果受到中国人民大学"中央高校建设世界一流大学［学科］和特色发展引导专项资金"支持，项目批准号：15XNLG06。）

【媒体链接】中共中央印发《社会主义核心价值观融入法治建设立法修法规划》

（《人民日报》2018年5月8日）

近日，中共中央印发了《社会主义核心价值观融入法治建设立法修法规划》（以下简称《规划》），并发出通知，要求各地区各部门结合实际认真贯彻落实。

《规划》强调，要以习近平新时代中国特色社会主义思想为指导，坚持全面依法治国，坚持社会主义核心价值体系，着力把社会主义核心价值观融入法律法规的立改废释全过程，确保各项立法导向更加鲜明、要求更加明确、措施更加有力，力争经过5到10年时间，推动社会主义核心价值观全面融入中国特色社会主义法律体系，筑牢全国各族人民团结奋斗的共同思想道德基础，为决胜全面建成小康社会、夺取新时代中国特色社会主义伟大胜利、实现中华民族伟大复兴的中国梦、实现人民对美好生活的向往，提供坚实制度保障。

《规划》指出，推动社会主义核心价值观入法入规，必须遵循的原则是：坚持党的领导，坚持价值引领，坚持立法为民，坚持问题导向，坚持统筹推进。

《规划》明确了六个方面的主要任务。一是以保护产权、维护契约、统一市场、平等交换、公平竞争等为基本导向，完善社会主义市场经济法律制度。健全以公平为核心原则的产权保护制度，推进产权保护法治化。加快推进民法典各分编的编纂工作，用社会主义核心价值观塑造民法典的精神灵魂，推动民事主体自觉践行社会主义核心价值观。二是坚持和巩固人民主体地位，推进社会主义民主政治法治化。充分发挥宪法在中国特色社会主义法律体系中的统帅作用，在宪法中体现社会主义核心价值观要求。把社会主义核心价值观融入立法体制，从源头上确保鲜明的价值导向。全面推进以司法责任制为核心的司法体制改革，完善司法管理体制和司法权力运行机制，努力让人民群众在每一个司法案件中感受到公平正义。三是发挥先进文化育人化人作用，建立健全文化法律制度。完善公共文化服务和文化产业法律体系，建立健全有利于中华优秀传统文化传承发展的法律制度，完善互联网信息领域立法。四是着眼人民最关心最直接最现实的利益问题，加快完善民生法律制度。以保障和改善民生为重点，健全社会建设方面的法律制度，推动基本公共服务标准化、均等化、法定化。制定基本医疗卫生方面的法律，建立公平、可及、高效的基本医疗卫生服务体系。完善社会组织立法，积极规范和引导各类社会组织健康发展。五是促进人与自然和谐发展，建立严格严密的生态文明法律制度。加快建立绿色生产和消费的法律制度，把生态文明建设纳入制度化、法治化轨道。制定完善粮食安全等方面的法律法规，推动厉行勤俭节约，倡导珍惜粮食、节俭消费理念。六是加强道德领域突出问题专项立法，把一些基本道德要求及时上升为法律规范。制定英雄烈士保护方面的法律，形成崇尚、捍卫、学习、关爱英雄烈士的良好社会风尚。探索完善社会信用体系相关法律制度，研究制定信用方面的法律，健全守法诚信褒奖机制和违法失信行为联合惩戒机制。探索制定公民文明行为促进方面法律制度，引导和推动全民树立文明观念，推进移风易俗，倡导文明新风。

《规划》强调，推动社会主义核心价值观入法入规是一项艰巨繁重的任务，要采取有效措施，认真组织实施，使法律法规更好体现国家的价值目标、社会的价值取向、公民的价值准则。各级党委要高度重视社会主义核心价值观融入法治建设工作，支持立法机关把社会主义核心价值观融入法律法规。中央宣传部、中央政法委要统筹各方力量，加强督促检查，推动规划贯彻落实。全国人大常委会和国务院要完善工作机制，深入分析社会主义核心价值观的立法需求，完善立法项目征集和论证制度，制定好立法规划计划，加快重点领域立法修法步伐。要加强对社会主义核心价值观融入法治建设立法修法工作进展情况的宣传，及时对出台的法律法规进行宣讲阐释。要加强舆论引导，报道典型案例，弘扬法治精神，树立社会正气，鞭挞丑恶行为，引导人们自觉践行社会主义核心价值观。

推动社会主义核心价值观建设既要靠良法，又要靠善治。在推动社会主义核心价值观入法入规的同时，要严格规范公正文明执法，用司法公正引领社会公正，努力让人民群众在每一个司法案件中都感受到公平正义，推动社会主义核心价值观落地生根。要深入开展法治宣传教育，培育社会主义法治文化，弘扬社会主义法治精神，提高全民族法治素养和道德素质，使全体人民都成为社会主义法治的忠实崇尚者、社会主义核心价值观的自觉践行者。

要把培育和践行社会主义核心价值观作为社会治理的重要内容，强化社会治理的价值导向，形成科学有效的诉求表达机制、利益协调机制、矛盾调处机制、权益保障机制，最大限度增进社会和谐。作为追求公共利益最大化的社会治理过程的善治，其特点就在于它是政府与公民对公共生活的合作治理，是政治国家与市民社会的一种友善关系和优化状态。多年来，城市管理工作中的城管人员与执法对象之间冲突不断，各种暴力事件层出不穷，严重影响了政府形象与和谐社会，需要以善治来化解。要创新社会治理，完善激励机制，打造共建共治共享社会治理格局，实现治理效能与道德提升相互促进。

二、美化友善芳草园

子曰："里仁为美。择不处仁，焉得知？"（《论语·里仁》）马克思、恩格斯指出："人创造环境，同样，环境也创造人。"[1] "孟母三迁"的故事和"近朱者赤，近墨者黑"（晋·傅玄《太子少傅箴》）的名言都表明生活环境对人的健康成长和道德修养有极其重要的影响。环境是无声的导师，需要把"培养什么样的人"和"培育什么样的价值观"同营造"什么样的环境"更加紧密地结合起来。因此，营造涵养友善的生活环境、美化友善芳草园是培育友善价值观的题中之义。

1. 善景与善境的映衬

芳草即香草，亦喻指美德，语出屈原的《离骚》："何昔日之芳草兮，今直为此萧艾也。"（王逸注：《离骚》之文，依《诗》取兴，引类譬喻，故善鸟、

---

① 《马克思恩格斯选集》第一卷，人民出版社 2012 年版，第 172—173 页。

香草，以配忠贞。"）盛唐诗人崔颢写作的七律《黄鹤楼》中有诵传古今的佳句"晴川历历汉阳树，芳草萋萋鹦鹉洲①"。而宋代理学大师朱熹的名作《春日》中的"寻芳"则虚实相生，意境超然。

> 胜日寻芳泗水滨，
> 无边光景一时新。
> 等闲识得东风面，
> 万紫千红总是春。

　　从字面来看，这是一首描写游春赏景的诗。首句点明了"寻芳"的时令、地点，下三句写"寻芳"的所见所识。春回大地，万物复苏，草长莺飞，鸟语花香，令诗人耳目一新、心旷神怡。正是这春日的感受，使诗人领悟了"东风"的魅力。仿佛是一夜东风，吹开了万紫千红的鲜花，形成了百花争艳的景象，这不正是生机勃勃的春光吗？诗人由"寻"而"识"，步步深化，统率全诗的关键词则是"寻芳"二字。但泗水在山东（孔子曾在泗水之滨讲学传道），而南宋时此地已沦陷于金国，朱熹怎能自由地去游春呢？原来这是一首哲理诗。诗中的"泗水"暗喻孔门，"寻芳"暗喻求圣人之道，"东风"暗喻教化，"春"暗喻孔子倡导的"仁"德。这首虚拟的游春赏景诗的创作真意如果用哲学讲义式的语言写出来，难免枯燥乏味。本诗却把哲理融化在生动的形象中，不露说理的痕迹。这乃是朱熹的高明之处。笔者在此模仿先贤，把友善美德比作芳草，把营造培育友善价值观的社会环境比作美化芳草园。

　　友善美德就像芳草一样，生长在哪里，哪里就一片芬芳。友善作为公民个人层面的价值准则和道德修养，既是个人自身的事，又必然与所处的外界环境相关联。友善的环境让人形成良好的心态，涵养善性。如友善的同学、友善的

---

① 鹦鹉洲，地名，原在武汉市武昌城外江中。相传由东汉末年恃才傲物的名士祢衡在黄祖的长子黄射会请宾客时，即席挥笔写就一篇"锵锵夏金玉，句句欲飞鸣"的《鹦鹉赋》而得名。后来，祢衡因出言不逊，惨遭黄祖杀害，遗体就埋葬在鹦鹉洲上。因赋得名的鹦鹉洲，受到了历代文人雅士的青睐。"藏船鹦鹉之洲"，纵观大江景色，留下了许多诗篇或诗句。李白创作有拗体七律《鹦鹉洲》："鹦鹉来过吴江水，江上洲传鹦鹉名。鹦鹉西飞陇山去，芳洲之树何青青。烟开兰叶香风暖，岸夹桃花锦浪生。迁客此时徒极目，长洲孤月向谁明。"全诗意境浑融，情感深沉。孟浩然的"昔登江上黄鹤楼，遥看江中鹦鹉洲"也是传诵一时的名句，崔颢的"晴川历历汉阳树，芳草萋萋鹦鹉洲"则更是广为传诵的佳句。明代末年，鹦鹉洲逐渐沉没。清乾隆年间，汉阳拦江堤外新淤一片沙洲，起初被命名为"补得洲"，后又更名为鹦鹉洲，并在这片沙洲上重修了古朴别致的祢衡石墓。

老师、友善的管理者、友善的后勤服务人员等构建的友善的校园环境，会让身处该校园的师生乃至家长和其他社会成员都受到感染而富有善意，引起良性互动。故向善者宜择善景而赏，择善境而居，择善人而交。

"迟日江山丽，春风花草香。"（唐·杜甫《绝句二首》）"一花独放不是春，百花齐放春满园。"（《古今贤文·合作篇》）。在友善芳草园里，人人是环境，个个是生态。友善美德的培养如同香草的培育，不仅需要适宜的土壤，还需要阳光、雨露。要净化包括网络环境在内的社会环境，打造"善有善报""好人好报"的生态链，集结有识之善士，唤醒和传递善能，不断凝聚和传递社会道德建设正能量，让芳草在健康的生态环境里自由生长。全社会携手共建友善芳草园，"春风花草香""芳草萋萋鹦鹉洲""万紫千红总是春"的春意盎然的美好景象就会展现在中华大地，形成"接天莲叶无穷碧，映日荷花别样红"（杨万里《晓出净慈寺送林子方》）和"春到花香处处秀，山河大地是如来"（虚云禅师嘉言）的善景与善境交相映衬的美景（例如核心价值观的培育和践行"从娃娃抓起"并不止于教育孩子，孩子是最具感染力的群体，童星的善心善行可以感染身边的很多人）。

要建设友善芳草园，就要广泛深入持久地开展学雷锋活动和志愿者服务活动。如前所述，雷锋精神产生于社会主义建设时期，光大于改革开放新时期，在新时代已成为全社会的道德标杆、精神高地、文明标记。

50多年来，雷锋精神像一盏璀璨明灯，指引着一代又一代人传递真善美；像一抹绚丽的阳光，温暖着千千万万大众的心灵。经历岁月的沉淀、时代的孕育和人民的实践，雷锋精神成为中华民族美德宝库中一朵绚丽奇葩和先进文化的表征，蕴含了社会主义核心价值观的基本内涵。2013年12月，中共中央办公厅印发的《关于培育和践行社会主义核心价值观的意见》要求："大力弘扬雷锋精神，广泛开展形式多样的学雷锋实践活动，采取措施推动学雷锋常态化。"

学雷锋实践活动到改革开放新时期遇上了志愿服务活动，二者异名同实，逐步走向融合，"郭明义爱心团队"、"本禹志愿服务队"、"吴天祥小组志愿者联合会"、南京站"158"雷锋服务站等既是学雷锋的先进集体，也是最美志愿服务团队。现在每年的3月5日是全国学雷锋纪念日，也是"中国青年志愿者服务日"（2019年3月5日是第56个全国学雷锋纪念日，也是第20个"中国青年志愿者服务日"）。所以，现在人们常用的提法是"学雷锋志愿服务"。发展志愿服务、凝聚公益友爱正能量，大力培育"我为人人、人人为我"的社会风尚，乃是培育和践行友善价值观的重要载体和平台。

【媒体链接】评论：大力培育"我为人人、人人为我"的社会风尚

（《人民日报》2014年4月21日，人民日报评论员）

"本禹志愿服务队""郭明义爱心团队"……千千万万个志愿服务队伍正在神州大地兴起，各种形式的志愿服务活动呈现出勃勃生机。党的十八大以来，各地各部门认真贯彻中央精神，加强志愿服务制度化建设，我国的志愿服务已经进入一个新的发展阶段。

志愿服务，以利他、自愿、无偿为基本要求，形成的是团结互助、平等友爱的人际关系，体现的是公民的社会责任意识，反映的是社会文明进步的水平，是"我为人人、人人为我"良好社会风尚的具体体现，更是加强思想道德建设、培育和践行社会主义核心价值观的重要载体。

志愿服务是培育"我为人人、人人为我"良好社会风尚的重要平台。在这里，可以通过丰富多彩的服务实践，与社会各界群众面对面交流，经过细微具体的帮扶，增强人们的社会责任意识，更可以陶冶情操、提升境界，养成高尚的道德品质，把培育和践行社会主义核心价值观落在实处。

志愿精神是培育"我为人人、人人为我"的良好社会风尚的核心要求。以奉献、友爱、互助、进步为主要内容的志愿精神，既包含着中华民族的传统美德，也表现出社会进步的时代要求，必须大力弘扬，将这种精神贯穿在社会生活的各个方面，转化为人们的价值追求和自觉行动。

培育"我为人人、人人为我"的良好社会风尚，要在传承、发扬中华传统美德上下功夫。传统文化中那些激励人们崇德向善的宝贵思想，与我们倡导的志愿精神相融相通，志愿服务正是中华传统美德的现代实践。对中华传统美德，要结合时代要求，加以创造性转化、创新性发展，将深厚的传统文化内涵注入志愿服务中。

培育"我为人人、人人为我"的良好社会风尚，要在营造和培育上下功夫。充分发挥新闻媒体的舆论引导作用，普及志愿服务常识，介绍各地取得的先进经验，传播优秀志愿者的感人事迹；充分发挥文艺作品的感染作用，创作生产出生动感人的文艺作品，使全社会在情感共鸣中获得启迪，受到教益；充分发挥先进典型的示范作用，采取多种形式褒奖优秀志愿者，引导人们见贤思齐，争做志愿精神的践行者。

培育"我为人人、人人为我"的良好社会风尚,要在融入上下功夫。志愿服务对象多是普通人,服务内容多是平常事,只有立足社区、着眼基层,才能将志愿精神融入大众的日常生活。社区、街道和乡村应该是志愿服务的主要天地,党员干部应该成为志愿服务的表率;志愿精神应该是未成年人道德建设和大学生思想教育的主要内容,并应纳入国民教育的全过程,深入到每个环节;志愿精神还要融入社会生活的方方面面和各行各业的实际工作,体现在市民公约、乡规民约、行业规范之中,与社会生活紧密相连。

"赠人玫瑰、手有余香",志愿服务事业光荣而崇高,大力弘扬志愿精神,培育"我为人人、人人为我"的良好社会风尚,是我们每一个人的责任。

2. 最美盆景连接成最美风景

2014 年 2 月 24 日,习近平在主持十八届中共中央政治局第十三次集体学习的讲话中指出:"一种价值观要真正发挥作用,必须融入社会生活,让人们在实践中感知它、领悟它。要注意把我们所提倡的与人们日常生活紧密联系起来,在落细、落小、落实上下功夫……要利用各种时机和场合,形成有利于培育和弘扬社会主义核心价值观的生活情景和社会氛围,使核心价值观的影响像空气一样无所不在、无时不有。"① 此前,时任中共中央政治局常委的刘云山在会见杭州"最美现象"思想道德建设先进经验报告团时强调,"最美人物"② 的先进事迹和崇高精神传递了道德建设正能量,唱响了中华民族正气歌,形成了好人好报正效应,一个个最美盆景连接成了最美风景③。

要使社会主义核心价值观像空气一样无所不在、无时不有,要让道德意义上的最美盆景连接成最美风景,就要充分发挥道德榜样的感召和带动作用,为先进典型的不断涌现培育良田沃土,引导公众崇善尚德、见贤思齐,使"典型效应"发展成为"群体效应""社会效应"。2015 年 2 月 28 日,习近平在会见第四届全国文明城市、文明村镇、文明单位和未成年人思想道德建设工作先进代表时强调:"要充分发挥榜样的作用,领导干部、公众人物、先进模范都要为

---

① 《习近平谈治国理政》第二卷,外文出版社 2018 年版,第 165 页。

② 中共十八大以后,杭州涌现出吴菊萍、吴斌、黄小荣等一批来自普通岗位的先进典型,他们用爱心和善举,用勇敢和坚强,在危急时刻做出英雄壮举,在生死关头展现人间大爱,感动了杭州,感动了全国,被公认为"最美人物"。

③ 《刘云山会见杭州"最美现象"思想道德建设先进经验报告团成员》,《人民日报》2013 年 6 月 22 日。

全社会做好表率、起好示范作用，引导和推动全体人民树立文明观念、争当文明公民、展示文明形象。"①

　　自古中华多俊杰，当今人物更英雄。中华民族是一个崇尚道德榜样的民族。当今时代更是英雄辈出的时代。中共中央办公厅印发的《关于培育和践行社会主义核心价值观的意见》提出大力宣传先进典型，形成学习先进、争当先进的浓厚风气。中央宣传部、中央文明办印发的《培育和践行社会主义核心价值观行动方案》在深化推广普及、注重典型示范等方面提出了明确具体的要求。要综合运用报纸、书刊、电台、电视台、互联网站等各类载体，融通多媒体资源，加大"道德模范""感动人物"②"时代楷模"③"最美人物"④"中国好人"⑤的宣传力度，以用榜样的力量鼓舞人，以典型的事迹感动人，以高尚的道德引导人，引导社会公众尚德守法、见贤思齐。

　　在上述系列先进典型的宣传活动中，动员面广、程序复杂、影响力大的首推全国道德模范的评选与表彰活动。全国道德模范是在道德领域国家授予公民的最高荣誉称号，全国道德模范评选表彰活动集中展示了社会主义思想道德建

① 《习近平谈治国理政》第 2 卷，外文出版社 2017 年版，第 324 页。

② 2002 年以来，由中央电视台举办的"感动中国"年度人物评选活动已连续举办了十几届。该活动以"感动公众、感动中国"为主题，每年从社会各行各业推选出十位年度感动人物（含个人或群体），于中国农历的年终岁末在中央电视台揭晓。"感动中国"用一个个具体的"感动人物"，彰显了社会善良和信义，树起了让整个民族动容的"精神品牌"，为观察社会的各个侧面提供镜鉴，也是新春伊始一股蓬勃的精神力量，被誉为"中国人的年度精神史诗"。

③ "时代楷模"是由中宣部集中组织宣传的全国重大先进典型。"时代楷模"充分体现"爱国、敬业、诚信、友善"的价值准则，充分体现中华传统美德，是具有很强的先进性、代表性、时代性和典型性的先进人物。"时代楷模"事迹厚重感人、道德情操高尚、影响广泛深远。根据"时代楷模"的职业身份，以中宣部和有关部门名义在中央电视台设立"时代楷模"发布厅发布。

④ 中共十八大以来，中共中央宣传部、中央电视台联合有关部门开展深入基层的"寻找最美"系列大型公益活动，持续发布各行各业"最美人物"，奏响"最美"交响曲。各类大爱至善的"最美人物"的事迹感人肺腑、催人泪下。他们平凡而伟大的善行义举感人至深、催人奋进。此外，近年来由民间发现并赢得主流舆论好评的"最美现象"对传递道德正能量也起着推波助澜作用。从"最美女教师"张丽莉、"最美硕士军官"沈星、"最美警卫战士"高铁成到"最美妈妈"吴菊萍、"最美婆婆"陈贤妹、"最美司机"吴斌，一束束"最美"之光照亮中华大地，这些舍身救学生、勇救落水少年、冲进火场排险救人、强忍肝脏破裂剧痛安全停车的"最美人物"用他们的感人事迹，感动了无数人，给社会带来了一道道亮丽的亮色。

⑤ "中国好人"的提法源自"中国好人榜"。"中国好人榜"是由中央文明办、全国总工会、共青团中央、全国妇联组织开展的"我推荐我评议身边好人"活动所产生的"助人为乐""见义勇为""诚实守信""敬业奉献""孝老爱亲"五类"好人"月度榜单。中央文明办每月公布"中国好人榜"，带动更多人践行新时期好人精神，争当"中国好人"。自 2008 年 5 月至 2018 年 5 月，共收到网民举荐的好人好事线索 4492 万余条，中国文明网集中展示宣传 63204 位身边好人的先进事迹，网友共评议推出 11681 名中国好人，在各地举办了 169 场全国道德模范与身边好人现场交流活动。

设的丰硕成果，充分展现了中国人民昂扬向上的精神风貌，激发了人民群众投身道德建设的热情，是弘扬社会主义核心价值观的重要途径。道德模范既是中华民族传统美德的传承者，又是率先践行社会主义核心价值体系的实践者，是当代中国的道德标杆，是有形的正能量，是鲜活的价值观。

全国道德模范的评选和表彰每两年一次（一届），一般是在颁奖当年的4月份启动，历时半年时间，经过群众广泛推荐、组织择优推荐、层层遴选审核、集中公示评选、社会公众监督以及"万名公众代表"和评委会投票等坏节，共评出60名左右全国道德模范和260名左右提名奖获得者，获评全国道德模人物名单在当年9月20日——"公民道德宣传日"隆重揭晓，在当年10月份前后举行颁奖仪式。2007年至今（2019年），由中共中央宣传部、中央文明办、全国总工会、共青团中央、全国妇联共同主办的全国道德模范评选表彰活动已经举办七届（每两年评选表彰一届），共评选出数百名全国道德模范，在全社会引起热烈反响。

全国道德模范的评选按照相应程序和步骤选出"助人为乐""见义勇为""诚实守信""敬业奉献""孝老爱亲"五类全国道德模范，相应地"圆梦中国·德耀中华"的全国道德模范颁奖仪式也分为"助人为乐""见义勇为""诚实守信""敬业奉献""孝老爱亲"五个篇章，每个章节通过播放短片、现场讲述、童声合唱、颁授奖章、致敬礼赞、赠送书法题词等方式，深刻阐发了震撼人心的道德之美，生动诠释了道德模范的精神价值。他们关爱他人、助人为乐的道德情怀，见义勇为、勇于担当的无畏精神，以诚待人、守信践诺的为人品格，敬业奉献、勤勉做事的职业操守，孝老爱亲、血脉相依的至美真情，彰显了人间大爱，展现了人性大美，感动了全社会，温暖了全中国。应该说，这五个类型的道德模范人物都事迹突出、深孚众望，具有很强的典型性、先进性、示范性，都是友善的使者，而其中的"助人为乐"和"孝老爱亲"与友善的本义更为贴近。

中共十八大以来，习近平热情关怀和悉心指导全国道德模范的评选和表彰活动。2013年9月26日下午，习近平在北京会见第四届全国道德模范及提名奖获得者，强调"道德模范是社会道德建设的重要旗帜，要深入开展学习宣传道德模范活动，弘扬真善美，传播正能量，激励人民群众崇德向善、见贤思齐，鼓励全社会积善成德、明德惟馨，为实现中华民族伟大复兴的中国梦凝聚起强大的精神力量和有力的道德支撑"①。

2015年10月，在第五届全国道德模范授奖之际，习近平对全国道德模范表彰活动做出重要批示，向受表彰的全国道德模范致以热烈祝贺和崇高敬意。习近平指出，隆重表彰全国道德模范，对展示社会主义思想道德建设的丰硕成果，彰显中华民族昂扬向上的精神风貌，凝聚全国各族人民团结奋进的力量，具有重要意义。他强调，道德模范是道德实践的榜样。要深入开展宣传学习活动，创新形式、注重实效，把道德模范的榜样力量转化为亿万群众的生动实践，在全社会形成崇德向善、见贤思齐、德行天下的浓厚氛围。要持续深化社会主义思想道德建设，弘扬中华传统美德，弘扬时代新风，用社会主义核心价值观凝魂聚力，更好构筑中国精神、中国价值、中国力量，为中国特色社会主义事业提供源源不断的精神动力和道德滋养②。

2017年11月17日上午，全国精神文明建设表彰大会在北京人民大会堂举行。中共中央总书记、国家主席、中央军委主席习近平在人民大会堂亲切会见参加大会的新一届全国文明城市、文明村镇、文明单位、文明校园、未成年人思想道德建设工作先进代表和全国道德模范代表，向全体代表表示热烈的祝贺，勉励他们再接再厉，在社会主义精神文明建设中再立新功、做出表率。合影留念时，看到93岁的中船重工719研究所名誉所长黄旭华、82岁的贵州省遵义市播州区平正仡佬族乡原草王坝村党支部书记黄大发两位全国道德模范代表年事已高，站在代表们中间，习近平握住他们的手，请他们坐到自己身旁。两人执意推辞，习近平一再邀请，最后两人在习近平身边坐下。总书记对两位老模范如此关心和尊重，全场人都十分感动，大家长时间热烈鼓掌。

【媒体链接】温暖的力量 感人的瞬间

——习近平总书记会见全国道德模范代表侧记

（《人民日报》2017年11月18日，新华社记者吴晶、黄小希）

热烈的掌声，在人民大会堂金色大厅内响起，铭记着一个暖心感人的场景。

17日上午9时30分，中共中央总书记、国家主席、中央军委主席习近平来到人民大会堂金色大厅，亲切会见参加全国精神文明建设表彰大会的600多名代表。

---

① 《习近平谈治国理政》第一卷，外文出版社2018年版，第158页。

② 《习近平对全国道德模范表彰活动作出重要批示》，《人民日报》2015年10月14日。

在热烈的掌声中，习近平总书记高兴地同大家热情握手、亲切交谈，代表们纷纷向总书记问好。握手结束后，习近平总书记回到队伍中间，准备同代表们合影。总书记看到93岁的黄旭华和82岁的黄大发两位道德模范代表年事已高，站在代表们中间，总书记握住他们的手，微笑着问候说："你们这么大岁数，身体还不错。你们别站着了，到我边上坐下。"

习近平总书记拉着他们的手，请两位老人坐到自己身旁来，两人执意推辞，习近平一再邀请，说："来！挤挤就行了，就这样。"

相机快门按下，记录下了这一感人瞬间。

会见结束后，习近平语重心长对有关部门的同志说，给老道德模范让座，这是尊老敬老的传统美德，这就叫人伦常情。总书记的话是言传，更是身教，在人们的心田荡漾。

黄旭华是中船重工719研究所名誉所长，他为了祖国的核潜艇事业，隐姓埋名、以身许国，阔别家乡30载，其间一次也没有回过老家。

"从1958年开始到现在，我没有离开过核潜艇研制领域，我的一生没有虚度。"今天，习近平总书记的亲切会见，让黄旭华又一次感受着党和国家赋予他的使命与荣光。

"我做梦也没想到，总书记竟然把我请过来坐到他身边，还问了我的健康情况。总书记对我们的关怀，我要回去传达，要让所有同志认识到我们任重道远，要再铸辉煌。"黄旭华说。

黄大发是贵州省遵义市播州区平正仡佬族乡原草王坝村党支部书记，他带领村民们前后历经30多年，在峭壁悬崖间挖出一条10公里的"天渠"，使曾经缺水干旱的贫困村面貌一新。

回想习近平总书记同大家合影的情景，黄大发十分激动："总书记对我们老党员关心得很、尊敬得很，我很感动，也很光荣。合影后，总书记回头向大家挥手告别，我们也赶紧向他招手。"

身教重于言教，掌声久久回响。习近平总书记一个自然而然的举动，身体力行中华民族尊老敬贤的传统美德，展现出亲民爱民的崇高风范。

党的十八大以来，习近平总书记对先进模范的尊敬与关爱，一次次为全社会作出示范，引领着社会风尚。

2013年9月26日，在会见第四届全国道德模范及提名奖获得者时，习近平总书记把目光转向坐在第一排左边的一位老人。他饱含深情地说，我刚才看到这位老大姐，她就是我们的老将军甘祖昌的夫人龚全珍，她今年 90 多岁了，我看到她以后心里一阵阵地感动。

2014 年 10 月 15 日，习近平总书记主持召开文艺工作座谈会。当大家发言结束，总书记准备发表讲话时，他望了望坐在右边不远处的中国红楼梦学会名誉会长、90 岁高龄的冯其庸先生，对大家说，今天出席座谈会的不少老艺术家年事已高，大家如果累了，就到休息室休息或者走动走动。

今天，习近平总书记用他的实际行动，为与会代表上了关爱模范、尊重典型的生动一课。

中国人民解放军八一电影制片厂演员剧团原团长田华这次当选为全国道德模范，参加了这次会见。习近平总书记握着她的手，向她表示亲切问候。田华动情地回忆说，总书记工作那么忙还专门抽出时间来看望大家，同大家见面合影，这说明精神文明建设在中国特色社会主义建设过程中、在新的时代条件下具有何等重要性。如果全国人民都自觉做精神文明的建设者、践行者，国家和民族必将拥有更加昂扬自信的精神风貌！党的十八大以来精神文明建设成效越来越大，与党中央的重视与关心密不可分。

作为第一届获奖的全国文明校园代表，吉林省长春市第二实验小学校长王艳军说，习近平总书记同参会代表亲切的"一握"，给老模范代表的"一让"，令人难忘、令人敬仰。我们作为教育工作者，应该倍加努力，为积极培育和践行社会主义核心价值观作出更大贡献，不辜负总书记的殷切希望。

"楚书曰：楚国无以为宝，惟善以为宝。"[①]历史上的楚国，曾不以玉璧白珩这类奇珍异宝为宝，而以具备善德的人才为珍宝。荆楚先贤将尚善提升至立国之宝之高度，成为荆楚文化的核心理念，融入了民众的精神血脉，无疑为当今荆楚大地道德群星的涌现提供了丰厚滋养。近年来，荆楚大地的价值星空闪现了以全国道德模范、最美志愿者、感动人物等为代表的道德群星。从 2007 年第一届到 2019 年第七届全国道德模范评选表彰活动中，湖北省共有 22 人（组）荣获全国道德模范荣誉称号（数量之多让国人瞩目），由此形成的湖北"道德群星现象"令人振奋。这些道德楷模的暖心善举展现了荆楚儿女崇德尚义、明德惟馨的价值追求，奏响了精神文明建设"协奏曲"的荆楚乐章，为实现中华民族伟大复兴的中国梦的湖北篇构筑起坚实的道德支撑和向上向善的精气神。

【延伸阅读】历届湖北省全国道德模范简介

第一届全国道德模范（3 人）

吴天祥，原武汉市武昌区人民政府巡视员（全国助人为乐模范）

---

① 曾子在《礼记·大学》中引用了《国语·楚语下》中的"楚国无以为宝，惟善以为宝"，表达崇善重德的价值取向。这句话源自《国语·楚语下》描述的春秋后期楚国大夫王孙圉出使晋国期间所发生的事情。晋楚是当时争霸的主角（此时楚国国王是楚昭王，晋国国君是晋定公），晋国是老牌强国，楚国是新兴大国。国之争有时是以战争定胜负，有时是通过外交见高下。有一天楚国大夫王孙圉出访到达晋国，晋定公亲自接见了他，并设宴款待，主持仪式的是晋国大夫赵简子（战国时代赵国基业的开创者），他打算借此机会刁难一下王孙圉。席间，赵简子故意起身走了两步，让自己腰间佩戴的玉璧相互碰撞、叮当作响，随即向王孙圉问道："你们楚国的那块镇国之宝玉璧白珩，还在吗？"王孙圉回答说："还在呀。"赵简子又问，这块玉璧白珩作为你们楚国的国宝，有多长时间啦？王孙圉已觉察到赵简子的用意，马上回应说："我们楚国视为珍宝的，首先是人才。比如大夫观射父，他善于外交辞令，代表楚国出使各国，使各诸侯国的国君没有可攻击我们楚国的话柄。还有左史倚相，能够讲述先王遗训，述说各种事情的由来，每天早晚把历史上成败故事说给君王听，让我们的君王不忘先王建立的功业和自己所肩负的使命，他还负责祭祀等事务，与天地神灵对话，使神灵保佑楚国。我们楚国有一个大湖，叫作云梦泽，出产金属、木材、竹箭。这些都是重要战备物资。我们楚国还盛产龟甲、珍珠、兽角、象牙、虎皮、犀牛皮、飞鸟的羽毛、野兽的皮毛，这些物资储备既可应付意外战争所需，也可作为馈赠礼品接待和赠送给各国诸侯。"王孙圉接着说，我们楚国就是这样，可馈赠各国诸侯好的礼物与之友好交往；如果有误会可通过外交途径传达我们君王交友的真实意愿；假如真有不测要打起来了我们也不惧怕。我们楚国军力强大，物资充足，且还有皇天神灵保佑。我们君王不会被欺负，我们的国民可得到保护。因此，优秀的人才、神灵的保佑、丰富的物产才是我们楚国的国宝，至于什么玉璧白珩，不过是楚国以往君王的玩物罢了，有什么值得珍视的呢？王孙圉的回应针锋相对，铿锵有力，不卑不亢，有理有节，不愧为出色的外交官。王孙圉的话表达了这几层意思：一是，楚国不可欺，我楚国有没有宝贝，容不得别人觊觎；二是，楚国不惧战，我楚国有优秀的人才，有神灵的保护，有丰富的物产，有信心打赢任何战争；三是，我们楚国很清醒，知道对于治理国家什么才是最重要的，唯有德才兼备的人才以及神灵的保佑和丰富的物产才是真正的镇国之宝。这就是"楚国无以为宝，惟善以为宝"之说法的由来。

赵传宇，时为湖北省长江大学学生（全国见义勇为模范）

黄来女，（女）时为武汉大学学生（全国孝老爱亲模范）

第二届全国道德模范（1人）

谭之平（土家族），湖北职业技术学院学生（全国孝老爱亲模范）

第三届全国道德模范（3人）

王争艳（女），武汉市汉口医院金桥社区卫生服务中心原主任（全国敬业奉献模范）

董　明（女），湖北省武汉市硚口区汉水桥街营北社区居民（全国助人为乐模范）

孙东林，武汉东方建筑集团有限公司副总经理、湖北省"信义兄弟"建筑工程有限公司董事长（全国诚实守信模范）

第四届全国道德模范（4人）

杨小玲（女），湖北省武汉市第一聋校舞蹈教师（全国敬业奉献模范）

刘培、刘洋兄弟，湖北省武汉市黄陂区李家集街郑林湾村刘家槽湾村民（全国孝老爱亲模范）

罗长姐（女，土家族），湖北省宜昌市五峰土家族自治县湾潭镇九门村村民（全国孝老爱亲模范）

第五届全国道德模范（5人）

秦开美（女），湖北省潜江市浩口镇第三小学教师；王林华，湖北省潜江市广华寺办事处党委副书记、主任（全国见义勇为模范）

江玉珍（女）、江远斌姐弟，湖北省武汉市新洲区邾城街清安社区居民（全国诚实守信模范）

官东[①]　海军工程大学潜水员，海军大连舰艇学院学员旅145队学员（全国敬业奉献模范）

第六届全国道德模范（2人）

黄旭华，中船重工第719研究所名誉所长、首批中国工程院院士、我国第一代核潜艇总设计师（全国敬业奉献模范）

刘学举，是十堰市竹山县柳林乡洪坪村村民（全国孝老爱亲模范）

[①]　官东是湖北省与安徽省同时申报的"东方之星"号客轮翻沉事件救人英雄（原籍安徽省宣城市）。2015年6月1日晚，长江"东方之星"号客轮翻沉事件发生后，官东主动请缨参加救援，与战友从翻沉的漆黑混乱的船舱中奋力救出两名幸存者。

第七届全国道德模范（4人）

张富清，中国建设银行湖北省来凤县支行原副行长（全国敬业奉献模范）

黄群，生前系中国船舶重工集团公司第760研究所党委委员，副所长（全国见义勇为模范）

李道洲，生前系空降兵某旅直升机团场站汽车连七班班长（全国见义勇为模范）

马旭，湖北省军区武汉第七离职干部休养所离休干部（全国助人为乐模范）

"草木蔓发，春山可望。"（唐·王维《山中与裴秀才迪书》）。中共十八大以来，以习近平同志为核心的党中央接过历史接力棒，开启中国特色社会主义新时代。在思想道德建设方面，以培育和践行社会主义核心价值观为根本，立德铸魂，凝心聚力，推动友善等核心价值观内化于心、外化于行，引导推动全社会树立文明友善观念、涵养文明习惯，争当文明友善公民、展示文明友善形象。提高社会文明程度和公民文明素质是一项长期而艰巨的任务，任重而道远。要大力激发和激励公众的参与热情，建立和完善公众参与机制，动员广大群众举荐身边好人好事、积极发现和宣传本地的先进典型，树立可亲、可敬、可学的榜样，用身边事教育身边人，引导人们从身边做起、从小事做起，常为善行义举、广泛开展丰富多彩的社会主义核心价值观教育实践活动，让道德的光芒在中华大地闪烁绽放。

三、点亮友善心灯

友善既是价值准则，也是价值理念。点亮友善的心灯，方能明辨是非、分清善恶，"彰善瘅恶，树之风声"（《尚书·毕命》）[1]。只有越来越多的人点亮友善心灯，将心比心，推己及人，才能让友善之光照亮社会的价值星空，构建和谐社会、建设和谐世界。

1. 明是非、辨善恶

中华民族自古就是一个明是非、辨善恶的伟大民族。《礼记》中就提出"博

---

[1] 彰善瘅恶是指弘扬好的一面，斥责恶的一面，从而形成良好的社会风气。

学之，审问之，慎思之，明辨之，笃行之"（《礼记·中庸》）的为学为人之道。儒家学派的创始人孔子就主张要坚持原则，坚定立场，明辨是非善恶。

子曰："惟仁者，能好人，能恶人。"（《论语·里仁》）也就说，孔子认为，唯有心怀仁德的人，能够没有私心地爱憎分明，喜欢好人，厌恶坏人，明是非、辨善恶。孔子强调要分辨友善与讨好的区别，他把不讲原则、不问是非善恶，只讲一团和气称为"乡愿"。子曰："乡愿，德之贼也。"（《论语·阳货》）他称赞的是"乡人之善者好之，其不善者恶之"的人。子贡问曰："乡人皆好之，何如？"子曰："未可也。""乡人皆恶之，何如？"子曰："未可也。不如乡人之善者好之，其不善者恶之。"（《论语·子贡》）针对道家提出的"大小多少，报怨以德"（《老子》第六十三章），孔子主张"以直报怨，以德报德"。"或曰：'以德报怨，何如？'子曰：'何以报德？以直报怨，以德报德。'"（《论语·宪问》）

孔子把朋友划分为益友和损友："益者三友，损者三友。友直，友谅，友多闻，益矣。友便辟，友善柔，友便佞，损矣。"（《论语·季氏》）即有益的朋友有三种，有害的朋友有三种。与正直的人交朋友、与诚实的人交朋友、与见多识广的人交朋友，有益[①]；与走邪门歪道的人交朋友、与谄媚奉迎的人交朋友、与花言巧语的人交朋友，有害。无独有偶，古希腊哲学家亚里士多德在《尼各马可伦理学》中论述"友爱"时也明确指出，"不应该爱一切人，而应该只爱善良的人"，"不应该爱坏人，爱坏人也就是让自己变成坏人"，"对于那些可以改正的人，更多的则是帮助"，"一个善良的人要为善良的事而奔忙"[②]。美国道德教育协会前主席托马斯·里克纳在美国教育部推荐读物之一《美式课堂品质教育学校方略》一书的封面这样写道："我们正处在一个急剧变化的时代，价值观教育业已成为中小学教育的首要问题，而我们对此常常束手无策。可以说，学会做人，学会辨别是非善恶，比学习专门知识显得更为重要，一个'德盲'远比一个文盲对社会更具负面效应。"[③]

毛泽东指出："真的、善的、美的东西总是在同假的、恶的、丑的东西相比

① 2018 年 12 月 1 日，习近平在中国共产党与世界政党高层对话会上的主旨讲话中指出，2000 多年前，中国古代思想家孔子就说，益者三友，友直、友谅、友多闻。中国共产党愿广交天下朋友。长期以来，中国共产党同世界上 160 多个国家和地区的 400 多个政党和政治组织保持着经常性联系，"朋友圈"不断扩大。

② 苗力田编：《亚里士多德选集》（伦理学卷），中国人民大学出版社 1999 年版，第 206、208 页。

③ （美）托马斯·里克纳著，刘冰、董晓航、邓海平译：《美式课堂品质教育学校方略》，海南出版社 2001 年版。

较而存在，相斗争而发展的。"①他在《反对自由主义》一文指出："自由主义取消思想斗争，主张无原则的和平，结果是腐朽庸俗的作风发生，使党和革命团体的某些组织和某些个人在政治上腐化起来。"他把"因为是熟人、同乡、同学、知心朋友、亲爱者、老同事、老部下，明知不对，也不同他们作原则上的争论，任其下去，求得和平和亲热。或者轻描淡写地说一顿，不作彻底解决，保持一团和气。结果是有害于团体，也有害于个人。"列为自由主义第一种表现。他强调："我们主张积极的思想斗争，因为它是达到党内和革命团体内的团结使之利于战斗的武器。每个共产党员和革命分子，应该拿起这个武器。"②

习近平在北京大学师生座谈会上发表的《青年要自觉践行社会主义核心价值观》的讲话中殷切希望广大青年要从现在做起，从自己做起，在"勤学、修德、明辨、笃实"上下苦功夫。而"明辨"就是善于明辨是非，善于决断选择。他说："是非明，方向清，路子正，人们付出的辛劳才能结出果实。面对世界的深刻复杂变化，面对信息时代各种思潮的相互激荡，面对纷繁多变、鱼龙混杂、泥沙俱下的社会现象，面对学业、情感、职业选择等多方面的考量，一时有些疑惑、彷徨、失落，是正常的人生经历。关键是要学会思考、善于分析、正确抉择，做到稳重自持、从容自信、坚定自励。要树立正确的世界观、人生观、价值观，掌握了这把总钥匙，再来看看社会万象、人生历程，一切是非、正误、主次，一切真假、善恶、美丑，自然就洞若观火、清澈明了，自然就能作出正确判断、作出正确选择。正所谓'千淘万漉虽辛苦，吹尽狂沙始到金'。"③习近平在文艺工作座谈会的讲话中批评有的作品"是非不分、善恶不辨、以丑为美"④。他在党的新闻舆论工作座谈会上的讲话中提出的48个字的"党的新闻舆论工作的职责和使命"中就包括"成风化人、凝心聚力、澄清谬误、明辨是非"⑤。

当今世界正处于百年未有之大变局，当今中国正处在发展关键期、改革攻坚期、矛盾凸显期，社会生活的深刻变革、利益格局的深刻调整、社会新旧矛盾的相互交织，世界范围内不同政治发展道路竞争博弈，各种思想文化相互交融、相互激荡，对人们的思想观念、生活方式和价值取向必然产生多方面的影

① 《毛泽东文集》第七卷，人民出版社1999年版，第230—231页。
② 《毛泽东选集》第二卷，人民出版社1991年版，第359页。
③ 《习近平谈治国理政》第一卷，外文出版社2018年版，第173页。
④ 《习近平关于社会主义文化建设论述摘编》，中央文献出版社2017年版，第155页。
⑤ 《习近平谈治国理政》第二卷，外文出版社2017年版，第332页。

响，社会上不明是非、不辨善恶、不分美丑的现象还在一定范围内长期存在，无道德、不道德、反道德的心态和行为在某种条件下还可能有所滋长，并不排除在某些局部环境和特定时刻不友善的人甚至恶人当道，歪风邪气盛行。这时尤其需要彰显"出淤泥而不染，濯清涟而不妖"（周敦颐《爱莲说》）的高洁傲岸的品格，"举世皆浊我独清，众人皆醉我独醒"（屈原《渔夫》）的激浊扬清的勇气，"横眉冷对千夫指，俯首甘为孺子牛"（鲁迅《自嘲》）的爱憎分明的情怀。雷锋曾用春、夏、秋、冬四季作比喻，精辟地表述了一个革命者的"四个对待"，即对待同志要像春天般的温暖，对待工作要像夏天一样火热，对待个人主义要像秋风扫落叶一样，对待敌人要像严冬一样残酷无情。

要明辨是非、分清善恶，分辨友善，就要热爱学习，勤奋学习，终身学习，"非学无以广才，非志无以成学。"（诸葛亮《诫子书》），只有通过勤学与修德，不断提高综合素质，特别是提高思想道德素质，才能拨亮心灯，照亮前程，增强明辨是非善恶的能力，做到心明眼亮，自觉抵制不良诱惑，追求真善美，反对假恶丑，把握好人生航向。

2. 将心比心，推己及人

在《论语·里仁》中有这样一段对话：

子曰："参乎！吾道一以贯之。"曾子曰："唯。"子出，门人问曰："何谓也？"曾子曰："夫子之道，忠恕而已矣。"

曾子用"忠恕"二字对其师"一以贯之"之道做了精辟概括。就"忠恕"而言，孔子更看重"恕"，并将"恕"界定为"己所不欲，勿施于人"。孔子的得意门生子贡问曰："有一言而可以终身行之者乎？"孔子答曰："其恕乎！己所不欲，勿施于人。"（《论语·卫灵公》）。孔子在提出"己所不欲，勿施于人"的"恕"之道的同时，还提出了"能近取譬"的体验仁爱的方法。孔子在回答子贡何谓"仁"的提问时指出："夫仁者，己欲立而立人，己欲达而达人[1]。能近取

① 2015年4月21日，中国国家主席习近平在巴基斯坦议会的演讲中指出："中巴要弘义融利，实现共同发展。中华文化倡导'己欲立而立人，己欲达而达人'。中国坚持正确义利观，帮助巴基斯坦就是帮助我们自己。"（习近平：《构建中巴命运共同体 开辟合作共赢新征程——在巴基斯坦议会的演讲》，《人民日报》2015年4月22日。）

譬，可谓仁之方也已。"（《论语·雍也》）所谓"能近取譬，可谓仁之方"也就是将心比心，推己及人。如宋代理学家张载所说的"以爱己之心爱人，则尽仁。"（张载《正蒙·中正》），宋代理学大师朱熹说"尽己之谓忠，推己之谓恕"（朱熹《论语集注》），而"推己"就是"将心比心"。"俗语所谓将心比心，如此则各得其平矣。"（《朱子语类·大学三》）。清代儒学大家刘宝楠在《论语正义》中解释道："譬者，喻也；以己为喻，故曰近。"

　　"将心比心，推己及人"从现代心理学而论就是通过角色互换的心理体验，设身处地地为他者着想，拉近主体间的心理距离，相互交心，以心换心。2014年2月，习近平在会见中国国民党荣誉主席连战一行时的讲话中指出，两岸同胞一家亲，谁也不能割断我们的血脉，两岸同胞命运与共，彼此没有解不开的心结。台湾同胞因自己的历史遭遇和社会环境，有着自己特定的心态，"将心比心，推己及人，我们完全理解台湾同胞的心情"①。同年5月，习近平在会见亲民党主席宋楚瑜一行的谈话中再次指出："两岸关系和平发展是两岸同胞顺应历史潮流作出的共同选择。只要我们都从'两岸一家亲'的理念出发，将心比心，以诚相待，就没有什么心结不能化解，没有什么困难不能克服。"②后来，习近平在会见台湾和平统一团体联合参访团时又表示："我们所追求的国家统一不仅是形式上的统一，更重要的是两岸同胞的心灵契合。我们理解台湾同胞因特殊历史遭遇和不同社会环境而形成的心态，尊重台湾同胞自己选择的社会制度和生活方式，愿意用真诚、善意、亲情拉近两岸同胞的心理距离。同时，台湾同胞也需要更多了解和理解大陆13亿同胞的感受和心态，尊重大陆同胞的选择和追求。"③2014年9月，习近平在中央民族工作会议上的讲话中说："船的力量在帆上，人的力量在心上。做民族团结重在交心，要将心比心、以心换心。"④2015年5月，习近平在中央统战工作会议上的讲话中指出："人心向背、力量对比是决定党和人民事业成败的关键，是最大的政治。统战工作的本质要求是大团结大联合，解决的就是人心和力量问题。这是我们党治国理政必须花大心思、下大力气解决好的重大战略问题。"⑤2016年4月，他在全国宗教会议上的讲话中强调："在爱国主义、社会主义旗帜下，同宗教界结成统一战线，是我们党处

① 《习近平谈治国理政》第一卷，外文出版社2018年版，第238页。
② 《习近平谈治国理政》第一卷，外文出版社2018年版，第242页。
③ 《习近平会见台湾参访团："一国两制"会考虑台湾现实》，《新京报》2014年9月27日。
④ 《习近平关于社会主义政治建设论述摘编》，中央文献出版社2017年版，第153页。
⑤ 《习近平关于社会主义政治建设论述摘编》，中央文献出版社2017年版，第128—129页。

理宗教问题的鲜明特色和政治优势。要坚持政治上团结合作、信仰上相互尊重，多接触、多谈心、多帮助，以理服人，以情感人，通过解决实际困难吸引人、团结人。"[①]2017 年 10 月，习近平在中共十九大报告中指出："两岸同胞是命运与共的骨肉兄弟，是血浓于水的一家人。我们秉持'两岸一家亲'理念，尊重台湾现有的社会制度和台湾同胞生活方式，愿意率先同台湾同胞分享大陆发展的机遇。我们将扩大两岸经济文化交流合作，实现互利互惠，逐步为台湾同胞在大陆学习、创业、就业、生活提供与大陆同胞同等的待遇，增进台湾同胞福祉。我们将推动两岸同胞共同弘扬中华文化，促进心灵契合。"[②] 2019 年 1 月，习近平在《告台湾同胞书》发表 40 周年纪念会上的讲话中强调："人之相交，贵在知心。""两岸同胞要交流互鉴、对话包容，推己及人、将心比心，加深相互理解，增进互信认同。要秉持同胞情、同理心，以正确的历史观、民族观、国家观化育后人，弘扬伟大民族精神。亲人之间，没有解不开的心结。久久为功，必定能达到两岸同胞心灵契合。"[③]

在现代社会的公共空间，更需要学会换位思考和尊重他者。比如，乘公交车、地铁和电梯时，有序排队，不插队，不争抢，乃至文明礼让；当别人无意间撞到你时，不随意发脾气，别人如果友善地说了"对不起"，你应该给友善一个应答，说声"不要紧"。人生在世，难免会有过失，你也可能不小心踩了别人的脚，不小心溅了别人一身泥，无意间一句话伤害了别人的自尊心。若此，你就要真诚赔礼道歉，说声"对不起"。这样，人与人之间就会多一些宽容和理解，少一些争吵与摩擦。

友善蕴含着双向的现实关怀，这就需要有知恩、念恩、感恩、报恩之心。"投我以木桃，报之以琼瑶。"（《诗经·卫风·木瓜》）正如马克思所说，"只能用爱来交换爱，只能用信任来交换信任"[④]。

其实"将心比心""换位思考"并不难做到。关键在于要设身处地地为他人着想，相互体谅，相互尊重。胸怀宽阔才会与朋友保持友谊，不会因为一些琐碎的误会而轻言舍弃知心的朋友。特别是一旦意识到是由于自己的主观原因伤害了别人的，需要得到别人的谅解，就要以友善的态度，切切实实改正自己的

---

① 《习近平关于社会主义政治建设论述摘编》，中央文献出版社 2017 年版，第 172 页。

② 《中国共产党第十九次全国代表大会文件汇编》，人民出版社 2017 年版，第 45—46 页。

③ 习近平：《为实现民族伟大复兴 推进祖国和平统一而共同奋斗——在〈告台湾同胞书〉发表 40 周年纪念会上的讲话》，《人民日报》2019 年 1 月 3 日。

④ 《马克思恩格斯文集》第一卷，人民出版社 2009 年版，第 247 页。

错误，以真诚的努力取得别人的谅解和信任。

四、修炼友善品行

中华民族素有追求美好崇高道德境界的优良传统，追求美好崇高的道德境界需要长期的道德修养与实践养成。"友善"既是公民层面的基础性的价值准则和道德规范，又是高贵的道德品质和道德精神。培养友善品性非一蹴而就，须持之以恒、久久为功，"更上层楼凭远处"（南宋·吕胜己《渭川居士词》），方能将善心善念升华为善品善性、将崇德向善的价值追求升华为止于至善的精神境界。正如习近平所说："只要中华民族一代接着一代追求美好崇高的道德境界，我们的民族就永远充满希望。"①

1．"绝知此事要躬行"

马克思在《〈政治经济学批判〉导言》中阐述"政治经济学的方法"时，指出了人类把握世界的四种方式，即科学精神的方式、艺术精神的方式、宗教精神的方式和实践精神的方式。②而道德就属于以实践精神把握世界的特殊方式之一。一方面，道德作为一种社会意识形式，如同科学、艺术、宗教等社会意识形式一样属于社会精神生活过程，具有精神价值的特征，是社会存在的反映；另一方面道德又具有区别于科学、艺术、宗教等社会意识形式的特殊性，道德直接属于人类行为实践领域，是一种实践精神。道德讲究身体力行，强调"知行合一"，是主体的一种实践品格，具有强烈的实践性。正是因为这一特点，以道德为研究对象的伦理学被称为实践哲学。如康德以《实践理性批判》命名他的伦理学著作，在中国哲学史上明确提出"实践"概念的明代哲学家王廷相也是以伦理意义为旨趣的，他主张在"实践处用功，人事上体验"（明·王廷相《与薛君采》）。马克思主义创始人把共产主义者称为"实践的唯物主义者"③。

马克思主义实践观科学地阐明了实践的本质、特征和形式④，从而为更好地

---

① 《习近平关于社会主义文化建设论述摘编》，中央文献出版社 2017 年版，第 137 页。
② 《马克思恩格斯全集》第三十卷，人民出版社 1995 年版，第 42—43 页。
③ 《马克思恩格斯选集》第一卷，人民出版社 2012 年版，第 155 页。
④ 马克思主义哲学实践观指明实践是现实的人能动地变革世界的感性的对象性活动，具有直接现实性、主体能动性和社会历史性，强调实践的形式是多种多样，而物质生产实践是人类最基本的实践活动，是其他实践活动的基础。

把握道德实践奠定了理论基础。马克思指出："全部社会生活在本质上是实践的"①，"环境的改变和人的活动或自我改变的一致，只能被看作是并合理地理解为革命的实践"②。列宁指出："必须把人的全部实践——作为真理的标准，也作为事物同人所需要它的那一点的联系的实际确定者——包括到事物完满的'定义'中去。"③道德作为实践精神，与以真假范畴再现世界的科学精神、以美丑形象表现世界的艺术精神、以虚幻方式超越世界的宗教精神不同，它强调知行合一，是发生于道德实践关系中的实践精神。古希腊哲学家亚里士多德说过："我们做公正的事情才能成为公正的人；进行节制，才能成为节制的人；有勇敢的表现，才能成为勇敢的人。"④这就是说，人只有在道德实践中才能修养德性，人们道德理想的树立和道德信念的巩固，离不开丰富多彩的道德实践。道德实践既是处理社会关系的实践，又是改造主观世界的实践，是人类实践活动的重要形式之一。道德行为是人内在精神的外化，道德实践作为人类实践活动的重要形式具有更显著的目的性，这种目的性集中表现为道德精神、道德理想对道德实践、道德行为的引导性。毛泽东在《纪念白求恩》一文中号召大家要学习白求恩"毫无自私自利之心的精神"时指出："一个人能力有大小，但只要有这点精神，就是一个高尚的人，一个纯粹的人，一个有道德的人，一个脱离了低级趣味的人，一个有益于人民的人。"⑤人们的物质生活实践是物质需要驱动的，物质需要的满足具有较突出的现实性。道德属于以物质需要为基础的高级精神需要，作为价值观同世界观、人生观相联系，具有较突出的理想性和能动性。道德理想是人们对崇高道德境界的设计和构思，是人们在一定社会历史条件下，依据一定的道德原则和道德规范对社会道德关系、道德风尚和个体道德修养、道德素质的完善性的向往和追求，是社会理想和人生理想的重要组成部分。道德理想是在道德实践中形成的又反过来引导道德实践。道德实践把道德理想变为现实，就是道德这种实践精神实现了自己的目的。道德理想源于现实又超越现实，由道德理想引导的道德实践努力将理想转化为现实，道德作为实践精神是理想与现实的统一体。道德理想对道德实践的引导性不仅是在约束某种行为，更是在激励某种行为，不仅表现为告诉主体能够做什么，更在于要求主体应当

---

① 《马克思恩格斯选集》第一卷，人民出版社 2012 年版，第 135 页。
② 《马克思恩格斯选集》第一卷，人民出版社 2012 年版，第 134 页。
③ 《列宁选集》第四卷，人民出版社 2012 年版，第 419 页。
④ 苗力田编：《亚里士多德选集》（伦理学卷），中国人民大学出版社 1999 年版，第 31 页。
⑤ 《毛泽东选集》第二卷，人民出版社 1991 年版，第 660 页。

做什么。道德的"应当"是善与真的统一，并趋向于美。道德的"应当"不只是一种"建议"，更是激励行动的"动员令"，它激励人们为追求美好崇高的道德理想而献身。

道德修养是道德实践的一种重要形式。所谓道德修养，主要是指道德主体为了培养优秀的道德品质和养成良好的道德习惯而自觉进行的自我锻炼、自我改造、自我陶冶、自我教育的实践过程。"人们通常所说的道德修养往往有两层含义，一层含义是动态的'下功夫'，即依照一定的道德原则规范所进行的学习、体验、对照、检查、反省等心理活动和客观的实践活动；另一层含义是指静态的'已达到的功夫'，即在经过长期的努力之后所形成的品质、情操和道德境界。一种道德能否真正掌握社会，主要在于它最终是否转化为社会成员自觉的道德修养。"① 孔子曾反复强调修身之道，有"性相近也，习相远也"（《论语·阳货》）、"见贤思齐焉，见不贤而内自省也"（《论语·里仁》）、"修己以敬""修己以安人""修己以安百姓"（《论语·宪问》）等论述。《礼记·中庸》有云："莫见乎隐，莫显乎微，故君子慎其独也。"其意为最隐蔽的东西往往最能体现一个人的品质，最微小的东西同时最能看出一个人的灵魂，当一人独处而无人监督时，能严守本分，慎重行事，坚持自觉遵守道德准则，不做不道德的事。"慎独"是衡量一个人道德水准的试金石。一个人在公共场合不做坏事比较容易，而在独处时也能严格要求自己，不做违反道德准则的事则需要有很高的道德修养。"慎独"是道德主体的自我警醒，既是道德修养的一种方法，又是一种崇高的精神境界，一个能够充实自我、享受孤独、反省内心、明辨是非善恶的人，才是一个具有人格独立性的人。诸葛亮在《诫子书》写道："非淡泊无以明志，非宁静无以致远。"诸葛亮所说的"淡泊""宁静"，也是"慎独"。习近平曾在《之江新语》中强调，党员干部要"追求'慎独'的高境界"。②

2013 年 12 月，习近平在十八届中央政治局第十二次集体学习时的讲话中强调："道德建设，重要的是激发人们形成善良的道德意愿、道德情感，培育正确的道德判断和道德责任，提高道德实践能力尤其是自觉践行的能力。"③2014年 5 月，习近平在北京大学师生座谈会上发表的《青年要自觉践行社会主义核心价值观》的讲话指出："核心价值观，其实就是一种德，既是个人的德，也是

---

① 罗国杰主编：《伦理学》，人民出版社 1989 年版，第 456 页。
② 习近平著：《之江新语》，浙江人民出版社 1997 年版，第 272 页。
③ 《习近平关于社会主义文化建设论述摘编》，中央文献出版社 2017 年版，第 137—138 页。

一种大德，就是国家的德、社会的德。"① 他殷切希望广大青年"加强道德修养，注重道德实践"。因为"道德之于个人、之于社会，都具有基础性意义，做人做事第一位的是崇德修身。这就是我们的用人标准为什么是德才兼备、以德为先，因为德是首要、是方向，一个人只有明大德、守公德、严私德，其才方能用得其所。修德，既要立意高远，又要立足平实。要立志报效祖国、服务人民，这是大德，养大德者方可成大业。同时，还得从做好小事、管好小节开始起步，'见善则迁，有过则改'，踏踏实实修好公德、私德，学会劳动、学会勤俭，学会感恩、学会助人，学会谦让、学会宽容，学会自省、学会自律"②。

习近平非常重视领导干部的道德修养，把"三严三实"③ 作为干部改进作风的要求，其中摆在首位的就是"严以修身"，而"严以修身，就是要加强党性修养，坚定理想信念，提升道德境界，追求高尚情操，自觉远离低级趣味，自觉抵制歪风邪气"④。他多次引用曾子的"吾日三省吾身"⑤ 谈论修身立德的方法。

"纸上得来终觉浅，绝知此事要躬行。"（南宋·陆游《冬夜读书示子聿》）"为者常成，行者常至。"（《晏子春秋·内篇杂下》）实践养成是培育友善价值观的现实根基，友善美德修养需要有实践情感的体验。乐善好施，乐于助人，在他人遇到困难的时候给予真诚的帮助，可从助学、助孤、助残、助老等慈善活动和志愿服务中体验友善。

---

① 《习近平谈治国理政》第一卷，外文出版社 2018 年版，第 168 页。
② 《习近平谈治国理政》第二卷，外文出版社 2018 年版，第 172—173 页。
③ 2014 年 3 月 9 日，中共中央总书记、国家主席、中央军委主席习近平在中华人民共和国第十二届全国人民代表大会第二次会议安徽代表团参加审议时关于推进作风建设的讲话中，提出"既严以修身、严以用权、严以律己；又谋事要实、创业要实、做人要实"的重要论述。2015 年 4 月 10 日，中共中央办公厅印发《关于在县处级以上领导干部中开展"三严三实"专题教育方案》，对 2015 年在县处级以上领导干部中开展"三严三实"专题教育做出部署。2017 年 10 月 18 日，习近平在中共十九大报告中，阐述新时代坚持和发展中国特色社会主义的基本方略之"坚持全面从严治党"的基本要求时指出："勇于自我革命，从严管党治党，是我们党最鲜明的品格。必须以党章为根本遵循，把党的政治建设摆在首位，思想建党和制度治党同向发力，统筹推进党的各项建设，抓住'关键少数'，坚持'三严三实'，坚持民主集中制，严肃党内政治生活，严明党的纪律，强化党内监督，发展积极健康的党内政治文化，全面净化党内政治生态，坚决纠正各种不正之风，以零容忍态度惩治腐败，不断增强党自我净化、自我完善、自我革新、自我提高的能力，始终保持党同人民群众的血肉联系。"（《中国共产党第十九次全国代表大会文件汇编》，人民出版社 2017 年版，第 21 页。）
④ 《习近平关于党风廉政建设和反腐败斗争论述摘编》，中央文献出版、中国方正出版社 2015 年版，第 143 页。
⑤ "吾日三省吾身"出自《论语·学而》。原文为："曾子曰：'吾日三省吾身；为人谋而不忠乎？与朋友交而不信乎？传不习乎？'"

"道虽迩，不行不至；事虽小，不为不成。"(《荀子·修身》)友善是道德规范、道德行为，也是道德情感，更是道德品质。"宝剑锋从磨砺出，梅花香自苦寒来。"(《古今贤文·勤奋篇》)友善美德的养成是一个长期的渐进的过程，可用"积善成德"①的方法实践养成，即通过累积善行促向善德性巩固强化，逐渐凝结成优良的品德和形成良好的道德习惯。习近平指出："核心价值观的养成绝非一日之功，要坚持由易到难、由近及远，努力把核心价值观的要求变成日常的行为准则，进而形成自觉奉行的信念理念。"②这就需要每个人"从自己做起、从身边做起、从小事做起，一点一滴积累，养成好思想、好品德"。因为"每个人的生活都是由一件件小事组成的，养小德才能成大德"③。

2. 从善如登，从恶如崩

友善是为人处事的基本道德准则，同时又是自觉自为的高尚道德修养。一时的友善并不难，难的是常修友善之德，一心向善、止于至善。"欲穷千里目，更上一层楼。"(唐·王之涣《登鹳雀楼》)作为核心价值观的友善不能仅仅停留在道德规范的层面，而应该上升为道德境界的层面，而追求友善道德境界的过程就是追求崇高、升华人格的过程。马克思说："在科学上没有平坦的大道，只有不畏劳苦沿着陡峭山路攀登的人，才有希望达到光辉的顶点。"④其实，人生道德修养的道路也是同样的道理，只有"不畏劳苦沿着陡峭山路攀登"，才有希望达到至善至美的崇高境界。

2013年五四青年节，习近平在同各界优秀青年代表座谈时的讲话中殷切希望广大青年"把正确的道德认知、自觉的道德养成、积极的道德实践紧密结合起来，自觉树立和践行社会主义核心价值观，带头倡导良好社会风气。要加强思想道德修养，自觉弘扬爱国主义、集体主义、社会主义思想，积极倡导社会公德、职业道德、家庭美德。要牢记'从善如登，从恶如崩'的道理，始终保持积极的人生态度、良好的道德品质、健康的生活情趣。要倡导社会文明新风，带头学雷锋，积极参加志愿服务，主动承担社会责任，热诚关爱他人，多做扶贫济困、扶弱助残的实事好事，以实际行动促进社会进步"⑤。

---

① 出自《荀子·劝学》："积善成德，而神明自得。"
② 《习近平谈治国理政》第一卷，外文出版社2018年版，第174页。
③ 《习近平谈治国理政》第一卷，外文出版社2018年版，第183页。
④ 《马克思恩格斯文集》第五卷，人民出版社2009年版，第24页。
⑤ 《习近平谈治国理政》第一卷，外文出版社2018年版，第52—53页。

习近平引述的"从善如登，从恶如崩"[①]语出《国语·周语下》，其意为，学好难如登山，学坏类似山崩。其引申之意是从善就像登山一样，需要一步步攀登上去；从恶有如山崩石裂，一落千丈。[②]从善就像登山一样，需要坚强的毅力和勇气。要明白"从善如登"的深刻道理，磨炼道德意志，坚定道德信念。眼界决定境界，尽管"从善如登"不容易，但是当你真的登上了巍巍泰山（登上真善美的高峰乃是登上了精神世界的巍巍泰山），你就会领略到"孔子登东山而小鲁，登泰山而小天下"（《孟子·尽心上》）和"会当凌绝顶，一览众山小"（唐·杜甫《望岳》）的眼界与境界。

道德修养不是一朝一夕的事，要有一个循序渐进的过程，要在坚持不懈、久久为功上下功夫。常言道："路遥知马力，日久见人心。"（宋·陈元靓《事林广记》）不忘初心，方得始终。一心向善，方成正果。只要功夫深，铁杵磨成针。就公民个体修养而言，倘若一个人能时时处处、始终如一地坚持自己所选择的向善的道德行为，便会形成人们常说的道德习惯。就国家和社会推进思想道德建设而言，要在"常""长"二字上下功夫，做到工作长期抓、机制常态化。

3. 一心向善，止于至善

爱无止境、学无止境、善无止境。古希腊哲学家亚里士多德在《尼克马可伦理学》开篇，以"万物都是向善的"[③]假设为逻辑起点，论述了幸福就是至善（最高的善），而"最高尚、最善良、最快乐也就是幸福"，这种幸福作为"合乎德性的灵魂的实现活动"，是需要努力修为的"天福"[④]。

---

① 据记载：周敬王十年，刘文公与苌弘欲城周，为之告晋。魏献子为政，说苌弘而与之。将合诸侯。卫彪傒适周，闻之，见单穆公曰："……谚曰：'从善如登，从恶如崩。'昔孔甲乱夏，四世而陨；玄王勤商，十有四世而兴。帝甲乱之，七世而陨。后稷勤周，十有五世而兴。幽王乱之，十有四世矣。守府之谓多，胡可兴也？夫周，高山、广川、大薮也，故能生是良材，而幽王荡以为魁陵、粪土、沟渎，其有悛乎？""从善如登，从恶如崩"这个典故的背景是这样的，东周末年，王子朝叛乱，周敬王被逐于都城，逃到成周（在今河南洛阳市东北）。诸流亡大臣拟在成周筑城建都。晋国的执政者魏献子赞同，然而卫国大夫彪傒以为不可，并引用了"从善如登，从恶如崩"这个典故及相关历史教训加以劝阻。
② 这句古谚非常形象地说明了从善之难、从恶之险，是古代先贤的劝世箴言，为历代政治家所重视。据《南史·宋文帝纪》记载，中国南北朝时期刘宋王朝的第三位皇帝宋文帝刘义隆为倡导新政，荡涤官场的颓废，在一次早朝后劝诫群臣道，为官为政，切记"从善如登，从恶如崩"。因此，刘宋政权进入了东晋南北朝国力最为强盛的历史时期，史称"元嘉之治"。
③ 苗力田编：《亚里士多德选集》（伦理学卷），中国人民大学出版社1999年版，第3页。
④ 苗力田编：《亚里士多德选集》（伦理学卷），中国人民大学出版社1999年版，第19页。

明德是大学之道，也是德育的第一层要义。将"德"字拆解，双人左边，直心在右。立德的意义就在于，让道德真正内化于心，外化于行。至善是儒学经典《礼记·大学》^①确定的"三纲领"中的最高纲领。其曰："大学之道，在明明德，在亲民，在止于至善。""明明德"是要通过修身使人的善良本性恢复起来；"亲民"即新民，也就是通过道德教化成为时代新人；"止于至善"是要不断努力、与时俱进，力求达到最好的理想境界。宋代理学大师朱熹指出至善具有三层含义："某项道德行为做到最好，所有的道德行为都达到极致以及内圣外王。"^②

1940年1月15日，中共中央在延安杨家岭中央大礼堂为吴玉章补办六十寿辰庆祝会，毛泽东亲临致祝词。他说："一个人做点好事并不难，难的是一辈子做好事，不做坏事，一贯地有益于广大群众，一贯地有益于青年，一贯地有益于革命，艰苦奋斗几十年如一日，这才是最难最难的！我们的吴玉章同志就是这样一个几十年如一日的人。"^③

"一个人做一点好事并不难，难的是一辈子做好事。"这句话历经数十年广泛传播，在中华大地已妇孺皆知，深入人心。人们引用这句话的目的往往是提倡和激励一个人要"一辈子做好事"，如今又成为弘扬社会主义核心价值观的要求。其实，"做一点好事"与"一辈子做好事"是相互联系的辩证关系。"做一点好事"的出发点在于"做"，"做"需要的既可能是舍生忘死的见义勇为也可能是当有人需要帮助时搭把手、出份力，也许只是一次力所能及的帮扶，而在"做"中就能成就和彰显其积小善为大善的价值。而"做一点好事"的魅力在于"好"、在于"善"，"好""善"传递着一份对生活的热爱、对家人的亲爱或对邻里、对朋友的关爱，对国家、民族、人民的热爱，乃至对陌生人和全人类的大爱。古人云，"不积跬步，无以至千里；不积小流，无以成江海"（《荀子·劝学》）"千里之行，始于足下"（《道德经》第六十四章）。"做一辈子好事"要从

---

① 《大学》原本是《礼记》中的一篇，相传为孔子弟子曾子（曾参）所作。《大学》阐释了先秦儒家的伦理道德思想和儒家安身立命的原则和方法。《大学》提出的"三纲领"（明明德、亲民、止于至善）和"八条目"（格物、致知、诚意、正心、修身、齐家、治国、平天下），强调了个人道德修养与治国平天下的关联性。北宋程颢、程颐对《大学》竭力尊崇，南宋朱熹作《大学章句》，将《大学》《中庸》《论语》《孟子》并称为"四书"，并将《大学》列为"四书"之首，成为官定的教科书和此后科举考试的必读经典。

② 谢晓东：《"幸福"与"内圣外王"——亚里士多德与朱熹至善思想比较》，《中国哲学史》2009年第1期。

③ 《毛泽东文集》第二卷，人民出版社1993年版，第261—262页。

"做一点好事"开始，没有"一点"，也就无所谓"一辈子"，只有愿意"做一点好事"并持之以恒才谈得上"做一辈子好事"。

"不矜细行，终累大德。"（《尚书·周书·旅獒》）"做一点好事"与做好人是联系在一起的，做好事的过程就是升华人格的过程。一个道德高尚的人，不是凭空产生的，是不断在"做一点好事"的道德实践中锻造出来的。一个人坚持做好事，不做坏事，矢志不渝，朝"做一辈子好事"不懈努力。这既是人性中最温暖的阳光，又是实现人生价值与自我完善的重要表现，其品行将得到他人和社会的认同与称道。

"志行万里者，不中道而辍足。"（西晋·陈寿《三国志·吴书·陆逊传》）2001 年，时任福建省省长的习近平在写给父亲习仲勋的一封拜寿信中这样写道："学父亲做人。父亲受到广大人民群众和我党同志的普遍尊敬，首先是因为您为人坦诚、忠厚。您曾教诲我，您一辈子没有整过人和坚持真理不说假话，并一以贯之，这正像毛泽东说的，'一个人做点好事并不难，难的是一辈子做好事，不做坏事'。"①

"行百里者半九十"（《战国策·秦策五·谓秦王》）。"一辈子做好事"，需要有一心向善、止于至善的坚定信念和顽强毅力，因为至善不是偶尔的良心发现与临机的勇气冲动，而是矢志不渝地将对真善美的追求上升到信仰层面。习近平指出："信仰、信念、信心，任何时候都至关重要。小到一个人、一个集体，大到一个政党、一个民族、一个国家，只要有信仰、信念、信心，就会愈挫愈奋、愈战愈勇，否则就会不战自败、不打自垮。"②2015 年 4 月 14 日上午，中国女慈善家、李琳公益基金会理事长李琳就慈善事业的相关问题向星云大师虚心请教，并交流佛教文化。星云大师说，做人要懂得感恩，始终要有一颗慈悲之心，一心向善，一心修行，并鼓励李琳坚持做好慈善，为社会多做贡献。

2019 年 4 月 30 日，习近平《在纪念五四运动 100 周年大会上的讲话》中指出："新时代中国青年要锤炼品德修为。人无德不立，品德是为人之本。止于至

---

① 2001 年 10 月 15 日，家人为习仲勋在深圳举办 88 岁寿宴。按照中国人的习惯，88 岁是"米寿"，是人生一个非常重要的日子。习家三代人及亲朋好友欢聚一堂为老爷子祝寿。然而，唯独时任福建省省长的习近平缺席。习近平作为一省之长，忙于公务，难以脱身，于是抱愧地向父亲写了一封拜寿信。习近平在信中深情地写道，他对父母的认知也和对父母的感情一样，久而弥深。他希望继承和吸取父亲的宝贵和高尚品质，其中印象最深的有五点（一是学父亲做人；二是学父亲做事；三是学父亲对信仰的执着追求；四是学父亲的赤子情怀；五是学父亲的俭朴生活）。中央文献出版社出版的《习仲勋传》（下卷）收录了这封拜寿信。

② 习近平：《在庆祝改革开放 40 周年大会上的讲话》，《人民日报》2018 年 12 月 19 日。

善，是中华民族始终不变的人格追求。我们要建设的社会主义现代化强国，不仅要在物质上强，更要在精神上强。精神上强，才是更持久、更深沉、更有力量的。青年要把正确的道德认知、自觉的道德养成、积极的道德实践紧密结合起来，不断修身立德，打牢道德根基，在人生道路上走得更正、走得更远。"[1]

"路漫漫其修远兮，吾将上下而求索。"（屈原《离骚》）修善德没有休止符号，只有进行时，没有完成时，永远在路上。要持续培育和践行友善价值观，弘扬崇德向善的新风正气，要有一心向善和止于至善的伟大抱负与昂扬向上的进取精神，敢于有梦、勇于追梦、勤于圆梦，为开创新时代中国特色社会主义事业新局面和实现中华民族伟大复兴的中国梦增添正能量。

---

[1] 习近平：《在纪念五四运动 100 周年大会上的讲话》，《人民日报》2019 年 5 月 1 日。

附录　主要参考文献

一、马克思主义经典著作

[1] 马克思:《青年在选择职业时的考虑》,《马克思恩格斯全集》第一卷,人民出版社 1995 年版。

[2] 马克思:《德谟克利特的自然哲学和伊壁鸠鲁的自然哲学的差别》,《马克思恩格斯全集》第一卷,人民出版社 1995 年版。

[3] 马克思:《1844 年经济学哲学手稿》,《马克思恩格斯文集》第一卷,人民出版社 2009 年版。

[4] 马克思:《关于费尔巴哈的提纲》,《马克思恩格斯选集》第一卷,人民出版社 2012 年版。

[5] 马克思:《关于自由贸易的演说》,《马克思恩格斯选集》第一卷,人民出版社 2012 年版。

[6] 马克思:《路易·波拿巴的雾月十八日》,《马克思恩格斯选集》第一卷,人民出版社 2012 年版。

[7] 马克思:《〈政治经济学批判〉序言》,《马克思恩格斯选集》第二卷,人民出版社 2012 年版。

[8] 马克思:《资本论》第一卷,《马克思恩格斯全集》第四十四卷,人民出版社 2001 年版。

[9] 马克思:《哥达纲领批判》,《马克思恩格斯选集》第三卷,人民出版社 2012 年版。

[10] 恩格斯:《国民经济学批判大纲》,《马克思恩格斯文集》第一卷,人民出版社 2009 年版。

[11] 恩格斯:《英国工人阶级状况》,《马克思恩格斯文集》第一卷,人民出

版社 2009 年版。

[12] 恩格斯:《反杜林论》,《马克思恩格斯选集》第三卷, 人民出版社 2012 年版。

[13] 恩格斯:《自然辩证法》(节选),《马克思恩格斯选集》第三卷, 人民出版社 2012 年版。

[14] 恩格斯:《在马克思墓前的讲话》,《马克思恩格斯选集》第三卷, 人民出版社 2012 年版。

[15] 恩格斯:《家庭、国家和私有制的起源》,《马克思恩格斯选集》第四卷, 人民出版社 2012 年版。

[16] 恩格斯:《路德维希·费尔巴哈和德国古典哲学的终结》,《马克思恩格斯选集》第四卷, 人民出版社 2012 年版。

[17] 马克思、恩格斯:《神圣家族》(节选),《马克思恩格斯文集》第一卷, 人民出版社 2009 年版。

[18] 马克思、恩格斯:《德意志意识形态》(节选),《马克思恩格斯选集》第一卷, 人民出版社 2012 年版。

[19] 马克思、恩格斯:《共产党宣言》,《马克思恩格斯选集》第一卷, 人民出版社 2012 年版。

[20] 列宁:《卡尔·马克思》,《列宁专题文集·论马克思主义》, 人民出版社 2009 年版。

[21] 列宁:《弗里德里希·恩格斯》,《列宁选集》第一卷, 人民出版社 2012 年版。

[22] 列宁:《党的组织和党的出版物》,《列宁专题文集·论无产阶级政党》, 人民出版社 2009 年版。

[23] 列宁:《伟大的创举》,《列宁选集》第四卷, 人民出版社 2012 年版。

[24] 列宁:《再论工会、目前局势及托洛茨基和布哈林的错误》,《列宁选集》第四卷, 人民出版社 2012 年版。

[25] 毛泽东:《中国社会各阶级的分析》,《毛泽东选集》第一卷, 人民出版社 1991 年版。

[26] 毛泽东:《实践论》,《毛泽东选集》第一卷, 人民出版社 1991 年版。

[27] 毛泽东:《矛盾论》,《毛泽东选集》第一卷, 人民出版社 1991 年版。

[28] 毛泽东:《纪念白求恩》,《毛泽东选集》第二卷, 人民出版社 1991 年

版。

[29] 毛泽东:《〈共产党人〉发刊词》,《毛泽东选集》第二卷, 人民出版社 1991 年版。

[30] 毛泽东:《中国革命和中国共产党》,《毛泽东选集》第二卷, 人民出版社 1991 年版。

[31] 毛泽东:《新民主主义论》,《毛泽东选集》第二卷, 人民出版社 1991 年版。

[32] 毛泽东:《在延安文艺座谈会上的讲话》,《毛泽东选集》第三卷, 人民出版社 1991 年版。

[33] 毛泽东:《为人民服务》,《毛泽东选集》第三卷, 人民出版社 1991 年版。

[34] 毛泽东:《论联合政府》,《毛泽东选集》第三卷, 人民出版社 1991 年版。

[35] 毛泽东:《在中国共产党第七届中央委员会第二次全体会议上的报告》,《毛泽东选集》第四卷, 人民出版社 1991 年版。

[36] 毛泽东:《论人民民主专政》,《毛泽东选集》第四卷, 人民出版社 1991 年版。

[37] 毛泽东:《论十大关系》,《毛泽东文集》第七卷, 人民出版社 1999 年版。

[38] 毛泽东:《关于正确处理人民内部矛盾的问题》,《毛泽东文集》第七卷, 人民出版社 1999 年版。

[39] 邓小平:《解放思想,实事求是,团结一致向前看》,《邓小平文选》第二卷, 人民出版社 1994 年版。

[40] 邓小平:《建设社会主义的物质文明和精神文明》,《邓小平文选》第三卷, 人民出版社 1993 年版。

[41] 邓小平:《一靠理想二靠纪律才能团结起来》,《邓小平文选》第三卷, 人民出版社 1993 年版。

[42] 邓小平:《用中国的历史教育青年》,《邓小平文选》第三卷, 人民出版社 1993 年版。

[43] 邓小平:《振兴中华民族》,《邓小平文选》第三卷, 人民出版社 1993 年版。

[44] 邓小平:《在武昌、深圳、珠海、上海等地的谈话要点》,《邓小平文选》第三卷,人民出版社 1993 年版。

[45] 江泽民:《青年志愿者行动是十分崇高的事业》,《江泽民文选》第三卷,人民出版社 2006 年版。

[46] 江泽民:《在新的历史条件下更好地做到三个代表》,《江泽民文选》第三卷,人民出版社 2006 年版。

[17] 江泽民:《在庆祝中国共产党成立八十周年大会上的讲话》,《江泽民文选》第三卷,人民出版社 2006 年版。

[48] 胡锦涛:《在西柏坡学习考察时的讲话》,《胡锦涛文选》第二卷,人民出版社 2016 年版。

[49] 胡锦涛:《社会和谐是中国特色社会主义的本质特征》,《胡锦涛文选》第二卷,人民出版社 2016 年版。

[50] 胡锦涛:《深入学习领会科学发展观》,《胡锦涛文选》第三卷,人民出版社 2016 年版。

[51] 胡锦涛:《在抗震救灾总结表彰大会上的讲话》,《胡锦涛文选》第三卷,人民出版社 2016 年版。

[52] 胡锦涛:《在纪念改革开放 30 周年大会上的讲话》,《胡锦涛文选》第三卷,人民出版社 2016 年版。

[53] 习近平:《绿水青山也是金山银山》,《之江新语》,浙江人民出版社 2007 年版。

[54] 习近平:《在慈善中积累道德》,《之江新语》,浙江人民出版社 2007 年版。

[55] 习近平:《人民对美好生活的向往就是我们的奋斗目标》,《习近平谈治国理政》第一卷,外文出版社 2018 年版。

[56] 习近平:《在十二届全国人民代表大会第一次全体会议闭幕会上的讲话》,《习近平谈治国理政》第一卷,外文出版社 2018 年版。

[57] 习近平:《培育和弘扬社会主义核心价值观》,《习近平谈治国理政》第一卷,外文出版社 2018 年版。

[58] 习近平:《青年要自觉践行社会主义核心价值观》,《习近平谈治国理政》第一卷,外文出版社 2018 年版。

[59] 习近平:《从小积极培育和践行社会主义核心价值观》,《习近平谈治国

理政》第一卷，外文出版社 2018 年版。

[60] 习近平：《在纪念孔子诞辰 2565 周年国际学术研讨会暨国际儒学联合会第五届会员大会开幕式上的讲话》，《人民日报》2014 年 9 月 25 日。

[61] 习近平：《携手构建合作共赢新伙伴 同心打造人类命运共同体》，《习近平谈治国理政》第二卷，外文出版社 2017 年版。

[62] 习近平：《在文艺工作座谈会上的讲话》，《人民日报》2015 年 10 月 15 日。

[63] 习近平：《协调推进"四个全面"战略布局》，《习近平谈治国理政》第二卷，外文出版社 2017 年版。

[64]《人民有信仰，民族有希望，国家有力量》，《习近平谈治国理政》第二卷，外文出版社 2017 年版。

[65] 习近平：《建立网络良好生态，发挥网络舆论反映民意的作用》，《习近平谈治国理政》第二卷，外文出版社 2017 年版。

[66] 习近平：《不忘初心，继续前进》，《习近平谈治国理政》第二卷，外文出版社 2017 年版。

[67] 习近平：《弘扬伟大的长征精神，走好今天有长征路》，《习近平谈治国理政》第二卷，外文出版社 2017 年版。

[68] 习近平：《要有高度的文化自信》，《习近平谈治国理政》第二卷，外文出版社 2017 年版。

[69] 习近平：《坚持依法治国和以德治国相结合》，《习近平谈治国理政》第二卷，外文出版社 2017 年版。

[70] 习近平：《注重家庭，注重家教，注重家风》，《习近平谈治国理政》第二卷，外文出版社 2017 年版。

[71] 习近平：《携手推进"一带一路"建设》，《习近平谈治国理政》第二卷，外文出版社 2017 年版。

[72]《习近平关于实现中华民族伟大复兴的中国梦论述摘编》，中央文献出版社 2013 年版。

[73]《习近平关于党风廉政建设和反腐败斗争论述摘编》，中央文献出版社、中国方正出版社 2015 年版。

[74]《习近平关于社会主义政治建设论述摘编》，中央文献出版社 2017 年版。

[75]《习近平关于社会主义文化建设论述摘编》，中央文献出版社 2017 年版。

[76] 习近平：《携手建设更加美好的世界》，《人民日报》2017 年 12 月 2 日。

[77] 习近平：《在纪念马克思诞辰 200 周年大会上的讲话》，《人民日报》2018 年 5 月 5 日。

[78] 习近平：《在庆祝改革开放 40 周年大会上的讲话》，《人民日报》2018 年 12 月 19 日。

[79] 习近平：《为实现民族伟大复兴　推进祖国和平统一而共同奋斗——在〈告台湾同胞书〉发表 40 周年纪念会上的讲话》，《人民日报》2019 年 1 月 3 日。

[80] 习近平：《在纪念五四运动 100 周年大会上的讲话》，《人民日报》2019 年 5 月 1 日。

二、中共中央相关文献和中华人民共和国相关法律

[1]《中国共产党第十一届中央委员会第三次全体会议公报》，《人民日报》1978 年 12 月 23 日。

[2]《中国共产党中央委员会关于建国以来党的若干历史问题的决议》，人民出版社 1981 年版。

[3]《中共中央关于加强社会主义精神文明建设指导方针的决议》，人民出版社 1986 年版。

[4]《中共中央关于加强社会主义精神文明建设若干重要问题的决议》，人民出版社 1996 年版。

[5] 中共中央印发：《公民道德建设实施纲要》，人民出版社 2001 年版。

[6]《中国共产党第十六次全国代表大会文件汇编》，人民出版社 2002 年版。

[7]《中共中央关于构建社会主义和谐社会若干重大问题的决定》，人民出版社 2006 年版。

[8]《中国共产党第十七次全国代表大会文件汇编》，人民出版社 2007 年版。

[9]《中国共产党第十八次全国代表大会文件汇编》，人民出版社 2012 年版。

[10]《中共中央关于全面深化改革若干重大问题的决定》，人民出版社 2013 年版。

[11]《中共中央关于全面推进依法治国若干重大问题的决定》，人民出版社 2014 年版。

[12]《中共中央关于制定国民经济和社会发展第十三个五年规划的建议》，人民出版社 2015 年版。

[13]《中华人民共和国慈善法》，法律出版社 2016 年版。

[14]《中国共产党第十九次全国代表大会文件汇编》，人民出版社 2017 年版。

[15]《中华人民共和国宪法》（宣誓本），中国法制出版社 2018 年版。

三、中共中央直属机构编印文献

[1] 中共中央办公厅印发:《关于培育和践行社会主义核心价值观的意见》，人民出版社 2013 年版。

[2] 中共中央宣传部:《习近平新时代中国特色社会主义思想三十讲》，学习出版社 2018 年版。

[3] 中共中央文献研究室编:《毛泽东年谱（一九四九——一九七六）》第 1—6 卷，中央文献出版社 2013 年版。

[4] 中共中央文献研究室编:《邓小平年谱》（一九七五——一九九七）（上下），中央文献出版社 2004 年版。

[5] 中共中央宣传部教育局:《雷锋精神学习读本》，人民出版社、学习出版社 2013 年版。

四、中华经典古籍

[1]《周易》，郭彧译注，中华书局 2006 年版。

[2]《论语》，陈晓芬译注，中华书局 2006 年版。

[3]《孟子》，杨伯峻等译注，岳麓书社 2016 年版。

[4]《大学·中庸》，王国轩译注，中华书局 2006 年版。

[5]《道德经》，黄朴民注，陕西人民出版社 1996 年版。

[6]《庄子》，孙运海译注，中华书局 2006 年版。

[7]《墨子》，方勇译注，中华书局 2015 年版。

[8]《荀子》，[唐] 杨倞注，上海古籍出版社 1996 年版。

[9]《四书章句集注》，[宋] 朱熹著，中华书局 2011 年版。

五、国内专家学者著作

[1] 陈钦庄等著:《基督教简史》,人民出版社 2008 年版。

[2] 陈健秋、韦绍福主编:《共同价值引论》,中共中央党校出版社 2017 年版。

[3] 冯友兰著:《中国哲学史新编》(上下册),人民出版社 1999 年版。

[4] 冯英等编著:《外国的志愿者》,中国社会出版社 2008 年版。

[5] 龚先庆等:《毛泽东物质利益思想研究》,湖北人民出版社 2012 年版。

[6] 顾作义主编:《友善——待人接物的修养》,南方日报出版社 2016 年版。

[7] 韩美群著:《和谐文化论》,中国社会科学出版社 2010 年版。

[8] 韩森编著:《做志愿者》,金城出版社 2001 年版。

[9] 湖北省精神文明建设办公室主编:《道德格言选粹》,湖北人民出版社 2013 年版。

[10] 胡贤鑫著:《人性及其根据》,湖北人民出版社 2000 年版。

[11] 刘可风主编:《伦理学原理》,中国财政经济出版社 2003 年版。

[12] 李尚全编著:《汉传佛教概论》,甘肃人民出版社 1998 年版。

[13] 李荣、冯芸编著:《社会主义核心价值观关键词·友善》中国人民大学出版社 2015 年版。

[14] 李瑞环著:《学哲学用哲学》,中国人民大学出版社 2005 年版。

[15] 李德顺著:《价值论》,中国人民大学出版社 2007 年版。

[16] 李世黎著:《社会主义核心价值观教育论》,人民出版社 2016 年版。

[17]《雷锋日记》,解放军文艺出版社 1963 年版。

[18] 罗国杰主编:《伦理学》,人民出版社 1989 年版。

[19] 罗国杰主编:《中华传统道德》(理论卷、规范卷、德行卷、教育修养卷、名言卷、简编本),中国人民大学出版社 1995 年版。

[20] 吕忠梅、朱书刚主编:《强学而力行:社会主义核心价值体系研究》,中共党史出版社 2012 年版。

[21] 吕琳主编:《劳动与社会保障法》,武汉大学出版社 2012 年版。

[22] 江畅著:《现代西方价值理论研究》,陕西师范大学出版社 1992 年版。

[23] 苗力田编:《亚里士多德选集》(伦理学卷),中国人民大学出版社 1999 年版。

[24] 沈壮海主编:《兴国之魂——社会主义核心价值体系释讲》,长江出版

传媒、湖北教育出版社 2014 年版。

[25] 陶倩著:《当代中国志愿精神的培养研究》,上海人民出版社 2013 年。

[26] 畲双好著:《志愿服务概论》,武汉大学出版社,2013 年版。

[27] 项久雨著:《思想教育价值论》,中国社会科学出版社 2003 年版。

[28] 万俊人主编:《20 世纪西方伦理学经典》,中国人民大学出版社 2005 年版。

[29] 王葎著:《价值观教育的合法性》,北京师范大学出版社 2009 年版。

[30] 王雨辰著:《中国语境中的西方马克思主义哲学研究》,湖北人民出版社 2011 年版。

[31] 杨清荣主编:《儒家传统伦理的现代价值》,中国财政经济出版社 2003 年版。

[32] 易中天著:《易中天中华史:百家争鸣》,浙江文艺出版社 2016 年版。

[33] 朱传棨著:《恩格斯哲学思想研究论稿》,人民出版社 2012 年版。

六、中文译著

[1] [英]边沁著:《道德与立法原理导论》,时殷弘译,商务印书馆 2000 年版。

[2] [英]理查德·怀斯曼著:《正能量: Rip It Up》,李磊译,湖南文艺出版社 2013 年版。

[3] [英]休谟著:《人性论》,关文运译,商务印书馆 1980 年版。

[4] [英]亚当·斯密著:《道德情操论》,余涌译,中国社会科学出版社 2003 年版。

[5] [德]康德著:《实践理性批判》,邓晓芒译,人民出版社 2003 年版。

[6] [德]黑格尔著:《精神现象学》(上下卷),贺麟等译,商务印书馆 1979 年版。

[7] [德]费尔巴哈著:《基督教的本质》,荣振华译,商务印书馆 1984 年版。

[8] [法]鲁索著:《爱弥儿:论教育》(上下卷),李平沤译,商务印书馆 1978 年版。

[9] 李光耀口述,[美]格德厄姆·艾利森等编:《李光耀论中国与世界》,蒋宗强译,中信出版社 2013 年版。

[10] [美]艾·弗洛姆著:《爱的艺术》,李健鸣译,上海译文出版社 2008

年版。

[11]〔美〕赫伯特·马尔库塞著:《单向度的人》,刘继译,上海译文出版社2008 年版。

[12]〔美〕亨德里克·威廉·房龙著:《宽容》,陈小颖译,民主与建设出版社 2017 年版。

[13]〔美〕亨利·基辛格著:《论中国》,胡利平等译,中信出版社 2012 年版。

[14]〔美〕萨缪尔·亨廷顿著:《文明的冲突与世界秩序的重建》,周琪等译,新华出版社,2002 年版。

[15]〔美〕约翰·罗尔斯著:《正义论》,何怀宏等译,中国社会科学出版社1988 年版。

[16]〔意〕埃迪蒙托·德·亚米契斯著:《爱的教育》,尹芳译,伊犁人民出版社 2000 年版。

[17]〔瑞士〕汉斯·昆著:《世界伦理构想》,周艺译,生活·读书·新知三联书店 2002 年版。

[18]〔苏〕B.A. 苏霍姆林斯基著:《怎样培养真正的人》(20 世纪苏联教育经典译丛),蔡汀译,教育科学出版社 1992 年版。

七、国内专家学者学术论文

[1] 赵敦华:《也谈"全球伦理",兼论宗教比较方法论——从孔汉思的全球责任谈起》,《哲学研究》1997 年第 12 期。

[2] 万俊人:《普世伦理及其方法问题》,《哲学研究》1998 年第 10 期。

[3] 黄显中:《论友善》,《伦理学研究》,2004 年第 4 期。

[4] 高炳亮:《马克思的友善观》,《中国社会科学报》 2017 年 3 月 14 日。

[5] 郭建宁:《充分认识培育和践行社会主义核心价值观的重大意义》,《人民日报》2013 年 12 月 30 日。

[6] 李建华:《友善:必须着力倡导的价值观》,《光明日报》(理论版) 2013年 7 月 6 日。

[7] 沈壮海、刘水静:《友善:处理人际关系的基本准则》,《人民日报》(理论版) 2014 年 2 月 17 日。

[8] 陶德麟:《略论文化建设中的传承与借鉴》,《哲学研究》2013 年第 6 期。

[9] 王立胜、聂家华:《论中国社会核心价值体系的演进逻辑与经验启示》,《当代世界与社会主义》2009 年第 1 期。

[10] 王翠华:《论社会主义核心价值观之友善》,《湖北社会科学》2014 年第 5 期。

[11] 吴国友、闫冰:《马克思恩格斯友善论及其现实意义》,《中学政治教学参考》2015 年第 33 期。

后　记

　　本书是教育部 2015 年度人文社会科学研究一般项目"友善价值观探究"（项目批准号：15YJA710043）的研究成果，同时也是湖北省高校人文社会科学重点研究基地中南财经政法大学社会主义核心价值观研究中心研究项目"友善价值观的中华优秀传统文化之源探究"的研究成果之一。因项目负责人前些年身兼多职，在履行教学、科研等教师岗位职责的同时，还忙于"参政议政"及其他社会活动，且被安排参与组织编写《荆楚文化与海峡两岸关系研究》（担任第一主编）、《中南财经政法大学统一战线史稿续编》（担任副主编之一），加之还有相关方面临时安排的委托课题"插队"，耗费了许多时间和精力，影响了本项目研究的进度和本书写作的进展。不过更重要的原因在于本项目研究的难度大大超出了先前的预想。近年来，国内学术界对社会主义核心价值观的研究方兴未艾，取得了一系列理论成果，但对作为社会主义核心价值观之基础关键词——友善的研究则相对滞后和比较薄弱，往往是在对社会主义核心价值观做宏大叙事的总体性论述时，进行顺带的应景式言说或针对个案的在场评论，可搜索到已公开发表的学术论文屈指可数，可供笔者直接参考和借鉴的学术成果不多，需要从浩如烟海的间接资料中去梳理、发掘和提炼，工作量很大，需要有足够时间和精力搜集和整理资料。

　　在本项目研究和本书写作过程中，恰逢中共十九大召开，这次大会高举中国特色社会主义伟大旗帜，全面总结了中共十八大以来以习近平同志为核心的党中央团结带领全党全军全国各族人民推动党和国家事业取得的历史性成就和发生的历史性变革，深刻审视当今世界和当代中国发展大势，准确把握我国发展新要求和人民群众新期待，把习近平新时代中国特色社会主义思想和马克思列宁主义、毛泽东思想、邓小平理论、"三个代表"重要思想、科学发展观一道确立为中国共产党必须长期坚持的指导思想，制定了适应时代要求的行动纲领和大政方针，对决胜全面建成小康社会、夺取新时代中国特色社会主义伟大胜利做出战略部署，开启了中国共产党团结带领全国各族人民全面建设社会主义现代化国家新征程。中共中央总书记习近平在中共十九大报告中提出"中国特色社会主义进入了新时代""我国社会主要矛盾已经转化为人民日益增长的美好生活需要和不平衡不充分的发展之间的矛盾"等科学论断，深刻回答了新时代坚持和发展中国特色社会主义的一系列重大理论和实践问题，描绘了决胜全面建成小康社会、夺取新时代中国特色社会主义伟大胜利的宏伟蓝图，深刻阐述了社会主义核心价值观的丰富内涵和实践要求，对培育和践行社会主义核心价值观做出了新的部署，进一步指明了党和国家事业的前进方向，是中国共产党团结带领全国各族人民在新时代坚持和发展中国特色社会主义的政治宣言和行动纲领，是马克思主义的纲领性文献。学习领会习近平新时代中国特色社会主义思想和中共十九大精神并贯彻于哲学社会科学研究，特别是贯彻到培育和践行社会主义核心价值观的研究是当代中国学者的重要责任和使命。

2017年秋至2018春，笔者结合学习领会习近平新时代中国特色社会主义思想和中共十九大精神，对先前起草的20多万字的初稿进行全面系统的修改。随后，又时逢《共产党宣言》发表170周年，马克思诞辰200周年，中国改革开放40周年，五四运动100周年，中华人民共和国成立70周年等重要纪念，习近平先后发表了一系列重要讲话。这些重要讲话的精神对本项目研究和本书的修改具有极其重要的指导意义。从2018年夏到2019年春，笔者结合学习领会习近平总书记相关重要讲话精神对先前形成的修改稿又做了进一步修改与推敲。感谢《学习与实践》杂志社吴永保主编、刘江涛执行主编和程平责编的指点与支持，己亥年春节刚过，该刊在2019年第2期发表了拙文《新时代友善的价值内涵与实践路径》。笔者在撰写这篇论文的过程中加深了对一些重要问题的思考与认识，对完成本书的修改与定稿工作起了推动作用。

"文章千古事，得失寸心知。"（杜甫《偶题》）笔者花了数年时间，坚持不懈地对"友善价值观探究"这一具有重要理论价值和实践意义的课题进行探讨，自知有几多辛苦、几多收获。由于一度教学任务繁重，加上杂务缠身，时间和精力难以集中于科学研究，理论思维能力未有与时俱进的修炼和提升，加之本项目研究进程与本书的写作受到一些临时任务的干扰，拖延了研究成果的提交和面世，实在惭愧。

本书绝大部分内容由项目负责人撰稿，书稿第二章第三部分"友善精神在志愿服务中闪耀"运用了笔者所指导的研究生程亚男的硕士学位论文《论志愿精神在当代中国的弘扬》的部分资料，书稿的第一、四、五章涉及慈善的论述运用了笔者所指导的研究生谭西影的硕士学位论文《论当代中国慈善精神的培育》的部分资料。此外，本书定稿之际笔者所指导的依然在读的马克思主义发展史专业的硕士研究生陆艳，思想政治教育专业硕士研究生方亚丽、耿玉姣等学员协助搜集了某些研究资料。

在本项目研究和本书写作过程中，得到武汉大学哲学学院朱传棨教授，中南财经政法大学哲学院杨清荣教授，马克思主义学院胡贤鑫教授、何捷一教授、龚先庆教授、韩美群教授，马克思主义学院党委书记赵凯先生，副院长李世黎博士、武汉市社会科学院《学习与实践》杂志社程平研究员，《中国社会科学报》湖北（华中）记者站明海英记者等专家学者的指教或帮助，九州出版社副社长王守兵先生、编辑部副主任郝军启先生等为拙作的出版付出了辛勤劳动，湖北人民出版社徐艳编审等对文稿修改提出过一些参考建议，在此一并表示衷心的感谢！

在本书定稿与送审之际，蓦然回首，已是人生一甲子，不免感叹岁月如梭，韶光易逝，只得以唐代诗人刘禹锡的"莫道桑榆晚，为霞尚满天"来自我激励。饮水思源，当以感恩之心表达对恩师郭长稳先生和郝侠君先生等引路人的敬仰与感激之情！

曾子曰："士不可以不弘毅，任重而道远。"（《论语·泰伯》）友善价值观的培育和弘扬及探究依然在路上。笔者这一阶段性研究成果，虽历时四年之久而几易其稿，凝聚着大量的心血和汗水，但因资料积累和学术水平所限，难免有疏漏之处，期以此抛砖引玉，求教于大方之家，恳请有关专家学者和读者不吝赐教。

朱书刚　2019 年 5 月于武汉南湖之滨津发小区